HELMUT BÖTTIGER

Wir sagen uns
Dunkles

HELMUT BÖTTIGER

Wir sagen uns Dunkles

Die Liebesgeschichte zwischen Ingeborg Bachmann und Paul Celan

Deutsche Verlags-Anstalt

Inhalt

Hotel Bristol
Hotel Imperial
Hotel Astoria
Grand Hotel

I

Paulownien im Stadtpark.

Der Frühling 1948 in Wien

Wien

Das Wien des Frühjahrs 1948 war ein Film in Schwarz-Weiß. Unruhig suchten die Scheinwerfer die Straßenzeilen ab. Es gab vier Besatzungsmächte, die Stadt lag direkt an der Nahtstelle verschiedener Welten – ein Wien der Agenten, der Polit- und Wirtschaftskriminellen, der großen Dealer und kleinen Schieber. Vieles war undurchsichtig. Schwer einzuschätzende Menschen aus allen Himmelsrichtungen kamen hier zusammen, sicher schien nur, dass sie alle ihre Interessen verfolgten. Wien war eine Stadt aus Trümmern und Ruinen, zwischen denen sich die Menschen wie Schemen bewegten. Eine Besonderheit bildete die sogenannte *Internationale Zone,* der zentrale Erste Bezirk, denn die Besatzungsmächte übernahmen hier abwechselnd die Verwaltung und Regierung. Wenn man um die Ecke bog, stand da sicher jemand mit einem grauen Mantel. Es war das Wien von Orson Welles' Film *Der dritte Mann.*

Nach dem Zweiten Weltkrieg, den Massenmorden und Vertreibungen waren viele Menschen hier gestrandet, oft waren es

*interalliierte zone, Hochzeitraum d. alliierten Verwaltung

Eine graue Vorzeit der Literaturgeschichte:
das Filmplakat zu *Der dritte Mann*

Juden. Man nannte sie »displaced persons«. Der aus Czernowitz, vom äußersten östlichen Ende des ehemaligen Habsburgerreichs, gekommene Paul Celan zählte zu ihnen. Und in Wien traf er Ingeborg Bachmann, die eine ganz andere Art von Heimatlosigkeit hergetrieben hatte. Im Mai 1948 war sie knapp zweiundzwanzig und Paul Celan siebenundzwanzig Jahre alt, und sie hatten wenig mit den beiden mythischen Figuren gleichen Namens zu tun, die in den siebziger und achtziger Jahren die deutschsprachigen Lesebücher und Universitätsseminare beherr-

8 schen sollten. Ingeborg Bachmann und Paul Celan waren in der literarischen Öffentlichkeit noch völlig unbekannt. Sie verbrachten nur sechs Wochen gemeinsam in Wien, Celan begab sich bereits Ende Juni auf die Weiterreise nach Paris, das sein künftiger Wohnort werden sollte. Aber diese sechs Wochen sind der rätselhafte Kern ihrer Beziehung, ihr privater Mythos und der Quell unzähliger späterer Zuschreibungen.

Über die Gemeinsamkeit dieser sechs Wochen wissen wir nichts. Es handelt sich um eine graue Vorzeit der Literaturgeschichte, um ein Verhältnis, das nicht genau umrissen werden kann. Im Briefwechsel der beiden, der später beginnt und von einem spannungsvollen, manchmal auch dramatischen Auf und Ab der Gefühle gezeichnet ist, tauchen diese sechs frühen Wochen andeutungsweise im Rückblick auf, wie ein Geheimnis. Einmal schreibt Bachmann, in Erinnerung an die gemeinsamen Treffen im Wiener Stadtpark, der in der Nähe ihrer Wohnung in der Beatrixgasse liegt: »Ich werd gewiss nie mehr durch den

Stadtpark gehen, ohne zu wissen, dass er die ganze Welt sein kann, und ohne wieder der kleine Fisch von damals zu werden.« Und noch fast zehn Jahre danach taucht für Bachmann immer noch als Inbild die Brücke im Wiener Stadtpark auf, »auf der wir gestanden sind, verzaubert«.

Es existierte in diesem Stadtpark etwas, das nicht nur ein flüchtiger Augenblicksreiz war: Paulownien, Bäume, die Paul Celan ob seines Vornamens wie von selbst zu sich in Beziehung setzte. In Bachmanns Roman *Malina*, geschrieben nach Celans Tod, heißt es in einem Traum, der nach einer bewegten Geschichte die Vergangenheit wieder einholt: »Sei ganz ruhig, denk an den Stadtpark, denk an das Blatt, denk an den Garten in Wien, an unseren Baum, die Paulownia blüht. Sofort bin ich ruhig, denn uns beiden ist es gleich ergangen.«

In welcher Weise der Stadtpark schon damals, im Mai und Juni 1948, für sie »die ganze Welt« war? Später konnten sie alles besser deuten als am Ort des Geschehens selbst, da war vieles offener, widersprüchlicher, spielerischer. Es gibt einen Brief Ingeborg Bachmanns an ihre Eltern vom 17. Mai 1948, der in seinem lockeren, durchaus auch koketten Ton überrascht: »Gestern noch unruhige Besuche bei Dr. Löcker, Ilse Aichinger, Edgar Jené (surrealistischer Maler), wo es sehr nett war und ich den bekannten Lyriker Paul Celan etwas ins Auge fasste.« Und drei Tage später schrieb sie, wieder an die Eltern: »Heute hat sich noch etwas ereignet. Der surrealistische Lyriker Paul Celan, den ich bei dem Maler Jené am vorletzten Abend mit Weigel noch kennenlernte und der sehr faszinierend ist, hat sich herrlicherweise in mich verliebt, und das gibt mir bei meiner öden Arbeiterei doch etwas Würze. Leider muss er in einem Monat nach Paris. Mein Zimmer ist momentan ein Mohnfeld, da er mich mit dieser Blumensorte zu überschütten beliebt.«

Dieses Mohnfeld war mehr als ein bloßes Ornament. Der Mohn steht für alle möglichen Spielarten des Vergessens und ist für Celan ein zentrales Motiv. Er findet sich gleich im Titel

9

(1.6.)

Mohn

seines offiziell ersten Gedichtbands *Mohn und Gedächtnis* aus dem Jahr 1952, und die Zeile »Wir lieben einander wie Mohn und Gedächtnis« stammt aus dem Gedicht »Corona«, das 1948 in Wien geschrieben worden ist. Es hat erkennbar etwas mit der Beziehung zu Ingeborg Bachmann zu tun, lässt aber einigen Raum für Interpretationen. *Mohn und Gedächtnis* – das ist eine Einheit von Gegensätzen, und es schwingen darin auf jeden Fall auch die Gegensätze mit, die es zwischen Ingeborg Bachmann und Paul Celan gab.

Ingeborg Bachmann war es im Chaos der unmittelbaren Nachkriegszeit gelungen, von ihrem provinziellen Umfeld in Klagenfurt über Innsbruck und Graz für ihr Studium in die Metropole Wien vorzudringen. Die österreichische Hauptstadt war von Anfang an ihr Ziel und versprach eine geistige Weite, nach der sie sich schon früh gesehnt hatte: Ihre frühen Schreibversuche, von denen einige erhalten sind, künden allesamt davon. In der Literatur verhieß Wien eine Öffnung – gerade für eine Maturantin, deren Schulabschluss fast genau mit dem Kriegsende zusammenfiel. Germanistik belegte Ingeborg Bachmann allerdings, zusammen mit Psychologie, nur als Nebenfach, das Gedichteschreiben begriff sie früh als eine äußerst intime Angelegenheit. Ihr Hauptfach war ab dem Wiener Wintersemester 1946/47 Philosophie. Hier stürzte sie sich in die verschiedensten Fragestellungen. Ihr wichtigster Professor war zunächst Alois Dempf, der von der Theologie her kam, und auch die Existenzphilosophie Martin Heideggers interessierte sie. Zudem versuchte sie, sich in der literarischen Szene Wiens umzutun. Dass sie im Mai 1948 dann bei dem arrivierten »surrealistischen Maler« Edgar Jené verkehrte, zeigt, dass ihr das ziemlich schnell gelungen war. Auf den Fotos dieser Zeit sieht sie recht selbstbewusst aus, nicht unbedingt wie ein ängstliches Mädchen aus der Provinz, sondern wie eine, die weiß, was sie will. Sie war zwar auf den ersten Blick nicht von landläufiger Schönheit, keine, die durch ihr Äußeres sofort auffiel. Aber sie war stolz auf ihre Zähne: Sie waren immer strahlend weiß. Dass etwas Besonderes an Ingeborg Bachmann war, sah man vor allem an ihren Augen. Und ihr war das bewusst – viele, die sie kannten, erinnern sich daran. Sie verzichtete auch in späteren Jahren oft darauf, ihre Brille mit der hohen Dioptrienzahl aufzusetzen.

Paul Celans Weg nach Wien war ein gänzlich anderer als der Bachmanns, die Verwandte in der Stadt hatte. Celans Eltern waren in einem ukrainischen Straflager umgebracht worden. Als seine Heimatstadt Czernowitz auf unabsehbare Zeit sowjetisch geworden war, schlug er sich in die rumänische Hauptstadt Bukarest durch. Und als auch dort der Stalinismus übermächtig wurde, versuchte er, sich auf den Weg nach Wien zu machen. Der wochenlange Fußmarsch in die österreichische Hauptstadt war lebensgefährlich, viele rumänische Juden, die wie er zu diesem Zeitpunkt fliehen wollten, wurden an der Grenze zu Ungarn festgenommen oder erschossen. Celan suchte den Kontakt zu ungarischen Fluchthelfern, die ihn gegen Geld Richtung Budapest lotsten. Am 17. Dezember 1947 erreichte er schließlich Wien, als einer der unzähligen Versprengten, die in Europa unterwegs waren. Celan verbrachte einige Tage in einem Lager in der Arzbergerstraße, bevor er in der Pension Pohl in der Rathausgasse unterschlüpfte.

Der Celan jener Wochen kommt in einem Kriminalroman vor, den seine Freunde Milo Dor und Reinhard Federmann 1954 geschrieben haben. Trotz des fiktiven Charakters des Buches, das *Internationale Zone* heißt, ist es ein atmosphärisch wichtiges Zeugnis. Die Autoren gehen sehr realistisch vor, sie trauen vor allem ihrem Augenschein. Und zwischen all den Freddies, Kubarews und Kostoffs, Schmugglern und Kriminellen, taucht eine Figur auf, die Petre Margul heißt und ein unverkennbares Vorbild hat: »Petre Margul, Flüchtling, Journalist und Dichter, strolchte verloren über die abendliche Ringstraße. Um diese Stunden verließen Tausende Angestellte, kleine

»Der Wirklichkeit eine traumhafte Perspektive geben«: Paul Celan in Wien, 1948

Verkäuferinnen und Stenotypistinnen ihre Büros und Läden, die Straße war voll eilig wehender Sommerkleider, Geschwätz, Gelächter und klappernder Schuhe. Ein Hauch von der kindlichen Freude des Schulschlusses flog über die Gehsteige. Es war das wiedergewonnene Leben nach einem heißen Tag; ein Leben, das Petre Margul nichts anging. Er war hungrig und verzweifelt. Die letzte Dollarreserve, die er unter Lebensgefahr auf der Flucht aus Rumänien herübergeschmuggelt hatte, war vor drei Tagen zu Ende gegangen. Seitdem hatte er in der Pension, in der er wohnte, nur mehr gefrühstückt.

12 Aber morgen musste er zahlen.«

Der Serbe Milo Dor war Celan durch die gemeinsame osteuropäische, slawische Herkunft verbunden, und die Beschreibung jenes Petre Margul, jenes Celan zum Verwechseln ähnelnden aus Rumänien geflohenen Mannes, ist die Beschreibung eines Freundes – sie zeigt einen Dichter, der sich etwas weltfern im Milieu der Schmuggler und Schieber wiederfindet und sich darin durchschlagen muss. Vieles gerät durcheinander in diesen Jahren, die Verhältnisse verschieben sich, und die Biographien bekommen eine Dynamik, die unvorhersehbar gewesen ist. Celans Erfahrungen hatten mit denjenigen Ingeborg Bachmanns fast nichts zu tun.

Es ist bei alldem erstaunlich, wie schnell Celan in der literarischen Szene Wiens Fuß fasste. Wenn Ingeborg Bachmann nach ihrer ersten Begegnung von ihm als von einem »bekannten Lyriker« spricht, wirft das ein Licht darauf, wie der fremde, aus dem fernen Czernowitz nach Wien gelangte Celan wahrgenommen wurde. Mit einer Empfehlung Alfred Margul-Sperbers, des Doyens deutschsprachiger Literatur in Bukarest, suchte er nach seiner Ankunft in Wien noch im Dezember 1947 die Redaktion des *Plan* auf, am Opernring 19 im ersten Stock. Und der Redakteur dieser Avantgardezeitschrift, Otto Basil, sah für das Januarheft 1948 dann gleich siebzehn Gedichte von Celan vor. Kaum war Celan also in Wien angelangt, erfolgte bereits ein prominenter Auftritt in der dortigen Öffentlichkeit. Der *Plan* hatte seine Redaktion direkt über der Agathon-Galerie, und dort freundete sich Celan mit dem surrealistischen Maler Edgar Jené an. Celans lyrische Verträumtheit und Ernsthaftigkeit, seine gesamte Ausstrahlung erregten Aufsehen. Man sieht noch deutliche Spuren davon an der Figur des Petre Margul, die Milo Dor und Reinhard Federmann in ihrem Roman auftreten lassen: »Petre Margul lehnte sich bequem zurück und schloss halb die Augen. Seit seiner Kindheit war es eine seiner Lieblingsgewohnheiten, Dinge, deren Anblick er genießen wollte, durch die Wimpern zu betrachten. Das hieß der Wirklichkeit eine traumhafte Perspektive zu geben.« 13

Celan war sofort mittendrin. Er nahm sogar an einer Ausstellung teil, die am 24. März 1948 in der Agathon-Galerie eröffnet wurde und sich »1. Surrealistische Ausstellung in Wien« nannte, und er beteiligte sich ausdrücklich als bildender Künstler. In der Rezension der *Österreichischen Zeitung*, die der Künstler Arnulf Neuwirth schrieb, schnitt Celan, der allgemein als Dichter bestaunt wurde, allerdings schlecht ab: »Über Paul Celans Abstecher (soll man die mit zwei Reißnägeln auf ein Blatt Papier genagelte Augenmaske als Werk bezeichnen?) wollen wir hinwegsehen.« Die Episode zeigt immerhin, wie Celan in Wien integriert wurde. Kurz nach der Ausstellungseröffnung der Wiener Surrealisten, am 3. April 1948, fand auch eine Lesung Celans in der Agathon-Galerie statt, im Rahmen einer Veranstaltung mit surrealistischer Lyrik. Die befreundeten Wiener Künstler suchten sogar nach Geldgebern, um einen

Gedichtband von ihm zu finanzieren, und sein Band *Der Sand aus den Urnen* erschien dann tatsächlich im Verlag von A. Sexl, nachdem der Dichter im Sommer nach Paris übergesiedelt war. Wegen etlicher Druckfehler und allzu kitschiger Illustrationen ließ Celan das Buch jedoch bald einstampfen; *Der Sand aus den Urnen* gilt deshalb offiziell nicht als sein Debüt.

Auch Ingeborg Bachmann wollte mittendrin sein. Neben dem Philosophiestudium setzte sie ihre literarischen Versuche fort, und der wahrscheinlichste Weg des Erfolgs, das muss sie rasch erkannt haben, führte über Hans Weigel. Der Wiener Jude, der von 1938 bis 1945 in die Schweiz emigriert war, kehrte sofort nach Kriegsende zurück und wurde zu einem entscheidenden Strippenzieher im Literaturbetrieb. Der Kreis von Autoren, den Weigel im Café Raimund um sich scharte, hatte einen dezidiert »jungen« Charakter, es ging um Bewegung, um etwas Neues, und Weigel betonte dabei entschieden den literarischen und unpolitischen Impetus – wobei die Schnittmenge zwischen »unpolitisch« und »antikommunistisch« in dieser Zeit relativ groß war. Als umtriebiger Literatur-Magnat war er in der Lage, Veröffentlichungsmöglichkeiten und Aufmerksamkeit zu verschaffen. Von 1951 bis 1956 gab er den einflussreichen jährlichen Almanach *Stimmen der Gegenwart* heraus, in dem er »im Auftrag der Gesellschaft für Freiheit der Kultur« meist noch unbekannte Autoren vorstellte, aber er bewegte sich auf mehreren Bühnen gleichzeitig. Am 5. September 1947 fand die Premiere der von Weigel verantworteten Revue *Seitensprünge* im Theater in der Josephstadt statt. Vor der Aufführung bat ihn eine schüchtern wirkende, aus Kärnten stammende und sich als Journalistin ausgebende Studentin um ein Interview, das nie erschien. Dies war der Beginn der intimen Beziehung zwischen Weigel und Ingeborg Bachmann. Sie scheint das Milieu ihrer ersten Wiener Monate genau studiert zu haben. Das Thema der »Seitensprünge«, wie der Titel jener Revue lautete, prägte das Verhältnis zwischen Weigel und Bachmann bis zum absehbaren Schluss.

Als sich Ingeborg Bachmann und Paul Celan am Abend des 16. Mai 1948 kennenlernten, war er also ein bereits viel bestaunter Lyriker und sie die Geliebte eines einflussreichen Literaturfunktionärs – der sich allerdings zu diesem Zeitpunkt gerade für ein Stipendium nach New York aufmachte. Dass sie Celan »etwas ins Auge fasste«, hatte sicher mit seiner ganz spezifischen poetischen Aura zu tun, einer Phantasmagorie des verschwundenen Habsburgerreichs, einem verloren gegangenen Charme. In den lyrischen Texten Ingeborg Bachmanns aus dieser Zeit spürt man eine Sehnsucht, die dem entsprach. Ihre erste Veröffentlichung in Wien waren vier Gedichte, die im Frühjahr 1948 in der ersten Nummer der Zeitschrift *Lynkeus. Dichtung Kunst Kritik* erschienen. Sie trugen keinen Titel, sie schlugen einen anderen Ton an als den leichtfüßigen in den Briefen an die Eltern. Sie bewegten sich in einer lyrischen Tradition, die etwas Schwerblütiges, Jugendlich-Hofmannsthal'sches als Leitlinie hatte:

Ingeborg Bachmann 1945, im ersten Semester

15

Es könnte viel bedeuten: wir vergehen,
wir kommen ungefragt und müssen weichen.
Doch dass wir sprechen und uns nicht verstehen
und keinen Augenblick des anderen Hand erreichen,
zerschlägt so viel: wir werden nicht bestehen.
Schon den Versuch bedrohen fremde Zeichen,
und das Verlangen, tief uns anzusehen,
durchtrennt ein Kreuz, uns einsam auszustreichen.

An das Vergänglichkeits-Motiv Hofmannsthals, an den Gestus des wissenden Jünglings wird hier so nahtlos angeknüpft, dass es wie eine Stilkopie wirkt. Es ist der lyrische Hintergrund, vor dem sich die Begegnung mit Paul Celan abspielen wird, und das wird auch poetische Folgen haben. Dass ein solches Gedicht persönliche Erlebnisse wie die Liaison mit dem achtzehn Jahre älteren Hans Weigel mit transportieren möchte, ist durchaus denkbar. Ästhetisch kann man es aber ziemlich genau zwischen Hans Weigel und Paul Celan verorten, und das ist keineswegs ein Zufall.

Celans Hintergrund war ein anderer. Und das wird besonders deutlich, wenn man das einzige direkte Zeugnis betrachtet, das von jenem geheimnisvollen Frühling zwischen Celan und Bachmann existiert. Es ist die Abschrift eines Gedichts, das Celan mit dem Datum »23. Mai 1948« Bachmann widmete:

IN ÄGYPTEN

Du sollst zum Aug der Fremden sagen: Sei das Wasser.
Du sollst, die du im Wasser weißt, im Aug der
                                          Fremden suchen.
Du sollst sie rufen aus dem Wasser: Ruth! Noemi!
                                          Mirjam!
Du sollst sie schmücken, wenn du bei der Fremden
                                          liegst.
Du sollst sie schmücken mit dem Wolkenhaar der
                                          Fremden.
Du sollst zu Ruth und Mirjam und Noemi sagen:
Seht, ich schlaf bei ihr!
Du sollst die Fremde neben dir am schönsten
                                          schmücken.
Du sollst sie schmücken mit dem Schmerz um Ruth,
                                          um Mirjam und Noemi.
Du sollst zur Fremden sagen:
Sieh, ich schlief bei diesen!

In diesem Gedicht ist das Leitmotiv von Celans künftiger Beziehung zu Ingeborg Bachmann angeschlagen. Es beschreibt das Aufeinanderprallen unterschiedlicher Welten, eine Anziehung und eine Abstoßung, die immer wieder neu geklärt werden muss. Ruth, Noemi und Mirjam sind alttestamentarische Namen, es geht um das jüdische Exil – im Alten Testament steht dafür konkret das Land Ägypten. Ruth Noemi lauteten jedoch auch die Vornamen einer Freundin Celans in Czernowitz. Er lädt das frühe ägyptische Exil seines Volkes mit seinen eigenen Erfahrungen auf. Er nennt im Duktus der Gebote Moses' jüdische Frauennamen, aus verlorener Zeit, und stellt ihnen jetzt in Wien die »Fremde«, die Nichtjüdin, gegenüber. Die Fremde, durch die Widmung real als Ingeborg Bachmann erkennbar, nimmt das Vermächtnis der jüdischen Freundinnen auf und wird für Celan zum neuen Medium seiner Sprache.

Diese Sprache war eine andere als die herrschende. Celan, der die Lager überlebt hatte, beschäftigten zwangsläufig die Fragen, die sich der Kunst jetzt, nach den Gräueltaten der Nationalsozialisten, neu stellten, und in Wien, im deutschen Sprachbereich, spürte er dies umso stärker. Er stieß überall auf die Zeugnisse des weiter existierenden Antisemitismus, der weiter existierenden nationalsozialistischen Ideologie. Und dies umso mehr, als die Österreicher es schafften, sich als Opfer des NS-Regimes zu gerieren. Wien konnte für Celan keine Heimat sein. Der erträumte Mittelpunkt der alten k.-u.-k.-Monarchie, die polyglotte Metropole, die Ost und West miteinander verbindet und in einem Vielvölkergemisch die Erfahrungen aus seiner am östlichen Rand gelegenen Heimatstadt Czernowitz urban und weltoffen fortsetzen könnte, erwies sich als Chimäre. Celan stieß auf die alten Naziprüche, und wie sie hinter süßlich-galanten Causerien am Wirtshaustisch plötzlich aufbrechen konnten, wird er des Öfteren erlebt haben. In Wien wurde nicht das gesprochen, was er als die Sprache seiner Mutter bewahren wollte. Er blieb nur ein halbes Jahr. Aber wenige

Wochen bevor er sich nach Paris aufmachte, lernte er Ingeborg Bachmann kennen – als einen anderen Widerpart, als eine »Fremde«, die seine deutsche Sprache auch in der neuen zeitgeschichtlichen Situation möglich machen könnte.

Ingeborg Bachmann musste wohl ahnen, dass sie hier mit etwas konfrontiert wurde, dem sie womöglich nicht gewachsen war. Aber sie war auf der Suche nach etwas ganz anderem als das, was ihr vorgezeichnet schien. Sie wollte Grenzen überschreiten, nicht nur aus der Erfahrung heraus, dass sie im Dreiländereck Österreich-Slowenien-Italien aufgewachsen war und diese Grenzen etwas auslösten. Nach Wien kam sie auch deshalb, um innere Grenzen zu überschreiten, und sie stieß auf ein urbanes Terrain, in dem sie sich ausprobieren konnte. Einer dieser Probeläufe war Hans Weigel. Er selbst hat nahegelegt, seinen Roman *Unvollendete Symphonie* aus dem Jahr 1951 als ein Zeugnis dafür zu lesen – im Nachwort zu einer späten Neuausgabe 1991 bezeichnete er ihn als einen Schlüsseltext für seine Beziehung zu Ingeborg Bachmann.

Weigel benutzt in seinem Roman einen formalen Kniff, und darin liegt die Tücke. Das Buch ist aus der Perspektive einer jungen, künstlerisch orientierten, katholisch-österreichischen Frau geschrieben – in Ich-Form –, die eine Beziehung zu einem viel älteren, während der Nazizeit emigrierten Wiener Juden eingeht. »Ich bin so wenig, du bist so viel, du bist so wichtig«, schreibt die Frau an ihren imaginierten Geliebten, der im Roman Peter heißt. Das ist zwar eindeutig eine krude Männerphantasie, in der der Autor Weigel, der unschwer hinter diesem »Peter« zu erkennen ist, sich selbst narzisstisch spiegelt, doch atmosphärisch schwingt dabei etwas mit. Man merkt das Bestreben, direkte autobiographische Züge zu verwischen (die junge Frau ist im Roman zum Beispiel bildende Künstlerin), man merkt bei aller vorgetäuschten Nonchalance die Selbststilisierung des Autors, aber die *Unvollendete Symphonie* sagt indirekt schon auch etwas über die junge Ingeborg Bachmann aus.

Die junge Frau, die im Roman in den Bann des älteren Bohemiens gerät, muss sich seiner Lebensweise stellen – und es ist erkennbar, dass das nicht reibungslos geschieht. Die Protagonistin sehnt sich nach Leichtigkeit und Leben, und sie genießt es, in etwas hineingezogen zu werden, was sie damit verknüpfen kann – aber ihre Gefühle scheinen um einiges schwerer zu wiegen. Einmal lässt der Autor sie folgendermaßen reflektieren: »Es ist mir klar gewesen, dass es so nicht dauern kann, aber vielleicht ist es gut und nötig so – habe ich gedacht –, man muss wohl durch alles das hindurchgegangen sein. Du, um so viel älter, hast einen solchen Vorsprung an Erleben vor mir, dass ich dich nur einholen kann, wenn ich nicht nacheinander, sondern durcheinander möglichst viele Begegnungen und Schicksale absolviere. Ich werde einmal auftauchen daraus, reicher geworden und ebenbürtig. Denn du, Peter, du bist in all dem gewesen, als dein Geschöpf hab ich's erlebt und um deinetwillen.«

Es ist offenkundig, dass sich Hans Weigel hier seine Ideal-Ingeborg-Bachmann erschreibt. Wenn man nach einem realen Kern hinter seinen Phantasien sucht, werden die Zwischenräume schillernd. In einem Punkt ist diese junge Schreiberin im Roman Weigels sicher wirklich »sein Geschöpf«: Sie schreibt durch und durch in seinem Stil. Doch dass der Autor damit auch etwas in der jungen Ingeborg Bachmann traf, ist nicht ganz auszuschließen. Es ergab aber auf keinen Fall ein vollständiges Bild. Ingeborg Bachmann war zweifellos viel facettenreicher. Als reale Person formulierte sie jedenfalls um einiges frecher als ihre Wiedergängerin in Weigels Roman. Als er in jenem Frühling 1948 in die USA aufgebrochen war, schrieb sie ihm gleich: »Ich habe jetzt ganz wirklich einen vierzigjährigen Mann, ach ich bin sehr glücklich, ich bin ganz verlegen, beinahe ein bisschen verliebt, obwohl mir das mit meinen Jahren nicht gut stehen kann. Hast du mich verstanden: ich hab dich lieb, ich h. (Platz sparen).«

Derlei Sätze führten Bachmanns Biographen Joseph McVeigh, der als Erster ausgiebig aus den Briefen Bachmanns an Weigel zitieren durfte, dazu, sie als »enthusiastische Liebesbriefe« zu charakterisieren – sie hätten dabei gleichermaßen dem Förderer und Erwecker sowie der Metropole Wien gegolten. Allerdings ist bei diesem »Enthusiasmus« nicht ganz zu unterschätzen, wie viel Rollenprosa mit dabei war. Es gibt schon in der Frühzeit etliche Fährten, die Ingeborg Bachmann auslegte und gleichzeitig wieder unkenntlich machte. Sie gingen ein in ein privates, aber bald auch literarisch-ästhetisches Koordinatensystem, das eigenen Gesetzen gehorchte und sich von realen autobiographischen Fakten spielerisch mal mehr, mal weniger entfernte. Amüsant ist es allemal, wenn Ingeborg Bachmann im Mai 1948, also zur selben Zeit, als sie jenen vermeintlichen Liebesbrief an Hans Weigel in die USA schickte, an ihre Eltern in Klagenfurt schreibt, dass sie auf einer Party »den bekannten Lyriker Paul Celan etwas ins Auge fasste«. Sie spielte gern – in Briefen an Weigel, in Briefen an ihre Eltern –, aber sie überspielte damit vielleicht auch etwas, was ihr nicht ganz geheuer war. Die weitere Entwicklung lässt darauf schließen, dass die Anstrengung, immer keck sein zu sollen, sie mit der Zeit überforderte – die Rolle also, die sie bei Hans Weigel gezwungen war zu spielen. In der weiblichen Ich-Figur bei Weigel scheinen gelegentlich tiefer gehende Sehnsüchte auf, und das wurde wohl nicht ganz ohne konkrete Wahrnehmungen phantasiert.

Die Szene ist auf jeden Fall sehr aufgeladen: Kaum reiste Weigel, mit dem Ingeborg Bachmann seit einem halben Jahr mehr oder weniger lose liiert war, in die USA ab, begann sie ein Verhältnis mit Paul Celan. Ob hier ein anderer Ton angeschlagen wurde? Auch Celan konnte keck sein. Es ist aber anzunehmen, dass das auf eine etwas andere Weise geschah als bei Weigel. Celan war zwar ebenfalls einige Jahre älter als Ingeborg Bachmann, aber er war eher ein älterer Bruder als eine Vater-

Imago. Und er schrieb Gedichte, die einer vollkommen anderen Ästhetik folgten. Dafür war Bachmann, wie ihre eigenen Verse zeigen, sehr empfänglich. Sie stieß bei ihm auf eine Möglichkeit jenes hohen, ernsten, zeitgenössischen lyrischen Sprechens, nach dem sie selber suchte. Und Celan stammte aus einem fernen, orientalisch anmutenden Land, einem Märchenland, mit Klängen und Späßen, die etwas anderes berührten. In den spärlichen konkreten Erinnerungen, die es an Celan gibt, tauchen manchmal Hinweise auf etwas Rauschhaftes auf, auf Gesang und Tanz, auf kommunistische Lieder und mittelalterliche Landsknechtsstanzen. Später wird Celan in Texten Ingeborg Bachmanns in verheißungsvoll fremden Figuren aufscheinen, wie ein Prinz aus einer Landschaft der Sehnsucht. Kein Kontrast könnte größer sein als derjenige zu jener Art Celan-Figur, die abrupt in Hans Weigels *Unvollendeter Symphonie* auftaucht: »Er ist plötzlich dagewesen, in unsere Runde eingebrochen, ein wüster Geselle und Rebell, laut, lärmend, unbekümmert, rücksichtslos.« Da ahnte Weigel wohl, dass es etwas gab, an das er nicht heranreichte.

Die sechs gemeinsamen Wochen in Wien blieben für Bachmann und Celan ein Mirakel, eine Leuchtschrift, nicht genau zu entziffern. Celans Gedicht über die »Fremde«, über die Frau, die anders ist als diejenigen, die er bisher kannte, ist die einzige sichere Spur, die ins Zentrum dieser sechs Wochen führt. Sie sollten auf unerwartete Weise weiterwirken. In den Momenten, in denen die beiden später noch einmal diese Anfangsgefühle evozierten, wird vor allem eine Ungewissheit deutlich, eine Unsicherheit. Um Weihnachten 1948, ein halbes Jahr nachdem Celan aus Wien weggegangen war, entwarf Bachmann einen nicht abgesandten Brief an ihn: »Ich weiß noch immer nicht, was der vergangene Frühling bedeutet hat.«

Sie wollte bewusst mit verschiedenen Stimmen sprechen. Sie war zweiundzwanzig Jahre alt, zum Teil spielte sie Theater, zum Teil probierte sie aus, welche Stimmen zu ihr passten, und einige Monate nach der Begegnung mit Celan schien sie sich zu fragen, ob darunter auch eine innere Stimme verborgen war, die andere besser nicht hören sollten. Sie muss jedenfalls schnell gemerkt haben, dass die Liaison mit Celan nicht nur ein Geplänkel war. Aber wie sie das für sich registrierte, ist wohl charakteristisch. Eine gewisse Andeutung kann man hinterrücks in einem Brief an Hans Weigel nach New York finden, in dem sie mit ihrer Weigel-Stimme sprach: Sie sei mittlerweile kein »junger Aff« mehr und werde ihm nach seiner Rückkehr »gleich meine gefestigte Lebensanschauung ins Gesicht schleudern oder besser ins Gesicht küssen und garnicht abwarten, ob Du willst oder nicht«.

Bald war es so weit. Weigel kehrte zurück, und Celan lebte längst in Paris. Es war zwar unverkennbar richtig, dass Bachmann kein »junger Aff« mehr war, aber die Privilegien, die sie durch Weigel genoss, waren auch nicht von der Hand zu weisen. Wien wirkte wie ein Ziel, das erreicht worden war. Zwischen ihrer Ankunft im Herbst 1946 und dem Herbst 1948 war einiges passiert, Bachmann hatte nun den Status einer interessanten jungen Autorin und war Protegé eines wichtigen Akteurs im Literaturbetrieb. Sie sah Wien durchaus mit anderen Augen als Celan, und Wien und Weigel bildeten dabei eine Einheit, die einen gewissen Charme hatte, dem sie sich nicht unbedingt gleich entziehen wollte. Einige Passagen in Weigels *Unvollendeter Symphonie* lassen erahnen, dass von ihm so etwas wie ein Sog ausgehen konnte. Der Jude Weigel, der aus seiner Heimatstadt fliehen musste, beschreibt nach seiner Rückkehr in diesem Roman nämlich umso eindringlicher die Eigenart der kapriziösen, widerspenstigen, bösartigen und hinreißenden Wiener Melange. So fragt ein Unbeteiligter, nach einem Fest, auf dem man improvisierte Lieder mit schmelzender Klavierbegleitung und noch schmelzenderen Texten zu hören bekam, ob das alles nicht »grässlich« sei, und die Ich-Erzählerin im Roman lässt die Hans-Weigel-Figur in direkter Rede antworten: »Natürlich ist's grässlich. So grässlich wie ein Sonnenuntergang mit seiner Orgie von Rosarot und Himmelblau. Genau an der Grenze, wo Erhaben und Grässlich ineinanderfließen. So grässlich wie der Wein, von dem wir Magenweh und Sodbrennen bekommen und der uns zu Tieren macht. So grässlich wie dieses ganze Land, das einzige, in dem man leben kann. Warum tun wir uns so schwer auf der Suche nach einer offiziellen Nationalhymne? Weil wir ja schon eine ganze Serie von Nationalhymnen haben. Die erste, größte uns ewige: ›O du lieber Augustin, alles is hin.‹ Der Sänger, der durch die heitere Weise seiner Feststellung, dass alles hin sei, diese Feststellung aufhebt. Erst wenn jemand in diesem Land mit Erfolg behauptet: ›Es ist alles in Ordnung‹, ›Alles funktioniert‹, dann ist alles hin.«

Für Paul Celan hingegen war schnell klar, dass Wien nur eine Durchgangsstation sein konnte. Ein Nachhall davon findet sich in Milo Dors und Reinhard Federmanns Roman *Internationale Zone*: »Es war ein schöner Juniabend, und ein leichter Luftzug umwehte Petre Margul, als er mit einem kleinen Handkoffer die Mariahilfer Straße hinaufging. Er schritt gemächlich aus, weil er müde war; müde von der Hitze des Tages, die sich in dem Asphalt gestaut hatte und nun langsam ausströmte, müde von den vielfältigen Gesichtern, Farben und Geräuschen, die verworren an seine Sinne drangen, und von den chaotischen Bildern der Geschehnisse, die durch seine Erinnerung zogen. Er liebte keine Abschiedsszenen, darum hatte er Kyra gesagt, er werde erst morgen abreisen. Wahrscheinlich würde sie Blumen kaufen oder irgendein anderes kleines Geschenk. Aber er würde nicht mehr da sein, und es war besser so. Wenn sie ihn zum Abschied umarmt und mit ihrem dunklen, warmen Blick angesehen hätte, wäre er vielleicht noch schwach geworden und hiergeblieben, einer Beziehung ausgeliefert, die seine Entschlusskraft lähmte, ebensosehr wie die bittersüße Atmosphäre der Fäulnis, die über dieser ganzen großen trägen Stadt lag.«

2

Partisan der Poesie.

Celans Anfänge: Czernowitz und Bukarest

Eines ist sicher: Der junge Celan lebte hinter einer Wand aus Kastanien. Schon mit etwa zwanzig Jahren, noch vor dem Beginn der geschichtlichen Katastrophen, schrieb er einen Vers, mit dem er sich seine überschaubare, behütete Kindheitslandschaft zurückholte: »Erst jenseits der Kastanien ist die Welt.« Der Titel des Gedichts lautet »Drüben«. Die Kastanien im Garten und auf der Straße bildeten eine grün wuchernde Grenze zwischen dem Elternhaus und der Außenwelt; in der Erinnerung erschien diese Szenerie wie eine Zeitkapsel, die in sich verschlossen war – kurz danach war sie auch aus der Geschichte verschwunden: Celans Heimatstadt Czernowitz, bis 1918 die Hauptstadt des habsburgischen k.-u.-k.-Kronlandes Bukowina, direkt an der Grenze zum russischen Zaren, gab es nach 1945 nicht mehr.

Als Paul Celan am 23. November 1920 geboren wurde, gehörte Czernowitz bereits zu Rumänien. Im historischen Abstand wirkt diese mehrfach den Wirrungen der Geschichte ausgesetzte Vielvölkerstadt in eine mythische Zone entrückt, in etwas Nicht-Wirkliches. Sie hatte mit der Realität, die Celan in der unmittelbaren Nachkriegszeit in Wien vorfand, nichts zu tun. Die historische Situation, in die Celan hineinwuchs, ist atmosphärisch heute kaum mehr nachvollziehbar.

Bei Paul Celan liegt vieles im Dunkeln: Je mehr man über ihn weiß, desto mehr schwinden die Gewissheiten. Das fängt mit seinem Geburtshaus an. 1945 fiel Czernowitz an die Sowjetunion, die Stadt lag jahrzehntelang in einem militärischen Sperrbezirk an der Grenze zu Rumänien. Erst seit der Ausrufung des unabhängigen Staates Ukraine im Jahr 1991 kann man dorthin reisen, und damit wurde ein neues Kapitel für die Stadt aufgeschlagen. Sie heißt jetzt »Tscherniwzi«. An der Hauptstraße wurde bald ein Denkmal von Paul Celan aufgestellt, dem man allerdings ansieht, dass der Bildhauer kurz vorher womöglich noch Lenin- oder Stalin-Büsten geschaffen hatte. Und auch das Haus mit der Adresse Saksaganski-Gasse Nr. 5, das man als Celans Geburtshaus ausfindig gemacht hatte, zeigte schnell alle Zeichen dieser neuen Erinnerungskultur. An der Fassade ist eine Skulptur angebracht, über der Eingangstür schwingt sich ein malerisch aufgeschlagenes Buch in höhere Sphären.

Die Saksaganski-Gasse Nr. 5 hat eine schmucke Jugendstilfassade und hebt sich dadurch auffällig von den umliegenden Häusern ab – ein beliebtes Fotomotiv, das alle Anzeichen des Habsburgischen und Dichterischen in sich vereint. Im Jahr 2007 kam es allerdings zu einer Irritation. Edith Hubermann, eine in Israel lebende Cousine Celans, besuchte ihre Heimatstadt und bestritt, dass es sich hier um das Haus handle, in dem der Lyriker die ersten dreizehn Jahre seines Lebens zugebracht hatte. Sie habe als Fünfjährige mit dem jungen Celan gespielt, dabei seien sie mühelos aus niedrigen Fenstern geklettert und in den Hof gestiegen. Auf das Haus Nr. 5 in der Gasse, die früher »Wassilkogasse« hieß und dann nach einem Begründer ukrainischer Schauspielkunst umbenannt wurde, kann das nicht zutreffen. Wohl aber auf das Nachbarhaus, Nr. 3, das viel unscheinbarer ist. Und auch was man über die Wohnverhältnisse der Familie Celans weiß, passt hier viel besser: drei enge Zimmer für fünf Leute, im dunklen Erdgeschoss zum Hof hin.

Frau Hubermann war sich sicher: Celan wuchs in dem Haus auf, das heute die Adresse Saksaganski-Gasse 3 hat. Es ist als Fotomotiv allerdings nicht so tauglich. Die Tür zum Hinterhof ist mit schwarzem Leder beschlagen, gegen Kälte und Zugluft. Und im Hof selbst sieht man auf den niedrigen Fensterbrettern Kakteen, die gegen ihr allmähliches Grauwerden ankämpfen, dahinter einen bereits grau gewordenen Vorhang. Celans Familienhintergrund – man lebte eher von der Hand in den Mund – scheint mit diesem Ensemble plastisch zu werden. Das schönere Nebenhaus wird natürlich offiziell immer noch als Celans Geburtshaus geführt, es fehlen Beweise. Peter Rychlo, der Czernowitzer Celan-Forscher, hält es aber sehr gut für möglich, dass sich im Zuge der Umbenennungen der Straßen gelegentlich auch die Hausnummern geändert haben, dass ein Eckhaus plötzlich einer anderen Straße zugeordnet worden sei. Das passt auf merkwürdige Weise zu Celans Biographie und ihrer Rezeption. Lange Zeit wusste man fast nichts. Doch je mehr man über ihn erfährt, desto mehr verschwimmt sein Bild.

Die Bevölkerungsstruktur in der mythischen Ära von Czernowitz, zur Zeit der Habsburgermonarchie, war hochkompliziert, eine Mischung verschiedenster Völkergruppen, und auch in der Kindheit und Jugend Celans in den zwanziger und dreißiger Jahren war das noch so. 1867, mit der Judenemanzipation, hatte ein Zeitalter begonnen, das »das goldene« genannt wurde: Sechzig Prozent der Stadtbevölkerung waren Juden in dieser Stadt, die ansonsten aus lauter Minderheiten bestand. Unter den mehr als hunderttausend Einwohnern gab es neben Rumänen, Ukrainern, Polen und Deutschen auch kleinere Minderheiten wie Huzulen oder Lipowaner. Dass die Umgangs-

Bergvolk in den Karpaten

allgläubige orthodoxe Christen

sprache Deutsch war, lag nicht an den zehn Prozent Deutschen – schwäbischen Einwanderern, die in der bäuerlichen Vorstadt Rosch wohnten. Es lag an den Juden: Sie waren die treibende Kraft des wirtschaftlichen Aufschwungs, sie wohnten in der Innenstadt und hatten dort ihre Geschäfte. Mit der rechtlichen Gleichstellung 1867 war für die Juden der Anreiz, sich zu assimilieren und Deutsch zu sprechen, noch größer geworden; nur die einfacheren Schichten sprachen noch Jiddisch.

Leo Antschel-Teitler, der Vater von Paul Celan, arbeitete als Makler im Brennholzhandel und war lange Zeit arbeitslos. In der Familie Antschel (oder »Ancel« in der rumänischen Schreibweise – das Anagramm »Celan«, mit der Betonung auf der ersten Silbe, bildete eine Bekannte des Dichters später daraus) wurde ganz selbstverständlich Deutsch gesprochen. Es war die Sprache des Aufstiegs, die Sprache des Bürgertums. Mit dem einfachen jüdischen Volk wollte man nichts zu tun haben. Deutsch war die Kultursprache aus dem achthundert Kilometer westlich gelegenen Wien, es war die Sprache Grillparzers, Hofmannsthals und Rilkes. Allerdings mischten sich die Idiome auf den Straßen von Czernowitz oft.

Für seine Dankesrede zum Bremer Literaturpreis 1958 hat Celan einige Formulierungen über seine Herkunft gefunden, die seither immer wieder zitiert werden: Er sprach über eine »nun der Geschichtslosigkeit anheimgefallene ehemalige Provinz der Habsburgermonarchie« und über eine Gegend, »in der Menschen und Bücher lebten«. Für das Selbstverständnis wesentlich war der Satz: »Das Erreichbare, fern genug, das zu Erreichende hieß Wien.« Nach dem Ersten Weltkrieg gehörte Wien einem anderen Reich an. Celans Stadt hieß nun rumänisch »Cernauti«. Die deutsche Sprache war jetzt von einer anderen, dominanten und staatstragenden Sprache eingeschlossen. Das führte zu einer besonderen Fixierung auf die Literatur, und ganz speziell auf die Lyrik. Es gab keinen Atem für einen Roman, für einen Großstadtroman gar. Das Lyrische war

27

konzentrierter Ausdruck eines Lebensgefühls, Indikator für die kulturelle Atmosphäre: eine fremde, überreizte Welt. Hier konnten Orchideen wachsen. Hier konnten die Worte wie in einem künstlichen Treibhaus gedeihen. Die Lyrik war eine Art Gesellschaftsspiel in den Czernowitzer Wohnzimmern, in den bürgerlich-jüdischen Salons, sie gehörte dazu wie die Hausmusik. Viele aus der so herangewachsenen Czernowitzer Generation dichteten. Die Bibliothek von Karl Horowitz, dem Vater von Celans Jugendfreundin Edith, war für den jungen Poeten eine Fundgrube. Horowitz war Altphilologe und Germanist, und nicht nur »Bongs Goldene Klassikerbibliothek«, sondern auch Werke von Klabund, Heym oder Trakl lernte Celan hier kennen. Um Rilke trieben die Jugendlichen damals einen regelrechten »Kult«, wie Edith Horowitz-Silbermann in ihren Erinnerungen schreibt, Paul Celan habe damals immer wieder den »Cornet« oder Gedichte aus dem *Stundenbuch* vorgetragen.

»Kein ankerloses Tasten stört die Hand« – so lautet die erste Zeile in Celans Gesamtwerk. Seine frühen Gedichte sprechen im Ton des alten Wien, elegisch, voller Trauer und Verzicht. Über allem scheint eine schwere, mächtige Stimmung zu liegen, es herrscht eine dunkle Pracht – »ein starker Duft im Süden deiner Seele«. Noch in seinem Band *Mohn und Gedächtnis* aus dem Jahr 1952 sind Anklänge daran zu spüren. Und wie wenn Rilkes »Blaue Hortensie« Pate gestanden hätte, sind es bei Celan Blumen aller Art, die aufgerufen werden. Und manchmal, beim Endreim, klingt der Vers in jenem Konjunktiv aus, der eine besondere Rilke'sche Spezialität ist:

DIE FRÜHLINGSSCHÖNEN sind es nie, die Licht
umspielt. Sie leben, daß sie Finsternis erküre.
Die hellen Herzen holt der Nebelwicht,
daß jedes vor ihm seinen Tanz vollführe.

Es gab neben der altösterreichischen Tradition noch eine andere Bezugsgröße für den jungen Celan. Die Heranwachsenden aus den jüdisch-bürgerlichen Kreisen trafen sich in den dreißiger Jahren in der illegalen kommunistischen Jugendorganisation und sammelten für die »Rote Hilfe«. Der Kommunismus als utopisches Ideal und Leitvorstellung stand offenkundig in keinem Widerspruch zu den traditionellen kulturellen Werten: In einer Enklave wie Czernowitz, einem abgelegenen Experimentierfeld sozialer und ästhetischer Strömungen jenseits der kapitalistischen Gegenwart der Metropolen, schien eine solche Verbindung naheliegend zu sein.

Edith Horowitz (später Silbermann), die Jugendfreundin Celans aus sozial höher gestellten Kreisen, bringt in ihren Erinnerungen an den jungen Celan mehrere Aspekte zusammen, das Revolutionäre wie das Dichterisch-Empfindliche: »Gelegentlich wurde nicht nur diskutiert, sondern auch gesungen: Revolutionslieder wie ›Brüder, zur Sonne, zur Freiheit‹ oder Landsknechts-Lieder wie ›Vom Barrette weht die Feder‹ oder ›Flandern in Not, durch Flandern reitet der Tod‹. Zuweilen tanzten wir auch übermütig einen Gopak. Paul konnte sehr lustig und ausgelassen sein, aber seine Stimmung schlug oft jäh um, und dann wurde er entweder grüblerisch, in sich gekehrt oder ironisch, sarkastisch. Er war ein leicht verstimmbares Instrument, von mimosenhafter Empfindsamkeit, narzisstischer Eitelkeit, unduldsam, wenn ihm etwas wider den Strich ging oder jemand ihm nicht passte, zu keiner Konzession bereit. Das trug ihm oft den Ruf ein, hochmütig zu sein.« Und Ruth Kraft, eine Schauspielerin am jiddischen Theater und Celans wichtigste Czernowitzer Liebe, erinnerte sich viele Jahre danach: »Bei aller Redegewandtheit war er des Öfteren so sehr vom Gefühl beherrscht, dass er ganz plötzlich verstummte und sich verabschiedete, um später in einem kurzen Brief, den er selbst überreichte, das zu sagen, was er vorher nicht hatte aussprechen können.«

Die Moderne nach 1918 war in Czernowitz nicht angekommen. Vom zeitgenössischen Lebensgefühl des zentralen deutschen Sprachraums war nicht viel zu spüren, vom schnelleren Tempo in den Großstädten, von der Sprengung aller Formen. Czernowitz, das war Provinz, das war, in der Lyrik, das Festhalten an überlieferten Vorstellungen von Bild und Reim. Es war nichts Aufgesetztes, sondern wesentlicher Bestandteil der Kultur, dass Gedichte bei Kerzenlicht vorgetragen wurden und die Rezitation einen großen Stellenwert einnahm: ein hoher Ton, und bei aller Empfindsamkeit etwas Weihevolles. Die Lyrik verschmolz untrennbar mit dem Selbstgefühl des jungen Celan, und es ist nicht zu unterschätzen, welche Rolle dabei sein materiell eher schwieriger sozialer Hintergrund spielte. Das Jiddische, die Sprache der sozial niedriger gestellten Juden, scheint er zunächst eher verachtet zu haben. Auch die jüdische Religion spielte für den jungen Celan, nach allem, was dazu in Erfahrung zu bringen ist, kaum eine Rolle. Seine Religion war die Dichtung.

Vorstellungen von der Besonderheit des Dichters, von seiner Einsamkeit und von der Natur ziehen sich durch die Jugendjahre Celans in Czernowitz, aber es überträgt sich dabei ein gewisser Zauber. Er selbst spürte des Öfteren allen möglichen Reizen nach, die von Mädchen ausgingen und bei ihm zunächst viel damit zu tun hatten, dass er Blumen zwischen die Seiten von Poesiealben presste und sie dort trocken ließ. Edith Horowitz-Silbermann berichtete später, dass es ihm »nicht schwer« fiel, »der Mittelpunkt jedes geselligen Beisammenseins zu werden«: »Er lenkte gern die Aufmerksamkeit auf sich.« Die Freundin erinnert sich, dass er gerne den »Hanswurst« gab und sich manchmal auch in der Rolle des »Bürgerschrecks« gefiel. Der brutale Einbruch der aktuellen Zeitgeschichte geschah, als Celan neunzehn Jahre alt war. Am 20. Juni 1940 zogen sowjetische Truppen in Czernowitz ein. Tausende von Einwohnern wurden nach Sibirien verschleppt. Ein Jahr später, im Juli 1941, besetzten Rumänen, die unter deutschem Kommando standen, die Bukowina. Es folgten Deportationen, Ghetto, organisierter Mord. Celans Eltern wurden nach Transnistrien, in das ukrainische Gebiet jenseits des Dnjestr, transportiert und dort ermordet. Die Nacht, in der die Schergen in das Haus der Eltern Celans eindrangen und sie gefangen nahmen, bildet den traumatischen Kern in Celans Biographie: Celan hatte seine Eltern gewarnt, man wusste von den bevorstehenden Verhaftungen, doch sie waren zu müde und sich der drohenden Gefahr zu wenig bewusst, um sich zu verstecken. Celan blieb nicht bei ihnen, sondern verbrachte die Nacht bei einem »Mädchen«, wie er seiner späteren Geliebten Brigitta Eisenreich gestand; es handelte sich um die Jugendfreundin Edith Horowitz.

Celan wurde im Anschluss, als Zweiundzwanzigjähriger, für mehr als eineinhalb Jahre als Zwangsarbeiter eingezogen. Er hatte vorher an der Czernowitzer Universität zu studieren begonnen, Romanistik und danach Russisch, im Herbst 1944 kam Anglistik dazu – seine Mehrsprachigkeit fällt schon sehr früh ins Auge, selbst im Russischen und Englischen erreichte er einen hohen Standard, Französisch und Rumänisch sprach er fließend, und für seine Lyrik bekam das eine immer größere Bedeutung. Gegen Ende des Zweiten Weltkriegs entstand dann dasjenige Gedicht, das in der allgemeinen Wahrnehmung so eng mit dem Dichter Paul Celan verbunden ist wie kein anderes: die »Todesfuge«. Sie berührt in Celans Lyrik eine neue Dimension. Der Dichter beschreibt hier die vorher unvorstellbare geschichtliche Katastrophe, wie sie in den Alltag einbricht – in ebenjenen Alltag, der stark von kulturellen, von musischen Traditionen geprägt war. Der Fin-de-Siècle-Ton der Jahrhundertwende, der spätromantische Duktus aus Verklärung und Verzicht, wurde überdeckt und unmöglich gemacht durch deutsche Märsche, durch Stiefel, Schaufel und Grab. Celans Gedichte unterscheiden sich dabei deutlich von zeitgleich erschienenen Texten osteuropäischer Juden, die ebenfalls von diesem Schrecken handeln. Während um ihn herum selbst in der Beschreibung des äußersten Grauens immer noch der konventionelle Rhythmus vorherrschte, ein erträumter Fluchtpunkt in den gewohnten Hebungen und Senkungen und Reimen, durchbrach Celan die vertrauten lyrischen Schemata.

Der Brief, den Celan am 21. April 1948 aus Wien an Alfred Margul-Sperber schickte, rückte die literarische Situation in Czernowitz in ein bestimmtes Licht: »Immer mehr, immer häufiger muss ich mir sagen, dass es auf die Veröffentlichung meiner Gedichte wohl weniger ankommt als darauf, neue zu schreiben. Hätte ich das auch daheim zu tun vermocht? Ich wage nicht, es zu beantworten, wahrscheinlich wäre ich aber doch letzten Endes ganz verstummt.«

Zwischen Czernowitz und Wien lagen für Celan allerdings zweieinhalb Jahre in Bukarest, und das barg völlig neue Erfahrungen. Celan kam nach Wien als einer, der die Bukarester Boheme kennengelernt hatte. Die Zeit, die er in den dortigen surrealistischen Kreisen verbrachte, erscheint im Nachhinein als die glücklichste Phase in seinem Leben überhaupt. Sein engster Freund wurde der drei Jahre jüngere Petre Solomon. Solomon zitiert leitmotivisch einen Brief vom 12. September 1962, den ihm Celan aus Paris schrieb: »Ich habe eine Reihe großer französischer Dichter kennengelernt – und übersetzt. (Wie ich auch ›die Blüte‹ der deutschen Dichtung kennengelernt habe.) Manche von ihnen haben mir durch Zueignungen und Widmungen ihre Freundschaft kundgetan, von der ich nur folgendes sagen kann: sie erwies sich als ausschließlich ›literarisch‹. Aber ich hatte, es ist lange her, Dichter-Freunde: das war zwischen 45 und 47 in Bukarest. Ich werde es nie vergessen.«

Die Stadt, auf die Celan nach seiner Ausreise aus Czernowitz mit einem sowjetischen Militär-Lkw stieß, war schon immer seine Hauptstadt gewesen. Bukarest galt als das »Paris des Ostens«, geprägt von der Moderne der Zeit zwischen den

Kriegen: Sachliche, funktionale Bauten und Art déco beherrschten das Stadtbild und lassen noch heute die zwanziger und dreißiger Jahre als bestimmendes städtebauliches Moment erscheinen. Der französische Schriftsteller Paul Morand veröffentlichte 1935 sein Buch *Bucarest*, in dem er diese Stadt die »glänzendste, lebhafteste, eleganteste, westlichste unter den Kapitalen des Balkans« nennt und charakteristische, lyrische Bilder findet – etwa über die Gärten, das alles überwuchernde Grün und die »rumänischen Blüten, die unbesiegbaren, die sich überall festhalten und allem widerstehen, dem wirbelnden Staub wie der unablässigen Sonne«.

Petre Solomon zitiert die Eindrücke Paul Morands, um das Lebensgefühl der jungen Schriftstellergeneration, die hier nach 1945 auftrat, zu beschreiben – ein Lebensgefühl, das viel mit jenen Blüten zu tun hatte, trotz des Krieges, der überall seine Spuren hinterlassen hatte. Solomon, ein rumänischer Jude, war 1944 nach Palästina ausgewandert, um zwei Jahre später wieder nach Bukarest zurückzukehren. Im Verlag Das russische Buch, wo beide arbeiteten, lernte er Paul Celan kennen. Solomon erzählt von der Kantine in der Batiststraße, in der sich das Menü öfter auf eine klare Suppe und einen gekochten Maiskolben beschränkte, vom »Ökonomaten«, der in den früheren Ställen des alten herrschaftlichen Hauses untergebracht war und wo man auf Karten zusätzlich Zucker, Öl oder Mehl oder auch ein Stück Stoff für einen Anzug kaufen konnte. Der dortige Hausmeister Gheorge Faghira sei »ein Mann für alle Fälle« gewesen, »ein Trinker mit großem Herzen«.

Die sowjetische Hegemonie war auch in Rumänien bald erkennbar. Für den Verlag, der für die Übertragung russischer Literatur ins Rumänische zuständig war, übersetzte Celan mehrere Bücher, unter anderem Lermontows *Ein Held unserer Zeit* oder Tschechows *Bauern*. Hier durfte er sogar, entgegen der üblichen Praxis, als Übersetzer zeichnen: »Paul Ancel« oder »A. Pavel«. Es war ein kurzes Intermezzo vor dem alles

33

erfassenden Totalitarismus in Rumänien, eine Übergangszeit mit ungeordneten Möglichkeiten. Celan übersetzte in Bukarest durchaus auch politische Texte für die Parteizeitung *Scinteia*. Doch noch waren der von Stalin geprägte Kommunismus und gewisse anarchische Strömungen der Linken, denen vor allem Celans Sympathien galten, im zeitgenössischen Bewusstsein nicht völlig auseinandergerissen. Celan floh aus Rumänien, als ihm endgültig klar wurde, dass der Stalinismus alles andere abwürgen würde.

Die Zeit in Bukarest folgte für Celan direkt auf den existenziellen Schock des Lagers und die Ermordung seiner Eltern. Es war eine merkwürdige Latenz-Phase: Die unmittelbare Erfahrung schien zu stark zu sein, als dass er sie bewusst hätte bearbeiten können. Sie wurde durch ein ausgesprochenes Boheme-Leben überdeckt. Celan wohnte zunächst kurz bei Alfred Margul-Sperber, der damals siebenundvierzig Jahre alt war und der wichtigste Kopf aus dem ehemaligen Czernowitzer Literaturzirkel. Celan spielte später ein paarmal darauf an, wie er sich bei Sperber ein Bett auf dem Küchentisch richtete – in der obersten Etage einer Bojarenvilla, die ihm vor allem durch ihre große, efeuüberwucherte Terrasse in Erinnerung blieb. Sperber zog bald darauf um, und in der Buzestistraße versammelte er jeden Sonntagvormittag Schriftsteller um sich. Es war Sperbers Frau, die aus dem Wort »Ancel« mit c, der rumänischen Schreibweise von Celans Familiennamen »Antschel«, das Anagramm »Celan« bildete und damit das Pseudonym des Dichters schuf. In Bukarest wurde er zum ersten Mal gedruckt: im Mai 1947, auf Rumänisch. Das dort zunächst »Todestango« genannte und erst später unter dem Titel »Todesfuge« bekannt gewordene Gedicht erschien in der Zeitschrift *Contemporanul*, in einer Übersetzung Petre Solomons.

Der exklusive Kreis der Bukarester Surrealisten um Gherasim Luca pflegte Beziehungen zu den Gründervätern der Bewegung in Paris. Rumänische Künstler gehörten dort zum

Kern, etwa Tristan Tzara oder Constantin Brancusi. Tristan Tzara kam nach dreiundzwanzig Jahren im November 1946 zum ersten Mal wieder nach Bukarest und trat öffentlich auf, Celan saß im Publikum. Schon im ersten Brief an Solomon aus Wien erinnert sich Celan an »die schöne Zeit der Wortspiele«. Solomon beschreibt die »unanständigen« Lieder, die man sang, obszöne oder einfach bloß lustvoll alberne Verse im Stil der Pariser Surrealisten der ersten Stunde. In einem Heft notierte Solomon im Frühjahr 1947 eigens Wortspiele, die Celan im Gespräch entwarf, und nannte es »Paul Celans Abendbüchlein«. Celan schrieb Prosastücke auf Rumänisch, die sichtlich vom Austausch mit den Freunden inspiriert waren: »Als Partisan des erotischen Absolutismus, als sogar unter Tauchern zurückhaltender Größenwahnsinniger, zugleich als Botschafter des Mond- und Sonnenhofs Paul Celan rufe ich die versteinernden Erscheinungen des Luftschiffbruchs nur alle zehn (oder mehr) Jahre hervor (...) «

In der »offiziellen« deutschen Übersetzung ist der »Partisan« unnötigerweise abgeschwächt zu einem »Anhänger«. Dabei war Celan gerade in den politischen Konnotationen der von ihm verwendeten Worte immer hellwach. Der Gebrauch des Wortes »Partizan« im Rumänischen entspricht exakt demjenigen im Deutschen. Die politische Atmosphäre direkt nach 1945 in Bukarest, wo eine untergründig militante Sprechweise immer zum Tagesgeschäft gehörte, geht in Celans Text automatisch in die surrealistische Schreibpraxis ein.

Ein Prosastück, das einzige dieser Periode auf Deutsch, scheint ein direkter Ausdruck der surrealistischen Szene in Bukarest zu sein: »Geräuschlos hüpft ein Griffel über die schwärzliche Erde, überschlägt sich, wirbelt weiter über die endlose Tafel, hält inne, hält Umschau, nimmt niemanden wahr, setzt die Wanderung fort, schreibt.« Das gemeinsame, spielerische Erfinden poetischer Bilder ist die surrealistische Technik schlechthin. Und dabei lag auch der »erotische Absolutismus«

nahe. Die Silvesterfeier 1946/47 bei einem Italienischlehrer in der Boteanustraße ist ein Fixpunkt in Petre Solomons Erinnerung. Dort verließ ihn seine Freundin, und Celan schrieb ein Gedicht auf Rumänisch über diesen Abend: »Reveillon«, ein Gedicht, das direkt von persönlichen Erlebnissen spricht. Auf Deutsch gibt es von Celan solche Gedichte nicht. Auf Rumänisch allerdings entstanden mehrere »Gelegenheitsgedichte«, tagebuchartig, nah am Alltag. Es entsprach dem Lebensgefühl jener Zeit, als er sich mit gleichaltrigen rumänischen Dichtern und Dichterinnen traf: wechselnde Liebesgeschichten, Enttäuschungen, Euphorie.

Celan dachte auf Deutsch, seine Selbstwahrnehmung war untrennbar mit seiner Muttersprache verbunden. Aber der unkomplizierteste Austausch gelang ihm mit Freunden und Freundinnen auf Rumänisch. Bei einem Fest mit Theater- und Gesangseinlagen lernte Celan die Schauspielerin Ciuci Marcovici kennen, die Freundin seiner letzten Wochen in Bukarest, und beeindruckte sie mit einer spontanen Klavier- und Tanznummer. Manchmal blitzte aber auch etwas anderes auf. Ovid S. Crohmalniceanu, der eigentlich Moise Cahn hieß, erinnerte sich 1981 auf einem Bukarester Celan-Symposion an genau jenen Abend und an die Art, wie Celan sang. Neben revolutionären Liedern aus dem Spanischen Bürgerkrieg trug er auch alte deutsche Volksweisen vor, und Crohmalniceanu nennt dieselbe wie Edith Horowitz-Silbermann in ihren Erinnerungen an Czernowitz: »Paul sang ›Flandern in Not‹. Am Ende jeder Strophe stampfte er mit dem Fuß auf den Boden und nahm mit immer dumpferer Stimme den Refrain wieder auf: ›Ge-storben‹.«

In Solomons Erinnerungen spielen »die blumengeschmückten Mädchen« eine große Rolle, »elegant mit geringem Aufwand oder sogar nach der letzten Pariser Mode gekleidet«, und er nennt neben Ciuci weitere Namen von Freundinnen Celans, wie Viorica und Lia. Schon in Czernowitz sei Celan »wie ein

Schmetterling von einer zur anderen« geflogen, schreibt Edith Horowitz-Silbermann, die dann auch in
Bukarest eine seiner Freundinnen
war – und sie zitiert einmal ihre Cousine Tutzi mit den Worten: »Neulich
war Paul bei mir und versuchte, sich
an mich heranzumachen. Ich wies
ihn empört zurück und sagte ihm:
Weißt du nicht, dass ich Ediths beste
Freundin bin? Worauf er mir von
oben herab erwiderte: ›Ich nehme die
Frauen wie Zigaretten, die ich aus-
rauche und wegwerfe.‹«

»Frauen wie Zigaretten«: Paul Celan
als Schüler in Czernowitz (1937)

Hier teilt sich zumindest atmosphärisch etwas mit. Edith Horowitz-Silbermann, die von Celans
Flucht aus Bukarest überrascht wurde, erkannte im Nachhinein eine »Taktik« Celans, die durchaus auch auf sein späteres Leben in Paris zuzutreffen scheint: »sich in verschiedenen
Sphären zu bewegen und die eine von der anderen abzuschir-
men«.

Die von Petre Solomon miterwähnte Lia Fingerhut war
die Tochter eines bekannten Bukarester Arztes. Sie begleitete Celan, als eine Gruppe von Freunden am 12. April 1947
von Sinaia aus zu einer Wanderung in die Karpaten aufbrach,
mit einem Aufstieg zur Voevozi-Hütte, von dort zur Pestera-
Grotte und zur Tataren- und Zanoaga-Schlucht. Man schlief
in überfüllten Schutzhütten. Dieser Ausflug blieb Solomon leb-
haft im Gedächtnis: »Wir kehrten nach ein paar glücklichen,
also geschichtslosen Tagen vom Bahnhof Titu aus nach Bukarest zurück.«

Auch für Celan scheint es in den Bukarester Tagen manchmal die Möglichkeit der Geschichtslosigkeit gegeben zu haben,

eine Zeitlücke. Das komödiantische, theatralische Talent Celans und die tragische Grundierung seines Lebens, mit der Ermordung seiner Eltern und seiner eigenen Lagerzeit – das hielt sich in Bukarest noch in der Waage. An der Oberfläche standen Mechanismen zur Verfügung, das erlittene Schicksal zu überspielen, damit künstlerisch umzugehen, so wie beim alten Lied »Flandern in Not« mit dem dumpfen Refrain »Ge-storben«. Später wurden solche Mechanismen, wie letztlich jegliche Form von Artistik, von Celan immer eindringlicher befragt und verworfen. Doch die Bukarester Jahre blieben ein eigenartiger Resonanzraum auch für den späten Celan. In der Zeit seiner psychischen Krisen nach 1960 griff Celan oft darauf zurück: »Meine Hoffnung liegt im Osten!« Mehrfach rief er später sehnsüchtig seine Jugend auf und erinnerte sich an frühe Gefühle, emphatisch beschwor er sein »altes Kommunistenherz«.

Am 18. Februar 1962 schrieb Celan an Solomon aus Paris: »Ich weiß nicht, ob euch diese Nachricht erreicht hat. Lia ist im Mittelmeer ertrunken, weit, ach wie weit weg von allem, was unvergesslich-nahe bleibt im Herzen und durchs Herz.« Celan fügte hinzu, Solomon möge ihm die Adresse von Ciuci Marcovici geben und sie bitten, ihm zu schreiben, »zwei-drei Worte«. Am 23. November 1967, seinem siebenundvierzigsten Geburtstag, zweieinhalb Jahre vor seinem Tod in der Seine, schrieb Celan wieder an Solomon, am Abend in seinem Zimmer in der École Normale Supérieure, und brachte dabei seinen Sohn Eric ins Spiel: »Ich denke an unseren Ausflug in die Karpaten vor mehr als zwanzig Jahren. Lia, Lia, ertrunken, ertrunken, ertrunken. Nichtigkeit des Geschriebenen. Erinnerst du dich an die revolutionären Lieder, die ich euch bei der Rückkehr im Zug gesungen habe – mein Repertoire ist immer noch das gleiche, ich lehre sie auch Eric, der mich den vollständigen Text des Lieds der Partisanen, der Maquisards lehrt – Anachronismen, Catachronismen ...«

3

Der Herr auf der anderen Seite des Flusses.

Bachmanns Anfänge in Klagenfurt

Die Vorgeschichte Ingeborg Bachmanns ist in ein ganz anderes Dunkel gehüllt als diejenige Celans. Während man von Celan lange Zeit so gut wie gar nichts wusste, wusste man von Bachmann fast zu viel: Bilder, die sich überdeckten und widersprachen. Dazu trug sie bewusst selbst bei. In Interviews und eigenen Notaten verwischten sich die Grenzen, ihr Leben bekam immer wieder einen neuen ästhetischen Zusammenhang. Und so hat Ingeborg Bachmann, wie eine Sphinx der neueren Literaturgeschichte, mittlerweile schon etliche Restaurierungen, Verschönerungen und Neugestaltungen erlebt. Welch Person da im Alter von zwanzig Jahren tatsächlich 1946 nach Wien kam, ist kaum noch erkennbar. Je nachdem, aus welcher Perspektive man sie betrachtet, verändert sich ihr Aussehen, und man kann die unterschiedlichsten Gemütsregungen und Charakterdispositionen in ihr vermuten. Die spätere Geschichte wirkt wie ein Bühnengeschehen, Theater mit wechselnden Effekten. Sie wurde von einer jungen lyrischen Göttin

Theater mit wechselnden Effekten:
Ingeborg Bachmann, die junge
Sphinx

in den fünfziger Jahren zu einer sich geheimnisvoll verschließenden Dichterin in den Sechzigern und schließlich zur feministischen Ikone in den Siebzigern – immer mit einem großen Identifikationspotenzial versehen und immer mit einem gewissen Raunen. Der Reiz ist jedes Mal, dass man letztlich doch ziemlich wenig weiß, es aber gleichwohl viele Andeutungen und Spuren gibt. Interpretationskapriolen und die jeweils herrschenden methodischen Moden scheinen hier ein ideales Parkett zu finden, bis hin zu den aktuellen Gender-Debatten und Theorie-Diskursen.

40   Bachmann selbst hat mit ihren Aussagen die Ungewissheiten ihrer Biographie noch befeuert. Sie wurde immer raffinierter im Andeuten und anschließenden Auslöschen von Spuren. Ihre Kindheit, ihr Verhältnis zur Familie, besonders zu den Eltern, ihr Klagenfurter Gefühl: Wie in einem Gedicht umkreiste sie dunkle Stellen, rief Irisierendes und Schillerndes auf, und selbst eindeutig scheinende Aussagen werden mehrdeutig. In der Ausgabe der Frauenzeitschrift *Brigitte* vom 24. Dezember 1971 sprach sie in einem Interview über ihre wichtigste frühe Prägung: »Es hat einen bestimmten Moment gegeben, der hat meine Kindheit zertrümmert. Der Einmarsch von Hitlers Truppen in Klagenfurt. Es war etwas so Entsetzliches, dass mit diesem Tag meine Erinnerung anfängt: durch einen zu frühen Schmerz, wie ich ihn in dieser Stärke vielleicht später überhaupt nie mehr hatte. Natürlich habe ich das alles nicht verstanden in dem Sinn, in dem es ein Erwachsener verstehen würde. Aber diese ungeheure Brutalität, die spürbar war,

dieses Brüllen, Singen und Marschieren – das Aufkommen meiner ersten Todesangst. Ein ganzes Heer kam da in unser stilles, friedliches Kärnten …«

Es scheint, als habe die Dichterin bereits als Zwölfjährige intensiv gespürt, was damals vor sich ging. Das Bild der Bachmann als große Moralistin, als Leidende und Widerständige bekam in den Jahren nach ihrem Tod durch dieses Zitat die schärfsten Konturen. Doch die Aussage hat ihre Tücken. Die Schriftstellerin hielt diese Eindrücke ja nicht aus dem Blickwinkel des Kindes fest, sondern als schon längst berühmte, von vielen kultisch verehrte Autorin, und sie sprach in erster Linie über ihr neues Buch *Malina* und den theoretischen Hintergrund, den sie sich zum Schreiben erarbeitet hatte. Kärnten war natürlich schon vor 1938, dem Jahr des Anschlusses von Österreich an das Deutsche Reich Hitlers, keineswegs mehr »still« und »friedlich«. Bereits Anfang der dreißiger Jahre waren die Nationalsozialisten in Kärnten viel stärker vertreten als in anderen österreichischen Provinzen, und ein großer Teil der Lehrer, unter ihnen der Vater Ingeborg Bachmanns – vor allem später ein heikles Thema –, trat gleich der NSDAP bei. Zudem war Ingeborg Bachmann an dem Tag, als die Nazis in Klagenfurt unter enthusiastischem Jubel einmarschierten, noch in den Bergen beim Skifahren. Die Familie kam erst am folgenden Tag nach Hause.

Allerdings, so erinnert sich ihr Bruder Heinz Bachmann, paradierten die Horden auch danach noch in der Henselstraße, an deren Ende eine Kaserne lag. Und die frenetisch umjubelte Rede Hitlers vom Balkon des Hotels Sandwirth fand drei Wochen nach dem Einmarsch statt. Uwe Johnson zitiert 1974 in seiner *Reise nach Klagenfurt* auf den Spuren Ingeborg Bachmanns, wie es seiner Methode des Nachspürens und Recherchierens entspricht, die damals aktuelle Ausgabe der *Kärntner Zeitung*, nach der »des Jubelns kein Ende« war. Das, was Bachmann in ihrem späten Interview sagte, hatte wohl durchaus eine reale Grundlage.

siehe
Seite
zuvor !

Das Spiel mit Wirklichkeit und Fiktion, dem es trotz freie-
rem Umgang mit den realen Begebenheiten durchaus um eine
Form von Wahrheit geht, charakterisiert alle Selbstäußerun-
gen Ingeborg Bachmanns. Sie hat es im Lauf der Zeit perfek-
tioniert, für die Öffentlichkeit ein kaleidoskopartiges Kunst-
Leben-Konstrukt herzustellen, das ihre konkrete Biographie
vor allem unter ästhetischen Gesichtspunkten lesbar machen
sollte. Welche Rolle die NSDAP-Mitgliedschaft ihres Vaters in
den direkten Gesprächen mit Paul Celan bildete, ist unklar. Es
steht aber außer Zweifel, dass dies für sie von großer Bedeutung war. Ihre jüdischen Freunde empfand sie schon früh als
Gegengewicht zu ihren eigenen biographischen Prägungen,
noch vor der Liaison mit Paul Celan.

Sie war, das zeigen bereits ihre ersten erhaltenen Texte,
schon früh eine Spielerin, sie spielte mit ihrer Biographie und
später mit den Erwartungshaltungen der Öffentlichkeit, sie
spielte mit sich selbst um die Einzelheiten ihres Lebens und
setzte sie immer wieder neu zusammen. Spiel: Das kann auch
etwas Existenzielles sein. Ingeborg Bachmann probierte ständig Rollen aus. Wohl bereits als Sechzehnjährige verfasste
sie ein Drama in fünf Aufzügen, dessen Schauplatz im Sommer 1808 hauptsächlich Saragossa zur Zeit der napoleonischen
Besatzung ist – in Szene gesetzt wird eine Kaufmannstochter,
zerrissen zwischen dem Kampf um die spanische Freiheit und
der Liebe zu einem feindlichen Offizier. 1943, als Siebzehnjährige, schrieb sie »Das Honditschkreuz«, mit dem Untertitel
»Erzählung aus dem Jahre 1813« – wieder ein historischer Stoff
also, doch es ist erkennbar, dass hier der Gegenwart ein Spiegel vorgehalten werden soll: Es geht um den Aufstand gegen
die napoleonischen Truppen im Gailtal, ihrer unmittelbaren
Heimat. Dort, in den Dörfern Obervellach und Hermagor, verbrachte sie viele Wochen in ihrer Kindheit. Die Landschaft am
Fluss, das Schwimmen in der Gail wird manchmal auch noch
später sehnsüchtig heraufbeschworen.

Südkärnten war schon immer ein zweisprachiges Gebiet, Slowenen und Österreicher mischten sich in dieser Region. Die Grenzziehung zwischen Österreich und Jugoslawien erfolgte nach dem Ersten Weltkrieg erst 1920, nach blutigen Auseinandersetzungen. Die NSDAP in Kärnten knüpfte anschließend fast nahtlos an diesen sogenannten »Abwehrkampf« an, die »Ausmerzung« der slowenischen Minderheit gehörte zu ihren zentralen Programmpunkten. Es ist interessant, wie Ingeborg Bachmann im »Honditschkreuz« ein eigentlich in der Luft liegendes, herrschaftskonformes Thema – die Befreiung von fremder Macht – umwidmet und das Sujet gegen den Strich bürstet: »Die Windischen leben im Gailtal, ebenso wie überall im Süden Kärntens inmitten von Deutschen, sie haben ihre eigene Sprache, die weder von Slowenen noch von Deutschen so richtig verstanden wird. Mit ihrem Dasein ist es, als wollten sie die Grenze verwischen, die Grenze des Landes, aber auch der Sprache, der Bräuche und Sitten. Sie bilden eine Brücke, und ihre Pfeiler sitzen gut und friedlich drüben und herüben. Und es wäre gut, immer so zu bleiben.« Der Bachmann-Forscher Hans Höller hat darauf hingewiesen, dass das Wort »Windische«, das sie benutzt, von den Deutschkärntnern in einem pejorativen Sinn gebraucht wurde. Sie übernimmt die Bezeichnung einfach ganz organisch und zeichnet diesen Volksstamm trotzdem positiv.

Die Kindheitserinnerungen an das Gailtal sind auch in späteren Texten Ingeborg Bachmanns immer positiv besetzt, und dazu gehört untrennbar auch das Zusammenleben mit der slowenischen Minderheit in einem Sprachen- und Völkergemisch. Die Atmosphäre der Kindheit ist etwas Unverwechselbares, das keine landsmannschaftliche »Reinheit« zulässt. Für ihren biographischen Traum wird es später noch wesentlicher sein, dass auch Italien sehr nahe lag: Das Gailtal markiert ein Dreiländereck. Ingeborg Bachmann hält bereits als Siebzehnjährige, mitten in der Naziherrschaft, an diesem Kindheitsbild fest und begreift die »Heimat« nicht im Sinne der herrschenden Macht, sondern hält ihre eigene Empfindung dagegen. Der Vater mit seinem Parteiausweis scheint dabei kein Hindernis gewesen zu sein und der traumhaft imaginierten Kindheit der Erinnerung nicht im Wege gestanden zu haben.

Die Lehrertochter aus Klagenfurt schrieb von Anfang an viel. Im Zeitraum zwischen zehn und achtzehn Jahren hat sie nach eigener Auskunft, und man mag es ihr glauben, unzählige Seiten mit Gedichten und Geschichten gefüllt, die stark von einem Kärntner Heimat- und Naturgefühl geprägt waren. Das gilt auch für das Prosastück *Die Fähre*, die erste Veröffentlichung Ingeborg Bachmanns überhaupt, Anfang August 1946 in der *Kärntner Illustrierten*. Es sind sehr konventionelle Fingerübungen, die den begrenzten Raum ihres Herkommens ausmessen und noch wenig erahnen lassen von der fulminanten Entwicklung, die ihr Umgang mit der Sprache bald erfahren wird: Noch dreht sich alles um Landschaftsidyllen, Naturbilder und um die Auseinandersetzung mit christlichen Tugend- und Moralvorstellungen.

Der Text *Die Fähre* hat aber bereits ein Motiv, das für Ingeborg Bachmann sehr prägend werden wird. Es ist eine kurze Geschichte, in der aus dem Blickwinkel eines Mannes erzählt wird – bemerkenswert für eine junge Autorin, die sich hier bereits Strategien der Distanz erarbeitet. Die Frau, um die es geht, erscheint dagegen fremd und unerreichbar. Aber es gibt eine untergründige Schicht in der Erzählung, in der diese Frau ebenfalls eine Identifikationsfigur darstellt. Die Sehnsucht an der Oberfläche des Textes ist die des Mannes. Die Sehnsucht in der Tiefe aber ist diejenige der Frau. Für eine Neunzehnjährige sind diese Perspektivverschiebungen erstaunlich.

Der Fährmann Josip liebt das Bauernmädchen Maria, das er immer über den Fluss fahren muss, damit es dem unzugänglichen »Herrn« auf der anderen Seite in seinem »Schloss« von »brennender weißer Farbe« Beeren, Honig und Brot bringt. Als sie einmal eines Abends kommt, ohne Korb, stellt er fest: »Sie bringt nur sich«, und lehnt es ab, sie zu fahren, auch als sie doppelt so viel zahlen will.

Es ist die Sehnsucht Josips, im Winter mit ihr zu tanzen, wenn der Herr sie »vergessen« haben wird. Und obwohl die Erzählerstimme eindeutig auf der Seite Josips zu sein scheint, seinem Begehren und seiner Liebe, obwohl sie ihn denken lässt, dass Maria ein »törichtes Mädchen« sei, er sei »voll Verwunderung« und verachte Maria »ein wenig« – der eigentliche Sog in der Geschichte geht von dem ominösen »Herrn« auf der anderen Seite aus. Dieser Sog wird nicht erklärt, nur evoziert. Josip beobachtet den »Herrn« gelegentlich, wie er am Fenster steht und »Ruhelosigkeit« in sich trägt: »Der Herr ist sehr mächtig, er verbreitet Scheu und Ratlosigkeit um sich, aber er ist gut.« Josip ahnt, dass genau diese Zuschreibungen Maria dazu veranlassen, immer wieder hinüberzugehen. Und diese Zuschreibungen sind wohl die Triebfeder des Textes selbst.

Der »Herr« ist natürlich eine fiktive Figur. Aber dennoch scheint es Verbindungen zu geben zu der Schwärmerei, die die junge Ingeborg Bachmann erfasst hatte und die verbürgt ist: und zwar für den Dichter Josef Friedrich Perkonig, der an der Klagenfurter Lehrerfortbildungsanstalt unterrichtete. Bachmann besuchte diese Einrichtung nach ihrer Matura 1944, Perkonig war damals vierundfünfzig Jahre alt. 1991 wurde eine Jugendschrift Bachmanns veröffentlicht, die in gewisser Weise zur Erzählung *Die Fähre* zu passen scheint: Die zwischen Mai 1945 und Mai 1946 entstandenen *Briefe an Felician* beschwören ein imaginäres Gegenüber in der Kunst herauf. Der Angesprochene mit dem hymnischen Namen Felician ist schwer zu fassen, er changiert zwischen Gott und Geliebtem und scheint eine ideale Projektionsfläche für jugendliche Phantasien zu sein. Ein Gedicht aus dem Nachlass Ingeborg Bachmanns sorgte in diesem Zusammenhang für Aufsehen, denn dort existiert eine Widmung »An Jfr. Perkonig«, die dann aber dreifach durchgestrichen und durch »Für Felician« ersetzt wurde. Die näheren Umstände sind nicht mehr rekonstruierbar, die Handschrift der »Widmung« ist nicht eindeutig zuzuordnen.

Perkonig, ein typischer Volks- und Heimatdichter, setzte sich nach dem »Anschluss« zwar für das Existenzrecht der slowenischen Minderheit ein, wirkte aber gleichzeitig auch an einem *Bekenntnisbuch österreichischer Dichter* zu Hitler mit. Die Hauptfigur in seinem Roman *Bergsegen* heißt tatsächlich »Felician« – hier schließt sich der Kreis.

Die politischen Implikationen bei jemandem wie Perkonig scheinen Ingeborg Bachmann zu diesem Zeitpunkt nicht interessiert zu haben. Es ging ihr in erster Linie um eine Verbindungsperson zum geheimnisvollen und für sie noch verschlossenen Reich der Literatur. Aus der Zeit kurz vor und kurz nach dem Kriegsende wurden bislang nur sechs handgeschriebene Tagebuchblätter Ingeborg Bachmanns gefunden. Eine Passage fällt besonders auf. Obwohl Nachbarn durch Bombenabwürfe

getötet worden sind, flüchtet sie nicht mehr in den Bunker, wo sie es wegen der schlechten Luft und der »stumpfen, stummen Massen« kaum aushält. Sie stellt sich einen Sessel in den Garten und liest dort: »Ich habe mir fest vorgenommen, weiterzulesen, wenn die Bomben kommen.«

Alles, was mit Literatur zu tun hatte, war für sie ein Gegenentwurf zur Realität, und eine erste Verbindung dazu schien die lokale Berühmtheit Perkonig schaffen zu können. Die »Felician«-Beschwörungen und die Imagination jenes unerreichbaren »Herrn« auf der anderen Seite des Flusses sind jedoch kaum auf einen konkreten Auslöser zu begrenzen. Die Literatur, die geheimnisvollen und in ihrer Jugend in der Nazizeit verborgenen und verschlossenen Bücher treten noch in mindestens einer weiteren Person in Erscheinung.

Nach dem Ende des Krieges spricht ein britischer Besatzungsoffizier, in dessen Büro Ingeborg Bachmann vorher gewesen ist, sie mit Wiener Akzent auf der Straße an. Bald tauschen sie sich über Bücher aus: Bachmann nennt Thomas Mann, Stefan Zweig, Schnitzler und Hofmannsthal – von den Nazis verfemte Autoren, die sie heimlich gelesen hat. Jack Hamesh, der sechsundzwanzigjährige Soldat, ist verblüfft, dass diese Maturantin solche Bücher kennt. Sie ist entzückt, sie glaubt, sie habe »noch nie im Leben soviel geredet«, doch der Tagebucheintrag endet mit einem für sie charakteristischen Satz: »Nur von den Gedichten habe ich nichts gesagt« – von ihren eigenen nämlich. Dies ist ein intimer Bereich, den sie geheim hält.

Hamesh ist ein Wiener Jude und 1938, als Achtzehnjähriger, noch mit einem Kindertransport nach England gebracht worden. Was das genau heißt, scheint Ingeborg Bachmann nicht richtig wahrzunehmen. Doch Hameshs Jüdischsein verschmilzt mit der Möglichkeit, mit ihm über Bücher zu sprechen und sich einem anderen Leben anzunähern – das ist das Entscheidende. Bald reden alle über sie, notiert sie, »auch die ganze Verwandtschaft«, und sie zitiert, durchaus stolz und mit einem gewissen Triumphgefühl, die Reden ihrer Nachbarn: »Sie geht mit dem Juden.«

Am wichtigsten ist ihr dabei aber eindeutig die Literatur, die Begegnung mit einer ganz anderen Sphäre. Als sich nämlich eine Freundin wirklich in einen Engländer verliebt und ihn heiraten möchte, schreibt sie: »Natürlich will ich fort, aber damit ich studieren kann, und ich will überhaupt nicht heiraten, auch keinen Engländer wegen ein paar Konserven und Seidenstrümpfen.« Das ändert sich auch durch Jack Hamesh nicht. Es ist unverkennbar, was sie wirklich will: »Das ist der schönste Sommer meines Lebens, und wenn ich hundert Jahre alt werde – das wird der schönste Frühling und Sommer bleiben. Vom Frieden merkt man nicht viel, sagen alle, aber für mich ist Frieden, Frieden! (...) Ich werde studieren, arbeiten, schreiben! Ich lebe ja, ich lebe.«

Der »schönste Sommer« ist es in erster Linie deshalb, weil jetzt die Möglichkeit besteht, zu studieren, zu arbeiten und zu schreiben. Diese drei Wunschtätigkeiten fallen bei Ingeborg Bachmann sehr auf. Jack Hamesh scheint dafür eine Zeit lang ein Gewährsmann gewesen zu sein. Er beschließt am Ende des Krieges, nach Palästina auszuwandern. Doch die junge Ingeborg Bachmann, in ihrem Garten sitzend und lesend, hat widersprüchliche Sehnsüchte in ihm ausgelöst, die ihm lange nachgehen. Nach seiner Flucht war sein Deutsch in England eingetrocknet. Er hat jahrelang kaum mehr Deutsch gesprochen, und das merkt man seinen Briefen, die er in eindringlichem Ton an sie schreibt, auch an. Ingeborg Bachmanns Briefe an ihn sind verschollen. Man weiß nicht, wie viele es waren, aus dem Duktus der Briefe Hameshs ist zu schließen, dass es sich eher um wenige gehandelt haben muss. Der letzte Brief von Hamesh ist auf den 16. Juli 1947 datiert und stammt aus Tel Aviv. Hameshs Sätze klingen verzweifelt, aussichtslos, Tel Aviv ist ihm trotz allem viel fremder als Wien. Gegensätzlicher konnten die Bedürfnisse kaum sein: »Lass neue Brücken erstehen den (sic!) mein Weg führt zu Dir liebe Inge und schreibe mir bitte nicht mehr dass das Freisein glücklich macht.«

»Freisein«, Hameshs angstvoll zurückgewiesenes Wort: Für Ingeborg Bachmann war es die große Losung. Es war mit Entgrenzung verbunden, mit der Literatur als Möglichkeit, sich in ein anderes Leben katapultieren zu können. »Weiterlesen, wenn die Bomben kommen«: Dieses Motto bekam sofort eine existenzielle Dimension. Früh hatte sie das Schreiben als die Möglichkeit eines Gegenentwurfs entdeckt, sie hatte sich in Rollenspiele eingeübt und sehnte sich nach Entgrenzung. Jack Hameshs Gefühle wiesen in eine ganz andere Richtung. Erst viele Jahre später würde Ingeborg Bachmann auf die Erfahrung mit Hamesh zurückkommen. Im posthum veröffentlichten *Buch Franza* aus dem geplanten Romanzyklus *Todesarten* spielt jener »schönste Sommer meines Lebens« wieder eine Rolle. Jack Hamesh verkörperte etwas, was Bachmann immer mehr beschäftigt, und seine tragische Existenz als Exilierter, als Verlorener ist ein Motiv, das in ihren späteren Texten wiederkehrt. Durch Jack Hamesh ist in ihr etwas wachgerufen worden, was sie erst im Lauf der Zeit in seinen ganzen Dimensionen erkennen kann. Die Sehnsucht nach dem »Freisein«, nach dem »Studieren, Arbeiten, Schreiben« wird bald eng mit der Erfahrung jüdischer Exilierter verbunden sein, nichts mehr wird eindeutig erscheinen.

4

Es ist Zeit, daß man weiß!

Der Geheimcode der Liebe

Am 24. Juni 1949, ein Jahr nach dem gemeinsamen Frühling in Wien, schreibt Ingeborg Bachmann an Paul Celan nach Paris: »Ich habe oft nachgedacht, ›Corona‹ ist Dein schönstes Gedicht, es ist die vollkommene Vorwegnahme eines Augenblicks, wo alles Marmor wird und für immer ist. Aber mir hier wird es nicht ›Zeit‹. Ich hungre nach etwas, das ich nicht bekommen werde, alles ist falsch und schal, müde und verbraucht, ehe es gebraucht wurde.«

Das Gefühl, nach etwas zu hungern, das ihr versagt bleiben wird, ist bei Ingeborg Bachmann schon früh zu spüren, sie hat es in ihren ersten Prosatexten wie *Die Fähre* bereits umkreist. Paul Celan ist aber ein »Herr«, der von ihrer eigenen Biographie nicht mehr so leicht zu trennen oder in andere Sphären zu entrücken ist; er ist leibhaftig da. Der Ton ihrer Briefe an Celan, nachdem er wegging, unterscheidet sich auch fundamental vom Ton der Briefe an Hans Weigel.

Celans Gedicht »Corona« ist ein geheimer Schlüsseltext

ihrer Beziehung. Aus vielen späteren Andeutungen wird klar, dass sich hinter der dort angesprochenen »Geliebten« die konkrete Erfahrung mit Ingeborg Bachmann verbirgt. »Corona« gehört zu den vierundzwanzig Gedichten in *Mohn und Gedächtnis*, die er ihr nachträglich handschriftlich gewidmet hat, mit einem jedes Mal wiederholten »Für Dich«. Bachmann wird als die schon programmatisch benannte »Fremde« begehrt, und die Entfernung zwischen ihm und ihr wird in »Corona« künstlerisch überbrückt. Es ist das Gedicht, auf das beide, Bachmann wie Celan, in den nächsten Jahren am häufigsten anspielen, Bachmanns Erwähnung des Faktors »Zeit« in ihrem oben zitierten Brief ein Jahr nach dem Geschehen ist nur ein kleiner Anfang. Momente aus »Corona« werden zu Formeln, die im weiteren Verlauf ihrer Beziehung wie eine gegenseitige Versicherung verwendet werden – »sie sehen uns zu von der Straße« oder jenes »es ist Zeit, daß man weiß!«. Was Bachmann zu Weihnachten 1948 im ersten, nicht abgeschickten Brief an Celan schreibt, kann man zwar nicht konkret auf »Corona« beziehen, aber auf jeden Fall auf den Hallraum, den »Corona« erzeugt. Ihr zurückliegender gemeinsamer Frühling wird da mit den Worten präzisiert: »Schön war er, – und die Gedichte, und das Gedicht, das wir miteinander gemacht haben.«

Die Rede vom »Gedicht, das wir miteinander gemacht haben« ist erratisch, es ist konkret nicht nachweisbar. Aber es liegt in dieser Formulierung etwas verborgen, das sich ohnehin in keinem Archiv finden lässt. Die »Gedichte« sind in jedem Fall das Maß ihrer Beziehung, sie sind ihre Grundlage. Und zu ihrer Eigenart gehören wesentlich auch dunkle Stellen – es ist die Form von Dunkelheit, die in »Corona« vielleicht ihren vollkommensten Ausdruck findet. »Wir sagen uns Dunkles«, diese Verszeile ist der Code ihrer Liebe. Später wird Celan an einem Vortrag über »Dunkelheit« arbeiten und damit seine Definition der Poesie umkreisen. »Das Gedicht ist dunkel, weil es das Gedicht ist«, notiert er, das sei eben das Innerste, die Existenz

der Dichtung. Und er fügt hinzu, dass es gerade deshalb auf eine Begegnung und ein Gespräch setzt.

»Corona« wurde in Wien geschrieben. Dieses Gedicht scheint auf eine verborgene Weise viel mehr über die Beziehung zwischen Bachmann und Celan auszusagen, als es konkrete Daten und Dokumente vermögen.

CORONA
Aus der Hand frißt der Herbst mir sein Blatt: wir sind
              Freunde.
Wir schälen die Zeit aus den Nüssen und lehren sie
                  gehn:
die Zeit kehrt zurück in die Schale.

Im Spiegel ist Sonntag,
im Traum wird geschlafen,
der Mund redet wahr.

Mein Aug steigt hinab zum Geschlecht der Geliebten:
wir sehen uns an,
wir sagen uns Dunkles,
wir lieben einander wie Mohn und Gedächtnis,
wir schlafen wie Wein in den Muscheln,
wie das Meer im Blutstrahl des Mondes.

Wir stehen umschlungen im Fenster, sie sehen uns zu
            von der Straße:
es ist Zeit, daß man weiß!
Es ist Zeit, daß der Stein sich zu blühen bequemt,
daß der Unrast ein Herz schlägt.
Es ist Zeit, daß es Zeit wird.

Es ist Zeit.

Es geht in diesem Gedicht um eine Verständigung darüber, was die Dichtung kann. Sie kann einen bestimmten Augenblick festhalten, und obwohl er zwangsläufig vergeht, hat er dadurch doch Bestand. Dass dieser Augenblick ein Augenblick der Liebe ist, wird im Laufe des Gedichts deutlich, und auch, dass die beiden Liebenden Gegensätze verkörpern. »Corona« hält deshalb einen Vorrat an Bildern bereit, in dem sich Ingeborg Bachmann und Paul Celan immer erkennen können – ohne dass das von außen sofort sichtbar ist. Sie können sich über die Zeit und über Dichtung verständigen, indem sie einfach diese Bilder aufrufen.

Es geht in diesem Gedicht zunächst um die Gemeinsamkeiten zwischen dem Dichter und dem Herbst, mit dem »Blatt« im Zentrum. Es ist dem Herbst wie dem Dichter zugehörig. Das Blatt, das der Dichter zur Verfügung hat, ist dabei eindeutig vom Herbst gezeichnet. Es ist nicht mehr grün und sprießend, sondern eines, das sich im Übergang befindet, in einer charakteristischen Zwischenzeit zwischen Wachsen und Verwelken, in einem Stadium, in dem es kurz vor dem Vergehen noch einmal all seine Kräfte zu konzentrieren scheint und von innen her aufglüht. Im Unterschied zum Sommer – dem Leben, dem Augenblick, dem Raschvergehenden – ist der Herbst der Zeitpunkt, in dem dieses Raschvergehende als solches bewusst wird, es ist der Zeitpunkt, an dem das Leben zur Dichtung werden kann.

Beide, der Dichter und der Herbst, stehen an der Schwelle zwischen dem augenblicksbetonten Leben und der Erinnerung. Im Herbst wird der Gegensatz von Sommer und Winter für eine kurze Zeit aufgehoben, er ist Vollendung und Vergehen zugleich. Das »Wir«, das die nächsten beiden Zeilen bestimmt, fügt das Ich und den Herbst zusammen. Sie bringen beide etwas zur Reife: »Wir schälen die Zeit aus den Nüssen und lehren sie gehn.« Doch ist dies nur ein Moment in einem bestimmten Kreislauf. Die Zeit, obwohl sie in manchen Situationen verfügbar gemacht werden kann, entzieht sich letztlich immer wieder.

Dass die Zeit für den Dichter fruchtbar gemacht werden kann, verhindert nicht, dass er der Zeit ausgeliefert bleibt. Die »Zeit«, auf die dieses Gedicht zuläuft, ist doppelgesichtig.

Man kann zwei Kategorien der Zeit unterscheiden: zum einen die der Unumkehrbarkeit und Linearität, die Zeit der »Geschichte«, zum anderen die der zyklischen Prozesse – Tag und Nacht oder die Jahreszeiten. Die Zeit der Linearität steht für Veränderung, die Zeit der Zyklen für Selbsterhaltung. »Wir schälen die Zeit aus den Nüssen und lehren sie gehn:/die Zeit kehrt zurück in die Schale« – hier berühren sich die lineare Zeit und die wiederkehrende Zeit. Wenn der Augenblick fassbar wird, erfährt das Ich sich selbst. Es ist ihm aber gleichzeitig der Prozess des Vergehens bewusst. Der einzelne Augenblick ist unwiederholbar.

Dies ist eine zentrale Erfahrung, und sie bildet die Voraussetzung dafür, einen Speicher für Erinnerungen zu schaffen, das Gedächtnis. Es vermittelt zwischen der linear ablaufenden Zeit und der Wiederkehr, und das ist ein Vorgang, der in steter Veränderung begriffen ist. Bewusst wahrgenommen wird das Vergehende, die Geschichte; der in sich geschlossene Kreis der Wiederkehr jedoch entzieht sich der Reflexion. Hier können sich Bewusstes und Unbewusstes kreuzen. Durch Anstöße des Augenblicks können Erfahrungen aktualisiert werden, die nicht unmittelbar zugänglich sind.

Celan hat einmal die »Spiegelhaftigkeit des Du« benannt. Er findet immer neue Wendungen für das widersprüchliche Verhältnis von Ich und Du. In Rilkes *Malte Laurids Brigge*, diesem den jungen Celan prägenden Buch, gibt es eine Szene, in der das Ich des Textes vor dem Spiegel steht und spürt, dass es vom Spiegel nicht angenommen wird. Der Spiegel zeigt, ob sich das Ich seiner selbst sicher ist – ein Bild, das Rilke in den »Engeln« der *Duineser Elegien* wieder aufnimmt. In diesem Spannungsfeld bewegt sich auch Celans »Spiegel«-Vers in »Corona«. Der Sonntag vermittelt zwischen dem Augenblick und der Ewigkeit, und das Gedicht ist auf dem Weg dorthin. »Im Traum wird geschlafen« – es geht um ein Sich-Sammeln, um den Schlaf als Neubeginn, um den Weg, auf dem das Gedicht zu sich selbst kommt. Dies wäre das Ziel. Dieses Gedicht, nicht die Alltagssprache, in der wir uns vorantasten, könnte dann von sich behaupten: »Der Mund redet wahr.«

Wenn nun die Geliebte auftaucht, hat sie den Part des Herbstes übernommen, das gemeinsame »Wir« ist jetzt ein Wir der Dichtung. Es ist wie ein Manifest: Zwei Dichter vergewissern sich ihrer Liebe. Ge-schlecht, Ge-liebte: Durch die Anapher ist der Raum des Gedächtnisses vorweggenommen. Der Versuch der Dichtung ist es, in einem ekstatischen Augenblick das Vergängliche und das Ewige in eins zu setzen. Das Ich des Dichters verschmilzt mit dem der Geliebten zu etwas Rauschhaftem, es wird ersetzt durch den lyrischen Prozess: »wir sehen uns an, wir sagen uns Dunkles.«

Das Gespräch findet statt, doch es geschieht in einem Zwielicht, in einem Zwischenbereich, zwischen Tag und Nacht, zwischen Nacht und Morgen, zwischen Sprechen und Schweigen. Die klaren Zonen des Bewusstseins sind nicht der Ort dieses »Dunklen«. Dieses Dunkle ist etwas Unverständliches, Vorantastendes, doch es gibt eine eindeutige Richtung der Bewegung. Der Abstand zwischen »der Mund redet wahr« und »wir sagen uns Dunkles« soll immer geringer werden. Augenblick und Erinnerung, das unwiederholbar Sinnliche und das gedankliche Erfassen, Kunst und Leben sollen kein Widerspruch mehr sein. Das »Dunkle«, das hier gesagt wird, entspricht auf diese Weise dem Werden des Gedichts: einer Form, die vom zeitlosen Zustand jener Bereiche, in die das Bewusstsein nicht hinreicht, gezeichnet ist und nach etwas Neuem sucht.

In der Liebe wird die Zeit außer Kraft gesetzt. Es gibt nur noch die individuelle Zeit des Erlebens. Die Liebe ist die Synkope im Prozess der Erinnerung, der Trauer, des Verlusts; »Mohn und Gedächtnis« sind die beiden Pole, zwischen denen sich die Erfahrungen bewegen. Das Gedicht spricht von der Erfahrung der Liebenden, zwischen Augenblick und Ewigkeit, es spricht aber auch von der Erfahrung des Dichters. »Mohn und Gedächtnis«: Das misst die Spanne dessen aus, was der Dichter versucht und womit er sich konfrontiert sieht – »Wir schälen die Zeit aus den Nüssen und lehren sie gehen«, und: »die Zeit kehrt zurück in die Schale.«

Die Dichtung geht durch das Rauschhafte hindurch; die Liebe nimmt denselben Verlauf wie der dichterische Prozess und bleibt in der Form desselben erhalten. Das Gedicht ist Erinnerung, es hält aber den ekstatischen Moment fest. In seiner Büchnerpreisrede umkreist Celan dieses grundlegende Paradoxon: »Die Dichtung: diese Unendlichsprechung von lauter Sterblichkeit und Umsonst!«

»Wein« und »Meer« gehören dem Rauschhaften an, »Muschel« und »Mond« dem Statischen, Tiefen. Doch zwischen »Muschel« und »Meer« gibt es einen unlösbaren Zusammenhang, und dieser setzt sich fort, wenn man eine Muschel ans Ohr hält: Man hört ein Rauschen, den eigenen Blutkreislauf. In Rilkes *Malte Laurids Brigge* findet sich eine Überlegung, die in diese Verse Celans eingegangen scheint: »Denn Verse sind nicht, wie die Leute meinen, Gefühle (die hat man früh genug) – es sind Erfahrungen. (…) Man muss Erinnerungen haben an viele Liebesnächte, von denen keine der andern glich. (…) Und es genügt auch nicht, dass man Erinnerungen hat. Man muss sie vergessen können, wenn es viele sind, und man muss die große Geduld haben, zu warten, dass sie wiederkommen. Denn die Erinnerungen selbst *sind* es noch nicht. Erst wenn sie Blut werden in uns, Blick und Gebärde, namenlos und nicht mehr zu unterscheiden von uns selbst, erst dann kann es geschehen, dass in einer sehr seltenen Stunde das erste Wort eines Verses aufsteht in ihrer Mitte und aus ihnen ausgeht.«

Es gibt einen Moment der absoluten Gemeinsamkeit: »Wir stehen umschlungen im Fenster, sie sehen uns zu von der

Straße.« Das Fenster vermittelt zwischen Innen und Außen, zwischen den Liebenden und ihrer Umgebung. Dies ist ein Ort der Utopie. Und diese Utopie zieht eine Kette von Imperativen nach sich, mit der wiederholten Anrufung »Es ist Zeit«. Auf dieses »Es ist Zeit« läuft das Gedicht zu. Das Bestreben, die Gegensätze zusammenzubringen, wird immer entschiedener: »es ist Zeit, daß man weiß!« Die Zeit, die vergeht, und das Wissen, das bleibt, laufen auseinander, das Gedicht zwingt sie zusammen, in einen Imperativ, der andere Imperative nach sich zieht. Die »Es ist Zeit«-Anrufungen sind von der Atemlosigkeit der Liebeserfahrung durchdrungen. Das Gedicht läuft auf sich selbst zu.

Gegen Ende hin tritt eine Verlangsamung ein, ein allmähliches Stillstehen; die letzte Zeile ist der Stillstand, ist die Jetztzeit, eine Zeitlücke in der Jetztzeit: Und in dieser Zeitlücke steht das Gedicht. Diese letzte, allein stehende Zeile »Es ist Zeit« ist etwas zur Ruhe Gekommenes, eine Aufhebung der Gegensätze. Es spricht etwas Unmögliches aus. Das Unmögliche wird möglich im Gedicht. Der Kreislauf, aus dem das Gedicht ausbrechen möchte, ist in ihm selbst gegenwärtig. Die ersten Zeilen werden von den letzten eingeholt, in einem neuen Zyklus der Wiederkehr allerdings, so wie ein Baum immer neue Jahresringe ansetzt. »Die Zeit kehrt zurück in die Schale«, die Erfahrung des Anfangs wiederholt sich zum Schluss, wird aber durch das Gedicht transzendiert.

Das Zusammenspiel von Daktylus und Anapäst, das Sich-Umschlingen der betonten und der beiden unbetonten Silben, der Kranz – die Wiederkehr, aus der es keinen Ausbruch gibt, wird in diesem Ausbruch, in diesem Gedicht mit dem Titel benannt. Die Hauptbedeutung von »Corona« ist im Lateinischen »Kranz«. Eine Nebenbedeutung aber scheint für dieses Gedicht maßgeblich zu sein: »Corona« nennt man auch den Strahlenkranz um die Sonne, der nur bei einer totalen Sonnenfinsternis sichtbar wird. In solch einer Finsternis strahlt auch dieses Gedicht.

»Corona« entdecken Bachmann und Celan bald als einen Geheimcode ihrer Liebe. Es ist die Dichtung, die ihren Bund stiftet, hier können Gegensätze aufgehoben und in etwas Gemeinsames überführt werden, und in diesen Versen Celans wird das exemplarisch gezeigt. »Corona« ragt unter den Gedichten hervor, die sich auf ihre gemeinsame kurze Zeit in Wien beziehen lassen, eine Zeit, um die beide dann »wussten«, wie es hier bereits heißt. An diesem Wissen versuchten sie im Folgenden festzuhalten, bei allen Hindernissen, Niederschlägen und Höhenflügen.

5

Aus dem Glassturz.

Celan in Paris

Es war naheliegend, dass es Celan 1948 von Wien weiter nach Paris treiben würde. Es sollte der Fluchtpunkt werden, ein Ort, der abseits der deutschen Kalamitäten lag und eine eigene, eine begehrenswerte Geschichte entfaltete. Wien und damit auch Ingeborg Bachmann schien eine Station zu sein, die er hinter sich gelassen hatte. Celan wusste, dass er in Paris auf andere Exilanten aus seiner Heimat stoßen würde. Er hatte dort zunächst die Vorstellung, wieder an die Zeit in Bukarest anknüpfen zu können, an die Zeit der Wortspiele und der Dichterfreunde. Paris war das Zentrum der romanischen Sprachen, und das Rumänische, das bei seiner Geburt schon die Sprache seines Staatswesens gewesen war, gehörte zu diesem Raum. Sein wichtigster Freund wurde der aus dem rumänischen Jassy stammende Isac Chiva, den er auf der Flucht aus Bukarest in Budapest kennengelernt hatte, Chiva machte im Lauf der Jahre eine Karriere als Sozialanthropologe. Celan bewegte sich zunächst eher in osteuropäischen Kreisen – ein anderer seiner

Freunde war zum Beispiel Serge Moscovici – und schlug sich als Gelegenheitsarbeiter durch, studierte an der Sorbonne und erwarb 1950 die »Licence ès Lettres«. Sein kärgliches Zimmer im obersten Stock des Hotel d'Orléans in der Rue des Écoles im Quartier Latin ist heute, im hier luxuriös aufgerüsteten Paris, kaum mehr vorstellbar. Ein paar Schritte weiter gab es eine böhmische Konditorei; das Mohngebäck und die Hefekuchen mit Powidln, die man hinter den Fensterscheiben sah, beschworen einen Geschmack der verlorenen Heimat herauf: Celans Mutter stammte aus Böhmen.

Die deutsche Sprache schien in Paris weniger zerstört zu sein. Einmal, gegen Ende seines Lebens, zeigte Celan der amerikanischen Studentin Esther Cameron das Haus, in dem Rilke seinen *Malte* geschrieben hatte: »Hauptsächlich wegen dieses Buches sei er nach Paris gekommen.« Doch Paris war auch ein Ort der Leere. Am 24. Oktober 1948, nach drei Monaten, schreibt Celan an Max Rychner in der Schweiz, der in der Zürcher *Tat* zweimal Texte von ihm veröffentlicht hat. Er blickt zurück, in einem verhangenen Ton: Er habe Rumänien »ohne Pass und allein meinem Stern vertrauend« verlassen, als »ein Wanderer im Dunkeln«. Und er lässt durchblicken, wie man ihm in Wien begegnet war, »einem nach hiesigen Begriffen in Russland geborenen Flüchtling«. Die politischen Umstände, aber auch die geographische Entfernung hätten sämtliche Verbindungen zu seinem Herkommen gekappt: »Herrn Sperber kann ich nicht mehr schreiben. Ich würde die geringe Bewegungsfreiheit, die er noch hat, gefährden.«

Am Schluss des Briefes bemerkt Celan, »dass es mir nicht gelungen ist, zu sagen, was ich sagen wollte – dass ich sehr einsam bin. Mitten in dieser wunderbaren Stadt, in der ich nichts habe als das Laub der Platanen«. Die Briefe an Rychner scheinen für Celans erste Zeit in Paris bezeichnend zu sein. Rychner war eine Vertrauensperson in der Ferne, in Zürich, das in jeder Hinsicht vom Krieg verschont geblieben war. Am 3. März 1949 gesteht ihm Celan, »dass etwas Unnennbares mich lähmt«, und wenn er Bilder für die Schwierigkeit sucht, Gedichte zu schreiben, gerät er in die Nähe Franz Kafkas: Wenn eine Tür sich öffne, sehe er dabei zu, wie er »solange zögere, bis diese Tür sich wieder schließt«.

Ein wichtiger Bezugspunkt wurde in dieser ersten Pariser Zeit der junge Lyriker Klaus Demus in Wien, den Celan dort zum Schluss noch kennengelernt hatte und der sehr um ihn warb. Demus war mit Nani Maier, einer engen Freundin Ingeborg Bachmanns, liiert. Neben dem zögernd einsetzenden Briefwechsel mit Ingeborg Bachmann selbst war es vor allem Demus, der die Verbindung zu Bachmann aufrechterhielt. In Demus' Bewunderung scheint auch etwas von der Wirkung auf, die Celan in den literarischen Zirkeln Wiens gehabt hatte. Am 1. Januar 1951 schreibt er an Celan: »Es sind Deine Worte, die mich begleiten, es ist Deine Stimme, die zu mir spricht. Du bist der größte aller Abendkönige. Du bist die Stelle, wo vor Mitternacht das Herz noch schlägt. Das Rad im Dunkel, das Dich treibt – Du bist es selbst, ders treibt. Und keine andere Hand ist, der Dus abgiebst. Du weißt wohl, was Du musst. Und, Paul: wir wissen es mit Dir.« Für diesen hohen Ton war Celan, gerade in seiner Pariser Einsamkeit, sehr empfänglich – obwohl dieser hohe Ton noch mit einer anderen Art Pathos vermischt war als demjenigen Celans. Demus nannte etwa auch Ernst Jünger als eines seiner Vorbilder, und hier geriet Celan in ein spezifisch deutschsprachiges Rezeptionsmuster, dem er sich lange Zeit nicht grundsätzlich entzog, das ihm in einigen Situationen aber auch sehr zusetzen sollte.

Der Umgang mit der deutschen Sprache wurde am Ort des letzten Exils, in Paris, auf neue Weise zum Problem. Doch Celan versuchte, sich in Paris heimisch zu fühlen, versenkte sich in die literarischen und historischen Dimensionen dieser Weltstadt, die eben auch jene Sprache sprach, die in Czernowitz jenseits des Deutschen zur Sprache eines ersehnten Kulturbürgertums gehört hatte. Er bewegte sich viel in den Straßen, zwischen dem »Laub der Platanen«. Die meisten Erinnerungen anderer an ihn handeln von langen Wanderungen durch die Stadt. Die Cafés und Bistrots konnten die fehlende eigene Wohnung teilweise ersetzen, weil die Preise dort ungefähr dem entsprachen, was auch in den Läden gezahlt wurde. Treffen und Spaziergänge im öffentlichen Raum waren die übliche Art der Kommunikation, noch für Celans späte Jahre hält das der Lyriker Jean Daive in seinen Erinnerungen an Celan fest. Celan war viel und in vielen Richtungen unterwegs.

Im August 1948 fiel der jungen Holländerin Diet Kloos-Barendregt auf der Terrasse des Dupont am Boulevard Saint-Michel das Buch *Mémoires d'un ane* von Sophie de Ségur beim Kaffeetrinken vom Schoß. Der Mann vom Nebentisch, der es für sie aufhob und fragte, warum sie gerade dieses Buch lese, war Paul Celan. Nachdem das Gespräch anfangs auf Französisch geführt worden war, bat Celan recht schnell, es auf Deutsch fortsetzen zu dürfen, weil Deutsch seine Muttersprache sei. Die beiden verabredeten sich für den nächsten Tag, Celan wollte ihr die Stadt zeigen. Der Gang durch das Innerste von Paris, die Gegend von Notre-Dame und der Île St.-Louis, taucht bei Celan sehr häufig auf. Es handelt sich um die ältesten christlichen Kirchen, die er als die Essenz der Geschichte, das Wichtigste von Paris vorführte: Es ging über Saint-Julien-le-Pauvre, Saint-Séverin und Saint-Sulpice bis zur Sainte-Chapelle. Diet Kloos-Barendregt berichtete später, dass die Kenntnisse Celans wahrhaft überrumpelnd gewesen seien, doch im Rückblick war für sie vor allem die Stimmung in der Sainte-Chapelle eine einschneidende Erfahrung. Wenn man in der ehemaligen königlichen Residenz auf der Île de la Cité die niedrige Unterkapelle durchquert hat und den engen Treppenaufgang zur Oberkapelle emporgestiegen ist, ist man von der plötzlichen Weite und dem unerwarteten, durch die Buntglasfenster von allen Seiten überirdisch erscheinenden matt gefilterten Licht sofort gebannt.

Als herausragendes Zeugnis der mittelalterlichen Hochgotik steht die Sainte-Chapelle für die Möglichkeit einer mystischen Erfahrung. Die gewohnte Architektur aus Stein ist hier vollkommen in eine Architektur aus Glas überführt worden, es entsteht eine sanft leuchtende Wand. Diet Kloos-Barendregt erinnerte sich an die »große dramatische Spannung«, die in diesen Momenten in der Sainte-Chapelle geherrscht habe, an ein »vielsagendes Schweigen«. Die vierundzwanzigjährige Holländerin, die mit ihrer Familie im Widerstand gegen die Nationalsozialisten engagiert gewesen war, hatte früh den jüdischen Biologen Jan Kloos geheiratet, am 22. November 1944 – zwei Wochen später war er verhaftet und von den Nazis umgebracht worden. Sie studierte am Konservatorium in Den Haag Gesang, und durch ihre Biographie und ihre Interessen ergaben sich Berührungspunkte mit Celan. In seinem Hotelzimmer las er ihr anschließend einige seiner Gedichte vor, darunter auch die »Todesfuge«. Hier, in diesem biographischen Moment, tauchen konkrete Verbindungslinien auf, die in Celans Lyrik immer wieder zum Ausdruck kommen. Im mystischen Erlebnis in der Sainte-Chapelle durchdringt vieles einander: Spiritualität, Erotik, Poesie und eine gemeinsame geschichtliche Erfahrung. Es zeigt sich ein Zusammenhang, der auch in der damaligen Gegenwart wohl schon vielen fremd war.

Celan gab Diet Kloos am nächsten Tag eine Abschrift seines Gedichts »Chanson einer Dame im Schatten«, das wohl genau nach dieser ersten Begegung mit ihr entstanden ist. Darin ist von einer »Schweigsamen« die Rede, »die Tulpen köpft« – eine holländische Assoziation, in der die Umstände des Widerstands im Zweiten Weltkrieg mitschwingen, das Todesurteil, wenn man die Namen seiner Freunde nicht verraten hatte. Andere Verbindungen stellten sich auch in den nächsten Tagen ein, an denen sich Diet Kloos-Barendregt noch in Paris aufhielt. Es gab einen Besuch in der »L'Échelle de Jacob«, der Jakobsleiter, einem der Cafés in der Gegend von Saint-Germain-des-Prés, wo Gordon Heath Spirituals sang, unter anderem »Jacob's ladder«, die Verheißung einer Heimat. In den Briefen, die die beiden im Lauf des folgenden Jahrs wechseln, tauchen erotische Anspielungen auf, die zuweilen etwas von ihrer Intimität aufblitzen lassen – sie kreisen einmal um das Bild der Apostelgeschichte, ein andermal um Ali Baba mit den vierzig Räubern aus *1001 Nacht*. Ein Brief Celans endet mit den Worten: »Aus hauchdünnen Schleiern ist der Nachthimmel über Paris: er haucht Dir die Augen zu, und Sesam öffnet sich«, unterzeichnet ist er mit »Ali Baba«. Und in einem erhaltenen Briefentwurf Diet Kloos-Barendregts wird dieser poetisch werbende Ton unmissverständlich aufgenommen: »Ach, wär ich nur in Paris. So herum spazieren mit dir, den ganzen Tag und dann eine ganze lange Nacht zusammen essen von den verbotenen Früchten aus dem Par(ad)is (siehst Du, dass der Unterschied nur 2 Buchstaben ist, das hat gewiss eine Bedeutung). Wir würden Regenbogen suchen und Nebelschleier und uns damit kleiden und schmücken.«

Es gibt allerdings oft große zeitliche Abstände zwischen den zwölf Briefen, die von Celan erhalten sind, und sie haben wohl etwas mit jenen Gefühlen zu tun, von denen er auch an Max Rychner schreibt: die Unmöglichkeit, die richtigen Worte zu finden, ein Zurückgeworfensein auf sich selbst. Es fällt auf, dass auch in den Briefen ein lyrischer, manchmal hochgestimmter Duktus vorherrscht. Celans Schreiben unterscheidet kaum zwischen der Form des Briefes und derjenigen des Gedichts. Es ist eine Mitteilung, in der jedes Wort schwer zu wiegen scheint. Welche Bedeutung für Celan das Selbstbild als Dichter hat, wird einmal in einem Brief vom September 1949 deutlich. Er erklärt Diet Kloos, warum er ihren letzten Brief lange unbeantwortet ließ: »weil von außen her, aus der Gegend also, wo ich so schutzlos und verloren bin, etwas gekommen war, das mich verstummen ließ, nämlich ein Brief des Verlegers, dem ich meine Gedichte eingeschickt hatte«.

Es handelt sich um den Karl Rauch Verlag, bei dem im selben Jahr eine Übersetzung Celans von Jean Cocteau erschienen war (*Der goldene Vorhang. Brief an die Amerikaner*) und bei dem er jetzt seine eigenen Gedichte veröffentlicht sehen wollte. Deren Ablehnung führt Celan zu dem Bekenntnis, er sei »nicht so gefeit gegen das Wort der Welt«. In seinem Selbstverständnis sind die Gedichte dem üblichen Treiben in seiner Umgebung direkt entgegengesetzt – dem alltäglichen Leben, der gewöhnlichen Art und Weise, wie mit Wörtern umgegangen wird. Celans Verständnis von »Dichtung« unterscheidet sich von einer landläufigen »Lyrik«, das Wort »Lyrik« ist für ihn sogar negativ besetzt, er spricht sich auch häufig gegen »moderne Lyrik« aus. Das Gedicht sei keineswegs ein »Zeichen-System«, notiert er später. Die Worte, wie Celan mit ihnen umgeht, bewegen sich auf ein Schweigen zu. Aber es ist ein Schweigen, das an etwas erinnert und es nicht verdrängt. »Alle die mit-/verbrannten Namen«, die Celan einmal aufruft, sind in seinen Gedichten mitgeschrieben. Sie bringen ihre eigenen Sicherheiten in einem konsequenten Schreibprozess zum Kippen. Und manchmal, so schreibt Klaus Voswinckel, der Celan ein paarmal in Paris traf, habe man das Gefühl, »es gäbe zwei Töne gleichzeitig: einen hymnisch hohen und einen bitteren, anklagenden oder klagenden«.

Celans Schweigen, sein Verstummen, seine »Verlorenheit«: Sie stehen in Verbindung mit einem Bewusstsein nach Auschwitz. Celan und seine Gedichte sind eins. Das wird auch im Autograph jenes verzweifelten Briefes an Diet Kloos über die Ablehnung seiner Gedichte durch den Karl Rauch Verlag erkennbar. Celan wollte hier ursprünglich »Geschichte« statt »Gedichte« schreiben – seine Gedichte sind seine, immens konzentrierte, eigene Geschichte. Deswegen erfährt er ihre Ablehnung auch unmittelbar als Ablehnung seiner Person. Der wiederholte Hinweis auf seine »Einsamkeit«, der in seiner ersten Zeit in Paris an verschiedene Adressaten auftaucht, hat wohl hier einen konkreten Hintergrund: »Ich bin sehr einsam, Diet, und habe nicht nur mit dem Himmel und seinen Abgründen zu ringen – ich brauche auch viele bittere Stunden, um mir das, was man das tägliche Brot nennt, zu erwerben.«

Celans poetische Aura hat verschiedene Facetten. Die Unzugänglichkeit, das Schwere und Tiefe ist nur ein Teil davon, denn ein unverkennbarer Charme, Celans Fähigkeit zu Verführung, Entgrenzung und Verzauberung gehören genauso dazu. Günter Grass, der von 1956 bis 1960 in Paris lebte und mit Celan befreundet war, erinnerte sich einmal an eine bezeichnende Geschichte. Er war dabei, als Celan eine Gruppe von deutschen Autoren durchs Marais führte. Celan wusste von jedem Haus, wer darin gewohnt hatte, vor allem vor und nach der Revolution, und rauchte sehr viel. Er sprach und rauchte und zündete sich eine neue Zigarette an – und steckte offenbar das brennende Streichholz zurück in die Streichholzschachtel. Als diese dann in Flammen aufging, hatte er sie noch in der Hand. Er blies sie aus, aber alle sahen, dass die Haut darunter rot war und zu schwellen begann. Celan aber sprach weiter und wollte seine Erklärungen nicht unterbrechen. Grass und die anderen sahen, wie die Schwellung immer größer wurde, aber niemand wagte, ihn darauf anzusprechen. Man ging weiter durch das geschichtsträchtige Viertel, bis Celan eine Apotheke sah und sagte: »Einen Moment bitte – ich glaube, ich muß nun diese Hand doch ein wenig versorgen!« Grass sagte im Rückblick: »Es war eine richtige Darbietung. Das konnte er. Er war ein Schauspieler.« Und er setzte zwei irritierende Seiten Celans nebeneinander: das höchst Verletzliche, Unansprechbare und »seine immer wieder ansteckende Lebenslust – er trank gerne einen, fing dann sofort an zu singen. Russisch meistens. Steckte dann auf einmal voller Revolution«.

Diet Kloos-Barendregt wollte 1949, im nächsten Sommer, wieder nach Paris fahren, doch in der Zwischenzeit war anscheinend einiges passiert. Die Briefe Celans sind unterschiedlich gestimmt, mal werbend, mal verschlossen. Und auf ihre Briefe reagiert er selten sofort. Es gibt nur wenige Andeutungen darüber, was ihn beschäftigt, von seinem Alltagsleben und seinen Beziehungen erfährt sie nichts. Paul Sars, der Herausgeber der Briefe Celans an Diet Kloos, liefert einen kurzen Bericht über die Tage, die sie im Juli 1950 dann in Paris verbrachte: »Obwohl Paul Celan wieder tiefen Eindruck auf sie machte, entsprach die Ferienwoche nicht den in den Briefen geweckten Erwartungen. Celan war tagsüber sehr beschäftigt und wirkte zuweilen überanstrengt.« Einen Brief von ihr direkt nach ihrer Ankunft zu Hause beantwortete er nicht mehr.

Zur selben Zeit wurden Celans Kontakte mit Ingeborg Bachmann wieder intensiver. In ihrem 2008 veröffentlichten Briefwechsel sind einige Lücken erkennbar, sodass man nicht genau nachvollziehen kann, wie die Dynamik zwischen den beiden nach Celans Abreise aus Wien Ende Juni 1948 war. Es hat sicher einige Telefongespräche gegeben und wohl auch Briefe, die nicht mehr aufzufinden sind. Der erste erhaltene Brief ist ein Entwurf Bachmanns, den sie um Weihnachten 1948 schrieb und nicht abschickte, und der erste bekannt gewordene von Celan vom Januar 1949 ist sehr wahrscheinlich nicht der erste, den er ihr geschickt hat. Man spürt bei Bachmann, dass die sechs Wochen, die sie im Frühling 1948 zusammen in Wien verbracht hatten, während ihr älterer Geliebter Hans Weigel abwesend war, langsam nachzuwirken begannen. Sie fragte sich, wer dieser Paul Celan eigentlich war, mit dem sie damals dieses kurze, große Liebeserlebnis hatte. Im Abstand entstand eine immer geheimnisvollere Sehnsucht.

Dabei war ihr Alltag von einer ganz anderen Atmosphäre bestimmt. Sie lebte vom Augenblick und war vom Freiheitsgefühl der Nachkriegszeit berauscht. Und dass der einflussreiche Hans Weigel ihre literarischen Ambitionen förderte, kam hinzu. In ihren Briefen an Weigel hielt sie das Spielerische ziemlich lange durch, und als er von seinem Stipendium in New York zurückgekehrt war, schien erst einmal alles so weiterzugehen wie zuvor. Dennoch scheint in ihr langsam auch etwas Gegenläufiges mitzuarbeiten. Eine Bemerkung in jenem ersten, noch nicht abgeschickten Brief von ihr an Paul Celan an Weihnachten 1948 wirft ein Licht darauf: »Ich hab Dich heute lieb und so gegenwärtig. Das will ich Dir unbedingt sagen, – damals hab ich es oft nicht getan.« Als der Briefwechsel dann zögernd eingesetzt hat, gibt es einen Satz von Celan, der ein Thema seiner Briefe an Diet Kloos-Barendregt variiert. Er erklärt, warum er »während des letzten Jahres so selten schrieb«. Die Antwort, die er sich gibt, verweist allerdings auf eine andere Ebene: »weil ich nicht wusste, was Du über jene kurzen Wochen in Wien denkst.«

Der magische Frühling von 1948 in Wien, der so unbeschwert war und nichts weiter als unmittelbare Gegenwart, ist, als die gegenseitigen Briefe langsam zunehmen, schon ein Jahr her. Celans Texte haben dabei kaum etwas von der leichten, verführerischen Erotik der Briefe an Diet Kloos, die er im selben Zeitraum schreibt. Er ist zurückhaltender und ein bisschen irritiert. Aber dass ihn mit dieser jungen Lyrikerin aus Wien doch tiefere Gefühle verbinden, wird deutlich. Wenn er von seinem Schweigen spricht, von seiner Einsamkeit, geht das von Erfahrungen aus, die er gerade mit Bachmann teilt. Die Verbindung von Unzugänglichkeit, Betörung und poetischem Zauber, die für Celan charakteristisch ist, wird von Ingeborg Bachmann in besonderer Weise wahrgenommen. Es ist genau das, was sie anzieht. Ein abgebrochener Briefentwurf charakterisiert die Atmosphäre jener Wochen: »Immer geht's mir um Dich, ich grüble viel darüber und sprech zu Dir und nehm Deinen fremden, dunklen Kopf zwischen meine Hände und möchte Dir die Steine von der Brust schieben, Deine Hand mit den Nelken freimachen und Dich singen hören.«

Die Steine auf der Brust, das Singen – es ist entscheidend, dass diese beiden Regungen zusammengehören. Bachmann sucht mit der Nähe zu Celan auch die Nähe zu seinem

Schicksal, er erweckt in ihr Schuldgefühle. Sie nimmt bei seinem Jüdischsein ganz andere Dimensionen wahr als bei Hans Weigel, und das hat sicher etwas mit der Dichtung zu tun, die Celan verkörpert. In den Wiener Wochen war nichts eindeutig, aber etwas hallte nach und wirkte weiter. Und die räumliche Entfernung beförderte diese Gefühle offenkundig. Es ist frappierend, wie Bachmann, die weiterhin ein neckisches Wiener-Mädel-Verhältnis zu Hans Weigel unterhielt, einen Paris-Aufenthalt ansteuerte und den Versuch unternahm, ein gemeinsames Alltagsleben mit Celan zu führen. Celan stand für ihre verschwiegene Seite, aus der ihre suchenden, sehnsüchtigen Gedichte hervorgingen; die Seite, die sie im Wiener Universitätsalltag und den literarischen Zusammenkünften durch ihre an der Oberfläche glitzernde Erscheinung überdeckte.

Am 24. Juni 1949 schreibt sie an Celan, dass sie »Mitte August« in Paris sein wolle, »ein paar Tage nur«. Anfang August, also sechs Wochen später, reagiert Celan »in aller Eile«, fragt vorsichtig nach dem »Warum und Wozu Deiner Reise«, schließt aber mit »Ich bin voller Ungeduld, Liebe«. Ingeborg Bachmann muss sofort geantwortet haben, vielleicht gab es auch ein Telefonat – dass die beiden gelegentlich miteinander telefonieren, wird einmal beiläufig erwähnt. Bachmanns Antwort lässt sich nur indirekt aus dem erschließen, was Celan, in veränderter Tonlage, am 20. August darauf erwidert: Anscheinend hat sie ihm mitgeteilt, dass sie erst in zwei Monaten kommen würde und dass das von einem Stipendium abhinge, für das sie sich bewerbe. Celan ist ungehalten, er fühlt sich hintergangen und nicht angemessen behandelt, so als ob sie mit ihm spielen würde. Er traut dem Ton ihrer Briefe nicht, obwohl sie es war, die nach seinem Weggang aus Wien weiter den Kontakt zu ihm gesucht hatte: »Was konnte ich aus Deinen ersten, flüchtig hingeworfenen Zeilen schließen, Ingeborg?«

Die mahnende Anrede mit dem Namen am Schluss des Satzes, diese rhetorische Setzung ist ein Merkmal, das in Celans

Briefen zunehmend auffällt. Es drängt die Angesprochene in eine Rolle, in der sie sich verteidigen muss. Und dann fallen Sätze, mit denen er einen zentralen Konflikt thematisiert, der untrennbar mit der gegenseitigen Anziehung verbunden ist: »Vielleicht täusche ich mich, vielleicht ist es so, dass wir einander gerade da ausweichen, wo wir einander so gerne begegnen möchten, vielleicht liegt die Schuld an uns beiden. Nur sage ich mir manchmal, dass mein Schweigen verständlicher ist als das Deine, weil das Dunkel, das es mir auferlegt, älter ist.«

Dieses Dunkel: Das spielt in jedem Fall auch auf die Spannung zwischen den völlig verschiedenen biographischen Erfahrungen von Bachmann und Celan an – zwischen dem Czernowitzer, knapp dem Massenmord an den Juden entronnen, und der Klagenfurterin, die ihre Heimatstadt mit Adolf Hitler teilen musste, dem auf dem Balkon des Hotels Sandwirth frenetisch zugejubelt worden war. Celan weiß aber auch, dass Ingeborg Bachmann diesen moralischen Druck selbst empfindet. Bachmann schweigt nach diesem Brief lange, bis zum 24. November, dem Tag nach Celans Geburtstag. Ihre Sprache ist jetzt eine andere. Es ist nichts mehr zu spüren von einem ungestümen Ton, es ist etwas Ernstes, Tieferes, das in dieser Form sonst nur in ihren Gedichten aufzufinden ist und nicht in ihrer alltäglichen Kommunikation. Sie legt diesem Brief vom November zusätzlich einen bei, den sie bereits im August als direkte Antwort auf Celans Vorhaltungen geschrieben, aber nicht gewagt hatte abzuschicken. Im November aber – vielleicht war Celans Geburtstag der Moment, der ihr diesen Ruck gab – steckt sie ihn in einen Umschlag und schreibt dazu: »Ich müsste kommen, Dich ansehen, Dich herausnehmen, Dich küssen und halten, damit Du nicht fortgleitest. Bitte glaub daran, dass ich eines Tages komme und Dich zurückhole. Ich sehe mit viel Angst, wie Du in ein großes Meer hinaustreibst, aber ich will mir ein Schiff bauen und Dich heimholen aus der Verlorenheit.«

Im beigelegten Brief, ihrer direkten Reaktion vom August,

beschreibt sie ihm und auch sich selbst ihre Gefühle: »Mein Schweigen bedeutet vor allem, dass ich die Wochen behalten wollte, wie sie waren, ich wollte nichts, als eben ab und zu durch eine Karte von Dir die Bestätigung bekommen, dass ich nicht geträumt habe, sondern alles wirklich war (…). Dann kam der heurige Frühling und alles wurde stärker, sehnsüchtiger und trat aus dem Glassturz hervor, unter den ich es gestellt hatte. (…) Ich weiß nicht, warum ich Dich will und wozu. Darüber bin ich sehr froh. Ich weiß das sonst zu genau.«

Der Frühling des Jahres 1949 rief den Frühling von 1948 wieder wach. Jene sechs Wochen haben etwas bereitgehalten, was erst jetzt, im Abstand, deutlicher wird. Celan steht für Gedichte – und das ist etwas ganz anderes als bei dem eindeutigen Prosaiker Hans Weigel oder auch bei dem jüdischen, aus Wien stammenden britischen Besatzungsoffizier Jack Hamesh, der für sie eine andere Welt verkörperte und mit dem sie über Literatur sprach, aber das Innerste, ihre eigenen Gedichte, verschwieg. Zum Bekenntnis an Celan, dass alles wieder »aus dem Glassturz« hervortritt, dass der in einem inneren Geheimfach lauernde Frühling von vor einem Jahr jetzt noch stärker wirkt als damals, tritt aber noch etwas hinzu. Es ist die andere Ingeborg Bachmann, die alltägliche, die im Wiener Milieu agiert, in dem sie gerade ihre Doktorarbeit schreibt und erste literarische Veröffentlichungen ansteuert: »Du wirst Dir ja denken können, dass die Zeit seit Dir für mich nicht ohne Beziehungen zu Männern vergangen ist. Einen Wunsch, den Du damals diesbezüglich hattest, habe ich Dir erfüllt; das habe ich Dir auch noch nicht gesagt. Aber nichts ist zur Bindung geworden, ich bleibe nirgends lang, ich bin unruhiger als je und will und kann niemandem etwas versprechen.«

Vielleicht trifft diese Beschreibung sogar auf ihre Beziehung zu Hans Weigel zu, aber vermutlich spielt sie die Bedeutung, die dieser ältere Kulturstratege für sie hat, während des Schreibens dieses Briefes an Celan auch vor sich selbst ein bisschen herunter. Bei Weigel jedenfalls wusste sie, was sie wollte, ganz im Sinne jenes »Ich weiß das sonst zu genau«.

Im Herbst 1950 war es aber endlich so weit. Fast zweieinhalb Jahre nach dem mythenbildenden Frühling reiste Bachmann nach Paris. Sie hatte finanzielle Sorgen, das nötige Geld war nur knapp zusammengekommen. Sie sah sich vor einer ungewissen Zukunft, und auch Krankheiten begannen ihr zuzusetzen. Ihre Freundin Nani Maier berichtete Anfang September Celan von einem »langwierigen Nervenkollaps«, der Bachmann »fast den ganzen Sommer ins Bett gezwungen« habe. Kurz vor ihrer Abreise schrieb Bachmann an Celan, dass sie »verloren, verzweifelt und verbittert« sei: »Versuche bitte, gut zu mir zu sein und mich festzuhalten!« Und als sie am 14. Oktober in Paris verspätet eintraf, fand sie an Celans Hotelzimmertür einen Zettel: Er habe zu einem Schüler gemusst (Celan verdiente Geld mit Privatunterricht). Und er fügte hinzu: »Es war unser erstes Rendezvous in Paris, mein Herz klopft ganz laut, und Du bist nicht gekommen.«

Wie der anschließende Versuch eines gemeinsamen Lebens in Celans Hotelzimmer verlief, ist nur indirekt zu erschließen. An seinen jungen Bewunderer Klaus Demus schrieb Celan: »Inge ist sehr lieb, sie wiederzusehen war mir mehr als ich gedacht hatte, durch sie bist auch Du und ist auch Nani in Herzensnähe, aber ich kann zu Inge nicht von all dem sprechen, noch nicht sprechen, sie selbst ist ja ein ebenso schwaches Rohr wie ich …«

Das klingt sehr vorsichtig und deutet kaum etwas von dem an, was in diesen wenigen Wochen geschah. Auf jeden Fall zog Bachmann nach ungefähr einem Monat wieder aus, und zwar in dem Moment, »als die Ehe strindbergisch wurde«, wie sie es Hans Weigel gegenüber nannte: »weil wir aus unbekannten, dämonischen Gründen uns gegenseitig die Luft wegnehmen«. Der Alltag mit Celan erwies sich nicht als das, was sich in der Zwischenzeit an Projektionen und Wunschvorstellungen aufgebaut hatte. Der mit Hans Weigel gepflegte Ton der wienerischen Freundin mit dem Herzen auf dem rechten Fleck täuscht sicher etwas vor, aber einen realen Hintergrund kann man schon erahnen, wenn sie bereits zwei Tage nach ihrer Ankunft in Paris an Weigel schreibt: »Ich will noch nicht sagen, dass es richtig war, hierherzufahren. Er will mich heiraten, wenn er in einem Jahr die Staatsbürgerschaft bekommt etc. – Darüber wollen wir noch sehr schlafen, – Du und ich, meine ich.« Und später schrieb sie an Weigel: »In den ersten 14 Tagen, solange die sog. Liebe die Hauptrede war, ging es ja sehr gut, aber jetzt werde ich langsam aber sicher nervös.« Bachmann fuhr weiter nach London, lernte dort bei einer gemeinsamen Lesung Erich Fried kennen, der sich von ihr sehr beeindruckt zeigte, und nahm nach der Rückkehr nach Wien die Beziehung zu Hans Weigel wieder auf, als ob nichts geschehen wäre.

Es ist auf jeden Fall verblüffend, wie Bachmann ihre Welten voneinander getrennt hält. Die Briefe an Weigel beweisen, dass sie schon kurz nach dem Beginn des Versuchs, ein gemeinsames Leben mit Celan zu führen, ihre Ehegeplänkel-Sprache mit Weigel wieder aufnimmt. Der Ton ihrer Briefe an Celan und Weigel scheint von zwei verschiedenen Personen zu stammen. Bei Weigel fühlte sie sich eindeutig sicherer, sie wusste, woran sie war, sie konnte die ihr zugewiesene und von ihr bereitwillig angenommene Rolle scheinbar souverän annehmen. Bei Celan dagegen brach etwas durch, was sie sich innerlich und heimlich erhoffte – und was bei Weigel gar nicht denkbar war. Doch der reale Celan, dessen Berufung seine Dichtung war, der er alles unterordnete, drohte sie auch zu überfordern.

6

Das Script-Girl in der Lederjacke.

Bachmanns Wiener Medienkarriere

In den sechs Wochen im Mai und Juni 1948, die Ingeborg Bachmann mit Paul Celan in Wien verbrachte, gab es noch keine äußeren Anzeichen dafür, dass sie gerade dabei war, sich die Wiener Literaturszene zu erobern. Größere literarische Veröffentlichungen von ihr standen noch aus. Sie konzentrierte sich auf ihr Philosophiestudium, das langsam auf seinen Abschluss zulief.

Es ist früh zu erkennen, dass Bachmann sehr ehrgeizig war und dass sie im Klagenfurter Elternhaus darin noch bestärkt wurde. So war Hans Weigel nach seiner Rückkehr aus New York ein bisschen aufgeschreckt, weil sie auch Kontakte zu seinen literaturpolitischen Widersachern wie Hermann Hakel geknüpft hatte. Es gab einen Konkurrenzkampf zwischen verschiedenen Parteien, wer die Deutungshoheit über die »junge Literatur« bekommen würde, und der erklärte Antikommunist Weigel stand gewerkschaftsnahen Schriftstellern feindlich gegenüber. Dass Hermann Hakel explizit als Leiter der Jugendabteilung des PEN auftrat und die erste Lyrikveröffentlichung Bachmanns in der Zeitschrift *Lynkeus* im Herbst 1949 ermöglichte, ging Weigel gegen den Strich. Doch das Hauptbetätigungsfeld für Hans Weigel war der Journalismus, und es waren seine Kontakte auf diesem Gebiet, mithilfe derer es Ingeborg Bachmann gelang, hier Fuß zu fassen. Ihre kleinen Prosastücke und Kritiken in einigen Zeitungen und Illustrierten entsprachen stilistisch Weigels Vorstellungen: Solides, Leichtes, zum Teil Nachdenkliches.

Die zwei Jahre zwischen Bachmanns Begegnung mit Celan in Wien und ihrer Reise zu ihm nach Paris im Herbst 1950 standen in ihrem Alltag im Zeichen Weigels. Joseph McVeigh, der eine Monographie über Bachmanns Wiener Jahre geschrieben hat, ist dabei auf Zeugnisse gestoßen, die dazu geeignet sind, die Analysen über Autor-Strategien und Selbstinszenierungen Bachmanns weit früher anzusetzen, als es allgemein üblich ist. Bachmann dachte bereits im Juni 1948, als noch völlig unbekannte Autorin, an das dichterische Nachleben. Mitten in ihrem unvergleichlichen Frühling mit Paul Celan sprach sie in einem Brief an Hans Weigel von der Angst, dass ihre Briefe zu viel Privates verraten könnten. Sie bat um mehr Diskretion, »schon unserer Kinder wegen« (was natürlich erst einmal albern gemeint ist): »Ich hab solche Angst, wenn die einmal den Nachlass zusammensuchen und diese Briefe finden (…).« Und am 26. August entwarf sie in einem Brief an Weigel Visionen, die ihren geheimen Ausgangspunkt in ihrem Verhältnis zu Paul Celan hatten und bei aller Ironie ein Problem thematisierten, das sie im Verhältnis von Schriftsteller und Öffentlichkeit sah: »Ich krieg schon wieder ›Nachlassangst‹. Irgend so ein windiger, wichtigtuerischer Dissertant schreibt dann: ›Um das vierzigste Lebensjahr erlahmte die schöpferische Kraft des Dichters zusehends. Heute sind wir imstande, die Wurzel dieser unwiederbringlich verlorenen Jahre zu finden: ein zweiundzwanzigjähriges, völlig amoralisches, minderwertiges

Geschöpf, deren unerquickliche, schamlose Affären aus dem Briefwechsel Mai bis August 1948 hervorgehen, dessen Herausgabe vom zuständigen Minister untersagt wurde, deren Inhalt aber dem Biographen zugänglich gemacht wurde, zog den in seiner vollen Schaffenskraft Stehenden in seine Fänge, in einen wahren Abgrund …‹ Weiter mag ich garnicht denken, ach und wehe über uns.«

Es ist interessant, dass sich Ingeborg Bachmann hier mit der männlichen Rolle identifiziert. Dabei geht es eindeutig nicht nur um Weigel, sondern auch um sie. Das Einnehmen einer männlichen Perspektive wird in ihren künftigen Prosatexten stark auffallen und hat unter anderem etwas mit dem Verwischen allzu eindeutiger autobiographischer Lesarten zu tun. In der merkwürdig mädchenhaft-verrucht wirkenden Pose des Briefes ist ein Zwiespalt zu ahnen: Da spürt man die Lust, dem viel älteren Drahtzieher Weigel gegenüber etwas Unberechenbar-Verführerisches an den Tag zu legen, aber gleichzeitig auch ein gewisses Bangen. Bachmann scheint dieses Spiel im Griff zu haben. Zu der Lockerheit, die ihr Briefton an Weigel suggeriert, muss sie sich aber wohl auch zwingen.

In ihrem Philosophiestudium verlagerte sich unmerklich der Schwerpunkt, und das war zunächst keineswegs eine bewusste Entscheidung. Angefangen hatte sie bei Alois Dempf, einem katholischen Metaphysiker, der stark in den etablierten konservativen Traditionen verhaftet war und zeitgeschichtliche oder gar moderne Strömungen nicht reflektierte. In einem Brief an ihre Eltern freute sie sich, »der reinen Philosophie zu dienen«. Doch im Sommersemester 1949 absolvierte sie ihr letztes Seminar bei Dempf, weil dieser Wien verließ und einem Ruf nach München folgte. Notgedrungen wechselte sie zu dem Neopositivisten Viktor Kraft, der unter gänzlich anderen Prämissen arbeitete. Bachmann wollte auf jeden Fall eine akademische Laufbahn einschlagen, und dabei spielten finanzielle Erwägungen natürlich eine wichtige Rolle. Durch Kraft begann sie, sich mit Ludwig Wittgenstein zu beschäftigen, und ihre Dissertation, die sie im Dezember 1949 abschloss, bewegte sich auf interessante Weise zwischen den Polen. Ihr Thema war »Die kritische Aufnahme der Existentialphilosophie Martin Heideggers«, also etwas, was sie ursprünglich umgetrieben hatte und dies untergründig auch immer noch tat, wozu sie sich aber jetzt, unter dem Einfluss des Wittgenstein-Adepten Kraft, um Distanz bemühte.

Parallel zu ihrer Dissertation arbeitete Ingeborg Bachmann bereits an einem Roman mit dem Titel *Stadt ohne Namen*, den sie im Herbst 1950 abgeschlossen hatte. Durch Weigels Vermittlung landete das Manuskript beim Wiener Herold Verlag, der allerdings etliche Eingriffe und Änderungen verlangte. Im November 1952 habe sie die Blätter dann »weggeworfen«, wie sie in einem späten Interview sagte – der Roman hielt ihren ästhetischen Ansprüchen nicht mehr stand. Wie es dazu kam, ist im Einzelnen nicht nachzuverfolgen. Eindeutig ist aber, dass Hans Weigel nichts damit zu tun hatte. Er hatte ihr sogar ein Stipendium verschafft, mit dem sie die Fertigstellung des Romans vorantreiben konnte, und als sie das Buch zurückzog, warf er ihr das vor. In den Briefen von Bachmann an Weigel erfährt man kaum etwas von dem, was sie tatsächlich bedrängte. Es geht um praktische Dinge und um konkrete Maßnahmen im Literaturbetrieb. Von ihren Gedichten verrät sie Weigel fast nichts, und einmal findet sie ihm gegenüber ironische Worte, die wohl seinen entsprachen: Gedichte seien »Ausrede für Arbeit«. Sie verfasste Artikel für Periodika wie *Der Turm*, *Der Optimist*, *Wiener Tageszeitung* oder *Film* und ließ das Gedichteschreiben vorübergehend ganz sein. Doch insgeheim rumorte etwas in ihr weiter.

Im März 1951, direkt nach ihrer Rückkehr aus Paris und London nach Wien, schrieb sie sofort einen Brief an Celan. Sie schickte ihn zunächst nicht ab, er findet sich aber in einem Konvolut, das sie im Juli dem gemeinsamen Freund Klaus Demus mitgab, als dieser nach Paris fuhr. Nach ihrer Wiederankunft in Wien sei sie gleich krank geworden, heißt es hier, denn sie »wusste nicht mehr, wie ich es hier und wie ich es hier mir recht machen sollte. Der erste Fehler war, dass ich eine Woche mein altes Wiener Leben weiterspielte, genau so, als wäre nichts gewesen, dann plötzlich verzweifelt und hysterisch abbrach (…).«

»Mein altes Wiener Leben« – das war sicher in erster Linie die neckisch-schlüpfrige Beziehung zu Hans Weigel, aber auch generell der Wiener Alltag, der sich von den herausgehobenen Erfahrungen auf ihrer ersten Auslandsreise nach Paris und London erheblich unterschied. Es ging um das alte Rollenspiel, um ihr Wiener Image, und es überforderte sie, daran unmittelbar wieder anzuknüpfen. Der Gegensatz zu den Gefühlsverwirrungen, die das Desaster des versuchten Zusammenlebens mit Paul Celan mit sich brachte und die sie in ganz anderer Weise aufwühlten, war wohl allzu deutlich spürbar. Der Umgang mit Weigel war auf jeden Fall ein anderer geworden, und ein amtlich fixierter Tatbestand weist darauf hin: Im Juli 1951 heiratete Weigel, der während Bachmanns Abwesenheit sein übliches Leben weitergeführt hatte, die Schauspielerin Elvira Hofer.

Dadurch änderten sich die Rahmenbedingungen für Bachmanns Alltag erheblich. Es war bestimmt kein Zufall, dass wenige Jahre später ihre Erzählung »Undine geht« mit Worten beginnt, die ausgerechnet den Vornamen Weigels umkreisen: »Ihr Menschen! Ihr Ungeheuer! Ihr Ungeheuer mit Namen Hans!« Weigel stand sicherlich für ein männliches Prinzip, das sie in ihrer späteren Prosa immer wieder thematisieren würde. In einem viel späteren Traumprotokoll, das Ingeborg Bachmann in den sechziger Jahren für ihren Psychotherapeuten schrieb, taucht kurz eine Figur auf, die unverkennbar Weigel ist: »Ich treffe zuerst Herrn W. (der einmal ein Liebhaber war und mir grollt und ich ihm, aber nicht sehr), ich nicke freundlich gleichgültig, und das Wiedersehen geht so halbwegs vorbei (…)« Es ist eher nicht anzunehmen, dass sie wirklich ernsthaft eine Ehe mit Hans Weigel angestrebt hatte. Der Aufbruch nach Paris zu Paul Celan, sosehr er daneben auch mit einem Stipendium und der Möglichkeit einer Auslandserfahrung verbunden war, zeigt, dass sie nach etwas anderem suchte. Dennoch muss sie es als eine einschneidende Erfahrung erlebt haben, mit fünfundzwanzig Jahren und einem Studienabschluss, dessen Tauglichkeit für einen Beruf zweifelhaft war, plötzlich auf sich selbst zurückgeworfen zu sein – ein Gefühl, das ihr bestimmt nicht unbekannt war, jetzt aber existenziell anmutete.

Ihre spezifische Sehnsucht drückt sich darin aus, dass sie trotz des erst kurz zurückliegenden Zusammenlebens mit ihm im Hotelzimmer wieder einen konkreten Ankerpunkt in der fernen, unerreichbaren Person Paul Celans suchte. Schon im nicht abgeschickten Brief gleich vom März 1951 ruft sie das für sie beide emblematische Gedicht »Corona« wieder auf: »Schreibe mir nicht zu vag, erzähle ruhig, dass der Vorhang vor unserem Fenster schon wieder abgebrannt ist und uns die Leute zusehen von der Straße.« Und in einem Brief vom 27. Juni 1951 wird sie grundsätzlich: »Weißt Du eigentlich noch, dass wir doch, trotz allem, sehr glücklich miteinander waren, selbst in den schlimmsten Stunden, wenn wir unsre schlimmsten Feinde waren? Warum hast Du mir nie geschrieben? Warum spürst Du nicht mehr, dass ich noch zu Dir kommen will mit meinem verrückten und wirren und widerspruchsvollen Herzen, das ab und zu noch immer gegen Dich arbeitet? – Ich fange ja langsam zu verstehen an, warum ich mich so sehr gegen Dich gewehrt habe, warum ich vielleicht nie aufhören werde, es zu tun. Ich liebe Dich und ich will Dich nicht lieben, es ist zuviel und zu schwer; aber ich liebe Dich vor allem – heute sage ich es Dir, auch auf die Gefahr hin, dass Du es nicht mehr hörst oder nicht mehr hören willst.«

Das ist ein zentraler Satz: »Ich liebe Dich und ich will Dich nicht lieben.« Er beschreibt die Beziehung von Ingeborg Bachmann zu Paul Celan wie eine Losung. »Zuviel und zu schwer«

ist für sie die Bedeutung, die die Dichtung für ihn hat, zusätzlich ausgelöst durch seine biographische Erfahrung – aber »zuviel und zu schwer« ist auch das, was sie selbst darin sieht und in ihn hineinprojiziert. Hier ist eine Vorstellung von Dichtung zu ahnen, in der ihre ganze Sehnsucht auflodert. Und sie scheint in ihren Briefen an Celan, die sich so sehr von denen an Hans Weigel unterscheiden, immer wieder durch.

Doch dass auch das Leichte, das sich mit jemandem wie Hans Weigel verband, für sie nicht ohne Reiz war, setzte sich fort. Sie konnte das Spielerische durchaus genießen. Theaterposen, das Sprechen in fremden Kostümen nahm sie bei verschiedenen Bezugspersonen und Briefpartnern wieder auf. Celan aber war diese Eigenschaft Ingeborg Bachmanns ziemlich suspekt. Davon zeugen argwöhnische Wendungen in seinen Briefen und Andeutungen von Bachmann selbst. Nach der Enttäuschung des Zusammenlebens, von dem auch er sich etwas anderes versprochen hatte, fand er wieder in die Rolle des älteren Mahners zurück: »Du hast bisher mehr vom Leben gehabt, Inge, als die meisten Deiner Altersgenossen. Keine der Türen ist Dir verschlossen geblieben, und immer wieder tut sich Dir eine neue Tür auf. Du hast keinen Grund, ungeduldig zu sein, Ingeborg, und wenn ich eine Bitte äußern darf, so ist es gerade diese: denk, wie rasch alles Dir zu Gebote steht. Und sei nun ein wenig sparsamer mit Deinen Ansprüchen.«

Genau in der Zeit, als Ingeborg Bachmann wieder versuchte, an die Beziehung zu Paul Celan anzuknüpfen, gelang ihr in Wien beruflich der endgültige Durchbruch. Sie war inzwischen aus ihrem Zimmer in der Beatrixgasse, dem Quartier in der Zeit ihrer Liaison mit Paul Celan, ausgezogen und wohnte ganz in der Nähe bei ihrer Freundin Bobbie Löcker, die sie in der Redaktion der Monatszeitschrift *Der Turm* kennengelernt hatte und die dann den verantwortlichen Redakteur der *Europäischen Rundschau*, Zeno von Liebl, heiratete. Das journalistische Netzwerk, in dem sich Bachmann bewegte, ging also über dasjenige

Weigels auch hinaus. Ihr wichtigster Karrieresprung in den Medien verdankte sich jedenfalls Bobbie Löcker: Diese war im Sekretariat der News und Features Section des Amerikanischen Nachrichtendienstes untergekommen und bot ihrer Freundin dort eine Stelle an. Bachmann musste vor allem Nachrichten-meldungen redigieren und beschrieb ihre ersten Eindrücke in einem Brief an ihre Eltern vom 29. März 1951: »Es ist wie eine Mühle, wo jeden Tag Arbeitsmaterial und Menschen oben hin-eingesteckt werden und am Abend unten zermahlt herauskom-men, die Atmosphäre ähnelt stark der einer Fabrik, obwohl doch fast nur Intellektuelle dort sitzen und Artikel und Nach-richten produzieren.«

Im September 1951 folgte der nächste Schritt: Bachmann erhielt ein Angebot des amerikanischen Besatzungssenders Rot-Weiß-Rot und arbeitete dort zunächst als Script-Girl. Sie bearbeitete dann Stücke aus dem Amerikanischen und zum Bei-spiel Franz Werfels Erzählung »Der Tod des Kleinbürgers«, schrieb aber auch selbst Radio-Essays und das Hörspiel *Ein Geschäft mit Träumen.* Vor allem aber arbeitete sie mit unver-kennbarer Lust an der Radio-Soap *Die Radiofamilie* mit. Später spielte sie ihre Tätigkeit bei Rot-Weiß-Rot herunter und sprach eher nebenbei von bloßem »Redigieren«. Nachdem der ORF im Jahr 1955 die österreichischen Rundfunkgeschäfte vollstän-dig übernommen und die meisten Hinterlassenschaften des US-Besatzungssenders stillschweigend ausgesondert hatte, konnte sie auch davon ausgehen, dass die *Radiofamilie* nicht mehr auf-findbar war. Im Nachlass ihres in den neunziger Jahren ver-storbenen damaligen Kollegen Jörg Mauthe indes fanden sich die Typoskripte der verschollen geglaubten frühen Folgen die-ser Serie. In den Jahren 1952 und 1953 wurde also zweifellos insgesamt fünfzehn Mal in der Konferenz am Montag festge-legt, dass sie, Ingeborg Bachmann, jetzt an der Reihe sei, bis zum Freitag das Manuskript für die halbstündige Radiosen-dung abzuliefern – und sie kam diesem Auftrag jedes Mal nach.

»Sehr chic, ganz ungekämmte Haare, toll, fast wie die Magnani«:
Ingeborg Bachmann im Script-Department des Senders Rot-Weiß-Rot

82   Sie scheint da keinerlei Schreibblockaden und Wortfindungs-
probleme gehabt zu haben. Fast wirkt es so, als habe sich Bachmann von ihren hochfliegenden künstlerischen Ansprüchen
beim Schreiben dieser Szenen sogar erholt.

Die lustige Familiensendung, die im Sinne einer Erziehung
zur Demokratie auch einen gewissen Tiefgang aufweisen sollte,
erlaubte ihr, ein bisschen zu phantasieren. Einmal konzipierte
sie eine Art künstlerisches Idealbild. »Die Dame da mit den langen schwarzen Haaren und den Hosen« war ein Sehnsuchts-
entwurf: »Sie ist sehr chic, ganz ungekämmte Haare, toll, fast
wie die Magnani«, sagt die knapp siebzehnjährige Helli in einer
Folge über die dem Atonalen und dem Abstrakten huldigende
Hanna. Diese Hanna verkörpert etwas, woran Ingeborg Bachmann in den frühen fünfziger Jahren laborierte und was in ihr
auf den großen Aufbruch wartete.

Das Familienoberhaupt in der Serie, Dr. Hans Floriani, ist
Oberlandesgerichtsrat und ein integrer, verantwortungsbe-

wusster Mensch, der sich, um die Sache ins Lustige zu kippen, mit Vorliebe eines verzwirbelten Amtsdeutschs befleißigt. Seine Frau Vilma ist mit allen Eigenschaften des Wiener Bürgertums ausgestattet, dabei aber tolerant. Das Gegenüber bildet Hans' Bruder Guido, der als ein etwas wirrer Phantast und verrückter Erfinder auftritt und Situationskomik garantiert. Dass Guido eine Nazi-Vergangenheit hat, wird einmal kurz offengelegt – da er aber ein nicht sonderlich ernst zu nehmender, versponnener Typ ist, ist sogar das zu verkraften. Der volkspädagogische Auftrag, der einem amerikanischen Besatzungssender zwangsläufig innewohnte, verband sich in der Figur des Guido mit einer hübschen österreichischen Möglichkeit, die Vergangenheit zu thematisieren und sich dabei zu entlasten.

Die Kinder von Hans und Vilma, die fast siebzehnjährige Helli und das zwölfjährige Wolferl, geben Gelegenheit zu allerlei pädagogischen Exkursen. Es ist schön, von Ingeborg Bachmann auch einmal Sätze wie die folgenden zu lesen, sie legt sie dem Vater Hans im Gespräch mit seiner Frau in den Mund: »Überdies bitte ich dich auch, gelegentlich ein wachsames Auge auf unsere plötzlich schnell heranwachsende Tochter zu haben. Ihr Gesicht bekommt immer mehr diesen seltsamen Ausdruck sentimentaler Verblödung.«

Wenn man will, kann man hier sogar einen selbstironischen Kommentar zu einem anderen inoffiziell hinterlassenen Text der Autorin entdecken, zu den frühen *Briefen an Felician* nämlich, in denen sie später auf jeden Fall, wenn sie wollte, etwas »Sentimentales« im »schneller Heranwachsen« sehen konnte. Die Autorin verleugnete ihre Interessen in den Radiotexten keineswegs. Besonders einprägsam ist eine Folge, in der sie eine »displaced person«, einen nach 1945 versprengten serbischen Partisanen, auftreten lässt, der an der Tür der Florianis geschmuggelte Stoffe feilbietet und dabei, während ihn der pflichtbewusste Richter Hans verhört, seine Lebensgeschichte offenbaren muss. Durch die vermeintlich negative, gaunerhafte

Seite aus der *Großen Österreich-Illustrierten* vom November 1951, mit einer besonderen österreichischen Qualitätsmarke: Ingeborg Bachmann in Lederjacke (in der Bildmitte)

84   Balkanfigur hindurch treten plötzlich die Verhängnisse des zwanzigsten Jahrhunderts in den Mittelpunkt, und dass dieser Herr Mihailowitsch mit jenem Czernowitz in Verbindung gebracht wird, aus dem Paul Celan stammte, ist eine der untergründigen Botschaften dieses Textes, die nur etwas mit dem Schreibprozess selbst zu tun haben und für die Zeitgenossen nicht zu entschlüsseln waren. Es ist eine für das Österreich der fünfziger Jahre und für ein Massenpublikum recht mutige Folge, genauso wie jene Episode über eine Kunstausstellung, in der die moderne Kunst mit der Wiener Konsensfamilie Floriani auf sympathische Weise kurzgeschlossen wird.

    Es ist lustig, wie Ingeborg Bachmann ihr späteres Image manchmal persiflierend vorwegzunehmen scheint. In der Kunst-Folge taucht auch eine »Inge« auf, die einer der Künstler »wieder einmal ausführen« möchte. Und auf der Hühnerfarm des Onkels Guido fällt unvermittelt der anzügliche Satz: »Du, Tante, die Ingeborg hat ihr erstes Ei gelegt ...« Hier zeigt sich eine selbstironische Sei:e, die von der späteren Rezeption fast vollkommen überdeckt wurde. Bachmanns Biograph Joseph McVeigh hat aus dieser Zeit auch ein interessantes Foto entdeckt: Im November 1951 posierte sie für die *Große Österreich-Illustrierte*, die vom Sender Rot-Weiß-Rot herausgegeben wurde, als Model in einer schwarzen Lederjacke. Es handelte sich um den fünften Preis eines Preisausschreibens mit dem Titel »Wer kennt Österreichs Qualitätsmarken?«, und dass von allen potenziellen Lederjackenträgerinnen ausgerechnet sie, die soeben als Script-Girl angeheuert worden war, dafür ausgesucht wurde, ist immerhin bemerkenswert. Sie blickt ernst und undurchdringlich zur Seite, die Hände in die Seitentaschen gesteckt, fast schon so enigmatisch wie zweieinhalb Jahre später auf dem Cover des deutschen Magazins *Der Spiegel*. Eine Fotocollage, die der Wiener Künstler Wolfgang Kudrnofsky kurze Zeit später gemacht hat, zeigt sie ebenfalls bereits als weibliche Kultur-Ikone: Da tauchen aus der Donau, neben einem romantischen Ruderboot und vor dem Hintergrund der Uferböschungen und einer modernen Brücke, neun verschiedene Gesichter der jungen Ingeborg Bachmann auf – lächelnd, nachdenklich

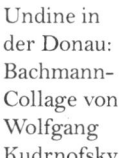

Undine in der Donau: Bachmann-Collage von Wolfgang Kudrnofsky

und selbstbewusst, als eine Wassernixe, die schon suggestiv auf ihre spätere Figur der »Undine« vorausweist.

Eine entscheidende Wendung trat ein, als Hans Werner Richter nach Wien kam, der Initiator und Chef der Gruppe 47. Richter war auf Ilse Aichinger aufmerksam geworden, die mit dem Roman *Die größere Hoffnung* hervorgetreten war. Als er sie besuchte, war auch Ingeborg Bachmann anwesend, die beiden Frauen waren eng befreundet und bildeten mit Bobbie Löcker zu dritt lange ein unzertrennliches Gespann. Bachmann hielt sich aber, in Richters Erinnerung, bei dieser ersten Begegnung ziemlich zurück. Richter interessierte sich auch für Milo Dor, dessen reportagehafter literarischer Ansatz dem seinen verwandt war. Der Chef der Gruppe 47 wollte zudem Hans Weigel interviewen und ihn, als Multiplikator, zur nächsten Tagung seiner Schriftstellervereinigung nach Deutschland einladen. Richter und Weigel verabredeten sich für ihr Treffen im Sender Rot-Weiß-Rot, und zwar im selben Redaktionszimmer, in dem auch Ingeborg Bachmann saß. Als Richter zum vereinbarten Termin dort eintraf, geschah seiner Schilderung nach Folgendes: »Sie hatte mir ihre unveröffentlichten Gedichte auf einen sonst ganz leeren Schreibtisch gelegt und mich über eine halbe Stunde warten lassen, so dass mir gar nichts anderes übriggeblieben war, als diese Gedichte zu lesen. Sie klapperte inzwischen in einem Zimmer nebenan auf einer Schreibmaschine, und als sie wieder hereinkam, fragte ich sie, wer denn diese Gedichte geschrieben habe, und sie antwortete errötend: ›Ich‹. Schon am Nachmittag lud ich sie ebenfalls zu der Tagung ein und auf ihren Wunsch auch gleich einen Freund, der in Paris lebte, Paul Celan hieß und ebenso unbekannt war wie sie selbst. Ich fragte Ilse, ob ich richtig gehandelt hätte, und sie bejahte es.«

Die Tagung der Gruppe 47 in Niendorf an der Ostsee im Mai 1952 wurde ein für die deutsche Literaturgeschichte wesentliches Ereignis, weil Ingeborg Bachmann zum ersten Mal in

Deutschland auftrat und großes Aufsehen erregte, aber auch, weil Paul Celan das einzige Mal dort erschien. Bei Ingeborg Bachmann überkreuzten sich plötzlich zwei Selbstentwürfe, sie schienen verwirrend nebeneinanderzustehen. Gerade eben hatte sie begonnen, für *Die Radiofamilie* in Österreich lustige Familiensketche zu schreiben. Doch genau ein Vierteljahr nach ihrer ersten *Radiofamilien*-Folge reiste sie bei der Gruppe 47 an und machte dort als sensible Lyrikerin Furore, die mit zitternder Stimme las. Damit bekam sie ein gänzlich anderes Autorinnenprofil, als es die handwerklich geschickte und augenzwinkernd-hemdsärmelige österreichische Soap-Opera nahe legt hatte. Es gibt hier kompliziert aufeinander bezogene Energiezentren. Für Ingeborg Bachmann handelte es sich um eine Zwischenzeit, in der es spürbar gärte und in der sich die Aggregatzustände änderten. Als sie im bundesdeutschen Literaturbetrieb reüssiert hatte, ließ sie das süße Wiener Mädel schnell hinter sich. Eine Botschaft der *Radiofamilie* aber lautet, dass etwas davon ein unauslöschlicher Teil ihrer selbst gewesen ist.

In der äußerst bewegten Phase dieser Karrieresprünge, des Angekommenseins im Wiener Kulturbetrieb mit festem Gehalt und beginnender literarischer Perspektiven, wurde auch der Briefwechsel mit Paul Celan wieder intensiver. Mit der Heirat Hans Weigels allein lässt sich das keineswegs erklären. Im Spätherbst 1951 – zur selben Zeit wie das Lederjackenmodel-Foto in der Illustrierten – erreichte der Briefwechsel mit Celan für Bachmann sogar einen Kulminationspunkt. Bachmann erweckt den Eindruck, sich noch einmal ganz für ihn zu entscheiden, es wirkt wie ein Prozess der Selbstbefeuerung. Trotz ihrer Bedenken ist sie auf ihre feste Stellung beim Radio stolz, sie gibt Celan gegenüber vor, sie für »uns« anzunehmen, und bietet ihm finanzielle Sicherheit an. Bei allem äußeren Erfolg spürt sie, »dass ich niemand habe außer Dir«.

Im Herbst 1951 scheint sich Celan, der nach dem Besuch Bachmanns ein Jahr zuvor eher auf Distanz gegangen war, wieder ein bisschen zu öffnen. Er nimmt Anteil und lässt eine Anknüpfung an die frühere Vertrautheit zu. Dann jedoch schweigt er lange. Und plötzlich, mitten in die sich steigernden Hoffnungen Bachmanns hinein, kommt am 16. Februar 1952 eine harsche Absage: »Lass uns nicht mehr von Dingen sprechen die unwiederbringlich sind, Inge – sie bewirken nur, dass die Wunde wieder aufbricht, sie beschwören bei mir Zorn und Unmut herauf, sie scheuchen das Vergangene auf – und dieses Vergangene schien mir so oft ein Vergehen, Du weißt es, ich habe es Dich fühlen, ja wissen lassen –, sie tauchen die Dinge in ein Dunkel, über dem man lange hocken muss, um sie wieder hervorzuholen, die Freundschaft weigert sich hartnäckig rettend auf den Plan zu treten, – Du siehst, es geschieht das Gegenteil von dem, was Du wünschst, Du schaffst, mit ein paar Worten, die die Zeit in nicht gerade kleinen Abständen vor Dich hinstreut, Undeutlichkeiten, mit denen ich nun wieder ebenso schonungslos ins Gericht gehen muss wie seinerzeit mit Dir selber.«

Bachmann trifft das wie ein Schlag: »Ich habe alles auf eine Karte gesetzt und ich habe verloren«, schreibt sie an Celan. Ohne auf ihr Wiener Leben Bezug zu nehmen, gesteht sie, nach dem Paris-Aufenthalt könne sie »nicht mehr leben wie früher«, sie habe »das Experimentieren verlernt«. Das ist sicher eine Wirkung dessen, was Celan »schonungslos ins Gericht gehen« nennt, der Altersunterschied zwischen den beiden wirkt in diesen Momenten bei Weitem größer, als er ist. Dass er einschneidende Erfahrungen hinter sich hat, dass er mit dem Tod konfrontiert wurde, dass er durch viele Orts- und Milieuwechsel hindurchgegangen ist, wird in der krisenhaften Zuspitzung mit Bachmanns Jugend und ihrem Habitus konfrontiert. Er hat die nationalsozialistischen Lager überlebt, sie ist eine vom Leben begünstigte Österreicherin. Das trifft bei ihr einen wunden Punkt. Sie könne »nicht mehr leben wie früher«: Wenn sie an Celan schreibt, ist sie von diesem Gefühl durchdrungen.

Was sie bei Celans Brief vom Februar 1952 noch nicht wusste: Er hatte im Herbst 1951 Gisèle de Lestrange kennengelernt, seine zukünftige Frau. Der Ton seines Schlussstrich-Briefs muss ganz eindeutig damit zusammenhängen. Und vielleicht summierte sich bei Bachmann dadurch tatsächlich etwas. Die Heirat Hans Weigels und die Absage Celans trafen sie in derselben Phase, in der sie als Schriftstellerin Erfolg zu haben begann. Und dadurch wurde zwangsläufig ein Zusammenhang erkennbar. Die selbstbestimmte Frau, die Dichterin und Intellektuelle, und die unstete und allein gelassene Geliebte waren eine einzige Figur. Solche Aspekte einer Mann-Frau-Beziehung bestimmten zunehmend Bachmanns literarische Texte. Das Hörspiel *Der gute Gott von Manhattan* und die Erzählungen aus dem Band *Das dreißigste Jahr* markierten erste Stationen. Im Zyklus *Todesarten* im letzten Jahrzehnt ihres Lebens wurde es, abstrahiert von konkreten autobiographischen Erfahrungen, in ins Allgemeine und Absolute gerichteter Prosa zu einem Höhepunkt geführt. 1971 sagte sie in einem Interview zu *Malina*, dem einzigen abgeschlossenen Roman aus diesem Projekt, über die weibliche Hauptperson jedoch etwas, das insgeheim auf ihre eigenen prägenden Erfahrungen vom Anfang der fünfziger Jahre verwies: »Die Zerstörung ihrer Person« sei »in den entscheidenden Jahren von 18 bis 25« erfolgt. Im Jahr 1951 wurde sie fünfundzwanzig Jahre alt, und dass das für sie ein Schlüsseljahr war, kann man durch solche Andeutungen erahnen.

Das Jahr 1951 steht für Bachmann auch in ihrer literarischen Entwicklung für einen Prozess, der im Verborgenen stattfand und von dem in ihrer Umgebung kaum etwas erkennbar war. Die berufliche Absicherung durch den Sender Rot-Weiß-Rot führte nämlich dazu, dass sie wieder begann, Gedichte zu schreiben. Es waren die Gedichte, die dann Ende 1952 in ihrem berühmten und aufsehenerregenden Buchdebüt *Die gestundete Zeit* versammelt wurden.

Schon in frühen Versuchen, aus der Zeit mit Celan in Wien und danach, fallen Celan-Anklänge auf, das Aufsaugen seines spezifischen Tons, der schwungvollen Daktylen, des verzaubernden Genitivs, der suggestiven Wie-Vergleiche – wie am Anfang eines titellosen Gedichts: »Beim Hufschlag der Nacht, des schwarzen Hengstes vorm Tor,/zittert mein Herz noch wie einst und reicht mir den Sattel im Flug,/rot wie das Halfter, das Diomedes mir lieh.« Aber auch in ihrer berühmten Lyrik aus den fünfziger Jahren greift Bachmann Celan'sche Bilder auf und entwickelt sie in ihrem Sinn weiter. *Die gestundete Zeit* ist ohne Celan nicht zu denken.

Im noch späteren Gedicht »Schatten Rosen Schatten« taucht Celans Wort von der »Fremden« wieder auf und wird verwandelt: »zwischen Rosen und Schatten/in einem fremden Wasser/mein Schatten«. Das Eigene wird als jenes Fremde erfahren, das es einmal war. Celans Wiener Gedicht »Lob der Ferne« umkreist dieses Gefühl, das seine Beziehung zu Bachmann in den sechs Wiener Wochen mit einbezieht: »Schwärzer im Schwarz, bin ich nackter./Abtrünnig erst bin ich treu./Ich bin du, wenn ich ich bin.«

Celan findet den von ihm angestrebten Punkt, an dem Einssein möglich ist, in der Dichtung. In den Gedichten Ingeborg Bachmanns aber wird die Tendenz deutlich, die Möglichkeit solch einer Erfahrung melancholisch abzuweisen. Sie nimmt den auratischen Charakter bei Celan zurück. Und das hat vor allem damit etwas zu tun, dass die auf die Dichtung gerichteten Fragen Celans bei ihr im besonderen Licht der Liebesdichtung erscheinen. Das Gedicht mit dem Titel »Dunkles zu sagen« sticht natürlich doppelt heraus, wenn man Celans »Corona« in Erinnerung hat. Bachmann greift die Zeile »wir sagen uns Dunkles« auf, variiert sie und entwickelt im Folgenden eine spezifisch Bachmann'sche Vorstellung des »Dunklen«. Stellt man die beiden Ausschnitte gegenüber, tritt der Unterschied deutlich hervor:

Celan:

> Mein Aug steigt hinab zum Geschlecht der Geliebten:
> wir sehen uns an,
> wir sagen uns Dunkles,
> wir lieben einander wie Mohn und Gedächtnis,
> wir schlafen wie Wein in den Muscheln,
> wie das Meer im Blutstrahl des Mondes.

Bachmann:

> Wie Orpheus spiel ich
> auf den Saiten des Lebens den Tod
> und in die Schönheit der Erde
> und deiner Augen, die den Himmel verwalten,
> weiß ich nur Dunkles zu sagen.

Celans Verszeile »wir sagen uns Dunkles« hatte etwas Unbestimmtes, Vorantastendes. Bachmanns Titel »Dunkles zu sagen« akzentuiert dagegen Schwärze und Stillstand. Ihr Gedicht beginnt an einem Endpunkt: »Wie Orpheus spiel ich/auf den Saiten des Lebens den Tod«. Und Bilder, die im Lauf des Gedichts aufgefächert werden, wie »Schattenhaar der Nacht« oder »der Finsternis schwarze Flocken«, stammen aus dem Reservoir, aus dem Celan in seiner frühen Phase schöpfte, aus einer Rilke-Verehrung, die surreal wurde – in dem Zusammenhang, in den sie Bachmann stellt, scheinen sie ihre ursprüngliche Schwärze erst so richtig zurückzubekommen.

Als einzeln abgesetzte Strophe stehen in »Dunkles zu sagen« die Zeilen: »Und ich gehör dir nicht zu./Beide klagen wir nun.« Es ist der Moment, in dem die Liebende weiß, dass sie zwar füreinander bestimmt waren, aber nicht zueinanderkommen konnten. Der Schluss des Gedichts, der das Ganze in einer Utopie der Unmöglichkeit aufhebt, liest sich fast schon wie eine Prophezeiung der weiteren Beziehung zwischen Ingeborg Bachmann und Paul Celan. Und er nimmt vorweg, wie sie kurz vor ihrem Tod in *Malina* darauf zurückblicken wird: »Aber wie Orpheus weiß ich / auf der Seite des Todes das Leben, / und mir blaut / dein für immer geschlossenes Aug.«

In »Dunkles zu sagen« ist der Celan-Bezug für jeden Leser direkt herzustellen. Es gibt aber auch verborgenere Teile dieses Zwiegesprächs. Das Gedicht »Die gestundete Zeit«, das Bachmanns Band den Titel gegeben hat, bezieht sich in Form und Inhalt auf »Corona«, das Gedicht, in dem der Titel von Celans Band *Mohn und Gedächtnis* enthalten ist. Zwei prägnante, poetologische Gedichte korrespondieren in geheimer Weise miteinander. Bachmanns »gestundete Zeit« wendet sich gegen Celans »Corona«, das sie gleichsam als »entstundete Zeit« liest. Bachmanns Gedicht ist ein Gedicht über lyrisches und erotisches Verstummen, ihre »gestundete Zeit« meint die der Liebe entzogene Zeit, die unpoetische Zeit. Sie liest Celans Gedicht von seinem Schluss her gegen sich selbst.

DIE GESTUNDETE ZEIT

Es kommen härtere Tage.
Die auf Widerruf gestundete Zeit
wird sichtbar am Horizont.
Bald mußt du den Schuh schnüren
und die Hunde zurückjagen in die Marschhöfe.
Denn die Eingeweide der Fische
sind kalt geworden im Wind.
Ärmlich brennt das Licht der Lupinen.
Dein Blick spurt im Nebel:
die auf Widerruf gestundete Zeit
wird sichtbar am Horizont.

Drüben versinkt dir die Geliebte im Sand,
er steigt um ihr wehendes Haar,
er befiehlt ihr zu schweigen,
er findet sie sterblich
und willig dem Abschied
nach jeder Umarmung.

Sieh dich nicht um.
Schnür deinen Schuh.
Jag die Hunde zurück.
Wirf die Fische ins Meer.
Lösch die Lupinen!
Es kommen härtere Tage.

Die Zeilenstruktur in Bachmanns Titelgedicht verläuft parallel zu Celans Titelgedicht: Verknappung zum Ende hin, bis zur Zuspitzung in Imperativen. Die erste Versgruppe in »Die gestundete Zeit« nimmt formal das Motiv der Wiederkehr bei Celan auf: Die Zeilen »die auf Widerruf gestundete Zeit / wird sichtbar am Horizont« stehen an Anfang und Ende. Am Beginn allerdings ist noch eine Zeile vorgeschaltet: »Es kommen härtere Tage«, und diese ist wiederum identisch mit der letzten Zeile des Gedichts. Die Wiederkehr ist also zweifach verschlungen. Thema und Durchführung des Gedichts von Celan sind auch hier als Grundmuster erkennbar.

Bachmann setzt jedoch da neu an, wo Celans Gedicht den Schlusspunkt gesetzt hat. Das Unpoetische kehrt zurück. In der zweiten Versgruppe wird das Dichter-Ich aus »Corona« direkt angesprochen: »Drüben versinkt dir die Geliebte im Sand.« Bei Celan signalisiert die »Geliebte« den Aufbruch. Der »Sand«, den Ingeborg Bachmann ausmacht, ist da aufzufinden, wohin sich jener Aufbruch anscheinend verlief. Dies ist unverkennbar eine Antwort Ingeborg Bachmanns auf die Rolle, die in »Corona« der »Geliebten« zukommt. Der Ton bei Celan, der in ein Ungewisses, Utopisches münden will, ist hier ernüchtert zurückgewiesen. Hier herrscht das Endgültige vor. »Er befiehlt ihr zu schweigen«: Hier gibt es nicht mehr die Hoffnung, die lyrisch-erotische Übereinkunft, und sei sie noch so unbestimmt und vorantastend. In der von Ingeborg Bachmann beschriebenen Situation existiert kein Sprechen mehr, keine Interaktion mit der Geliebten. Sie versinkt »drüben«, an einem Ort, der Raum und Zeit verbindet, sie ist Vergangenheit.

Das in sich rotierende Wissen »Es ist Zeit«, das bei Celan das Geheimnis der Dichtung offenbart und als einzelne, abgesetzte Zeile am Ende des Gedichts steht, ist bei Bachmann in die konkrete Formel »Es kommen härtere Tage« übersetzt, eine Formel, die sich weit mehr auf eine vorgefundene Wirklichkeit zu beziehen scheint als bei Celan. Bachmanns Gedicht wirkt wie eine Verwerfung von Celans Utopie, mit einem Grundduktus von Warnung und Kränkung. Als einzelne, abgesetzte Zeile stellt sich »Es kommen härtere Tage« bewusst parallel zu Celans »Es ist Zeit«. Auch in diesem Gedicht wird die Durchdringung der linear verlaufenden mit der zyklischen Zeit vorgeführt. In »Die gestundete Zeit« ist man aber im Gegensatz zu »Corona« an einem Abschluss angelangt, zum endgültigen Rückblick gezwungen. Die Zukunft wird auf die »härteren Tage« beschränkt. Das Moment der Utopie, des Vorwärtsdrängenden im Gedicht, der paradoxen Verbindung von Augenblick und Ewigkeit weicht in »Die gestundete Zeit« einem nüchternen Bilanzieren, das Bachmanns baldiges lyrisches Schweigen vorwegzunehmen scheint: »Corona« erscheint im Gedicht Bachmanns als das Gedicht eines Lyrikers, der an die Lyrik glaubt. Bachmann hingegen beschreibt, weshalb sie bald keine Gedichte mehr schreiben wird. Die Liebe und die Dichtung sind bei ihr in gänzlich anderer Weise verschränkt: »Sieh dich nicht um«, das Orpheus-Motiv, verweist auf die Situation der Liebenden. Doch die Liebe ist keine Synkope mehr im Prozess der Zeit. Die Liebe ist vergangen. Es kommen härtere Tage.

7

Cool Jazz. Der Rhythmus kommt in die Worte.

Celan und Gisèle de Lestrange

Nach dem Besuch Ingeborg Bachmanns in Paris im Herbst 1950 hatte sich das Bild verfestigt, das Paul Celan wohl schon von ihr hatte. Indirekt wird das gelegentlich deutlich. Es gibt den mahnenden Celan, dem Bachmann zu unzuverlässig und zu unstet ist, und es gibt Worte Bachmanns, in denen sie sich ihm gegenüber in einer bestimmten Form als schuldig bekennt – auch wenn diese Schuld für sie subjektiv doch eher etwas Unbestimmtes hat. Ein bitterer Reflex darauf sind vielleicht Zeilen wie »er befiehlt ihr zu schweigen« in ihrem Gedicht »Die gestundete Zeit«. Celan gegenüber spielte Bachmann eher nicht das naive, kokette Mädchen vom Lande, sie empfand ihn in erster Linie als dichterisches Gegenüber. Obwohl ihre Veröffentlichungen noch nicht bedeutend waren, war ihr Ehrgeiz unverkennbar. Dass sie sich beide »gegenseitig die Luft wegnahmen«, wie sie es Hans Weigel gegenüber beschrieb, heißt unter anderem auch, dass sie sich in gewisser Weise ähnlich waren.

Um den 7. November 1951, mitten in der Zeit, in der sich Bachmann von Wien aus noch einmal ganz zu ihm bekannte und ihm sogar in Aussicht stellte, dass sie das Geld für beide verdienen könne, lernte Celan in Paris Gisèle de Lestrange kennen – im Café Royal Saint-Germain, am Boulevard Saint-Germain 149 an der Ecke zur Rue de Rennes. Gisèle stammte aus einer hoch angesehenen französischen Adelsfamilie, und es ist spürbar, dass die Begegnung mit ihr für ihn wie eine Befreiung gewesen sein muss. Gisèle war fünfundzwanzig Jahre alt, als er sie das erste Mal traf. Es war die Zeit des Existenzialismus, des schwarzen, sich befreienden Jazz, der Kellerlokale mit Rollkragenpullovern, Zigaretten und einem Zug ins Absolute. Auch im Tanzlokal Le Bal nègre, in der Rue Blomet im fünfzehnten Arrondissement, muss etwas davon zu spüren gewesen sein. Nach ihrer ersten Begegnung im Café wechselten die beiden dorthin, und von der Atmosphäre, in der dies geschah, ist etwas zu ahnen im ersten Brief an Celan, der von Gisèle im veröffentlichten Briefwechsel zu lesen ist. Sie schreibt ihn am 11. Dezember 1951 im Café Kleber am Trocadéro, ungefähr vier Wochen nachdem sie sich kennengelernt haben. Es gibt einen Ton in diesem Brief, der sich bei ihr nie mehr verlieren wird, so ungeahnt die weitere Entwicklung auch verläuft, und zu diesem Ton gehört auch die vershafte Diktion samt Zeilensprung:

> *Mon chéri,*
> *Ich bin noch ganz nahe bei Dir, bei Deinen Liebkosungen,*
> *Deinen Augen, Deiner schönen Aufrichtigkeit und Deiner Liebe.*
> *Ich bin so glücklich, Dir von all dieser großen Ruhe zu*
> *berichten, in der ich gestern eingeschlafen bin. Und mein*
> *einziger Wunsch wäre es, auch Dich ganz in Frieden zu*
> *wissen. Es ist diese Ruhe, die mich ängstigt, weißt Du – sie*
> *gehört nicht zu meinem Naturell – sie gehört überhaupt*
> *nicht zu meinem Naturell, und der sie mir gibt, bist Du. Ich*
> *kann es noch nicht verstehen. Frag mich nicht allzusehr, was*

ich denke, weil ich es noch nicht wissen kann.
Ich möchte verstehen.
Ich möchte erkennen.
Ich möchte wissen.
Um Dich freier zu lieben, aber zugleich macht es mir auch
Angst — außerdem ist es so süß, Dich außerhalb jeder Logik
zu lieben —
Ich möchte, dass Du sehr glücklich bist, und ich fühle mich
so fern, so unvollkommen für Dich. Auch das ist sehr
beängstigend —
Es muss sehr schwierig sein, einen Dichter zu lieben, einen
schönen Dichter. Ich fühle mich Deines Lebens, Deiner
Dichtung, Deiner Liebe so unwürdig — und schon scheint
alles nicht mehr für mich zu existieren, wenn Du es nicht bist.

Der Brief geht noch weiter, und er steht ganz im Bann der Begegnung. Gisèle war eine junge Frau, die sich gerade anschickte, sich von den strikten Normen ihres Elternhauses zu lösen. Sie bereitete eine Existenz als Künstlerin vor, Malerei und Radierung waren ihre wichtigsten Ausdrucksmittel. Der sechs Jahre ältere Celan, der aber auch erst knapp über dreißig war, schien all diese Sehnsüchte zu bündeln. Es war vermutlich zum ersten Mal der Fall, dass sie einen Mann traf, der jene Ungebundenheit, jenes unbedingte Künstlertum ausstrahlte, das ihr wohl vorschwebte. Gisèle war jedoch keine bloße Schwärmerin. Das Dreifach-Stakkato, das sie wie Gedichtzeilen anordnet, zeigt deutlich, was für sie am wichtigsten war: »Ich möchte verstehen. Ich möchte erkennen. Ich möchte wissen.« — es ist das Programm der Aufklärung, das sie hier zitiert. Zwischen einem mittellosen, deutschsprachigen Ostjuden und einer Tochter aus der französischen Hocharistokratie war eigentlich keine Verbindung denkbar. Doch die Dichtung, in der Gestalt Celans, überrumpelte Gisèle. Der Ton ihres Briefes zeigt, dass sie hier etwas völlig Neues erlebte. Und am 1. Januar 1952 wurde das noch deutlicher: »Ich habe heute nachmittag Freunde besuchen müssen – sie waren furchtbar bürgerlich, arriviert, selbstzufrieden und nicht gerade intelligent.«

Gisèle stammte aus einer ähnlichen sozialen Sphäre wie Simone de Beauvoir. Und sie hatte zweifellos ein Gespür dafür, was diese berühmte weibliche Intellektuelle zur selben Zeit umtrieb. Gisèle spürte die Leere, die sich hinter den vorgegebenen Formen verbarg, sie entwickelte ein Gefühl für Freiheit. Es muss ihr bewusst gewesen sein, was es in ihrer Familie bedeutete, sich zu jemandem wie Paul Celan zu bekennen. Es war ein Verstoß gegen alle ungeschriebenen Gesetze, es war eine Provokation. Gisèle studierte Radierung im Atelier Friedländer, sie arbeitete ganz im Sinn der aktuellen »École de Paris«. Wenn sie in ihrem angestammten Umfeld etwas »furchtbar Bürgerliches« registrierte, stand das in diesem Zusammenhang.

Paris, die fünfziger Jahre – in den wenigen Fotos, die es von Gisèle aus dieser Zeit gibt, drückt sich ein Zeitgefühl aus, das man wiedererkennt. Alles war aufgeladen und ungeheuer nervös, erregbar für etwas Neues, bis dahin Unbekanntes. Celan war für Gisèle so etwas wie eine Entgrenzung, für ihn aber muss Gisèle ein unvorhergesehener Glücksfall gewesen sein. Sie war nicht nur eine Einheimische in Paris, wo er es mit seinem sozialen Hintergrund sehr schwer hatte, in Kontakt zu kommen, sie war vor allem auch empfänglich für die hohe Vorstellung von Dichtung, die er aus Czernowitz mitgebracht hatte und die ihm schon als Jugendlicher und junger Erwachsener einige Verehrerinnen zukommen ließ. Nach dem ungeheuren Geschichtsbruch, den er erlebt hatte, nach der Neubewertung dessen, was Literatur für ihn sein könnte, war Gisèle, das hört man seiner Tonlage an, wenn er an sie schreibt, die Erste, die in Paris daran anknüpfte: »Ich schreibe Dir, um Dir zu sagen, dass Du nicht aufhörst, da zu sein, ganz nahe bei mir, dass Du mich überall hin begleitest, wohin ich gehe, dass Du diese Welt bist, Du allein, und dass sie durch Dich größer geworden ist, dass

sie, durch Dich, eine neue Dimension gefunden hat, eine neue
Koordinate, die ihr zu gewähren ich mich nicht mehr durch-
ringen konnte, dass sie nicht mehr diese unerbittliche Einsamkeit ist, die mich fortwährend dazu zwang, niederzureißen, was
sich vor mir auftürmte, verbissen über mich selber herzufallen –
denn ich wollte gerecht sein und niemanden schonen! – damit
sich vor Deinem Blick alles ändert, ändert, ändert.«

Die ersten Jahre mit Gisèle waren zwar immer auch über-
schattet von der Vergangenheit und einer ungewissen Zukunft,
aber in ihnen lag eine Utopie, der sich Celan verhalten und
unsicher näherte. Doch auch seine Empfindlichkeit, seine Verletzlichkeit als Dichter wurden bereits in seinen ersten Briefen an Gisèle spürbar. Diese Eigenschaften hatten noch andere
Wurzeln als seine Sensibilität für den weiterhin existierenden
Antisemitismus in Deutschland, für das latente Schuldgefühl,
dass seine Eltern in den Vernichtungslagern Transnistriens
umgebracht worden waren. Der Dichter und der Jude waren
nicht gleichzusetzen. Aber mit der Zeit wurden beide Gefühls-
zentren miteinander verbunden. Der empfindsame Dichter und
der Betroffene der Shoah wurden eins. Es gibt eine Ansichts-
karte an den Lyriker Johannes Poethen, mit wenigen Sätzen, in
denen der Rhythmus der letzten Worte aus jenem frühen Brief
an Gisèle wieder aufgenommen, aber ins Gegenteil verkehrt
wird. Der Impetus jenes »damit sich vor Deinem Blick alles
ändert, ändert, ändert«, die dreifache stakkatohafte Wiederholung eines Wortes, dem dadurch fast eine magische Bedeutung
zuwächst – er ist auch in jenem Ausruf zu erkennen, der die
Postkarte an Poethen wenige Jahre später ausmacht: »Wir sind
allein, allein, allein.« Johannes Poethen beschrieb im Übrigen
auch einmal auf sehr suggestive Weise, wie Celans Gedichte
entstanden: beim Spazierengehen im nahen Bois de Boulogne
nämlich, beim Ergehen der Worte – mit den Schritten sei der
Rhythmus in die Worte gekommen, und das Gedicht sei vollständig schon während dieses Gehens entstanden.

»Ich möchte verstehen.
Ich möchte erkennen.
Ich möchte wissen.«
Paul Celan und Gisèle
Celan-Lestrange an ihrem
Hochzeitstag in Paris
(23.12.1952)

Gisèle de Lestrange entschied sich voll und ganz für ihn. Dass ihre streng katholische Familie den Juden Celan ablehnte, war von Anfang an klar. Dennoch heirateten sie bereits Ende 1952, gegen den heftigen Widerstand von Gisèles Mutter und ihren Schwestern. Zwei Jahre später, nach dem Tod ihres Mannes Edmond, legte Gisèles Mutter, Marquise Odette de Lestrange, das Armutsgelübde ab und ging als Schwester Marie Edmond in das Kloster der Congrégation des Servantes de l'Agneau de Dieu in Brest.

Es gibt ein Hochzeitsbild von Paul Celan und Gisèle de Lestrange vom 23. Dezember 1952, aufgenommen vor dem Pantheon. Das Rathaus des fünften Arrondissements, der Ort der Trauung, liegt am selben Platz. Celan hat die Augen niedergeschlagen, aber er lächelt verschmitzt. Er hält Gisèle locker im Arm, die andere Hand lässig in die Tasche geschoben. Der Mantel ist offen und lässt einen Blick auf den Anzug erahnen. Gisèle ist Celan zugewandt, hat ein offenes, glückliches Gesicht.

Ihr Haar ist straff nach hinten gekämmt, mit einem strengen Seitenscheitel. Die Familie fehlt. Bei der Hochzeit waren nur zwei Freundinnen Gisèles dabei. Eigentlich sollten auch zwei Freunde Celans Zeugen sein, darunter Isac Chiva, aber sie waren verhindert.

Celan blickte Gisèle gegenüber immer noch zweifelnd, aber auch mit einer neuen Hoffnung auf seine Zukunft in Paris. Seine psychische Gespanntheit, seine wache, nervöse und reizbare Sensibilität ist im Briefwechsel zwischen den Ehepartnern fast körperlich zu spüren. Doch Gisèle bot einen Halt, den er bisher so noch nicht gekannt hatte, das hatte sicher auch etwas mit ihrer Bewunderung seiner Dichtung zu tun. In seiner Antwort auf ihren Liebesbrief vom 11. Dezember 1951 aus dem Café Kleber schreibt er: »Ich schaue Dich an, ma chérie, ich schaue Dich an, bereits jenseits dieses Nebelschleiers, den die Hoffnung, nicht wahr, aufzulösen nicht müde wird.«

Der Nebelschleier und die Hoffnung: Beides würde lange zusammengehören. Es entwickelte sich eine Privatmythologie, eine Liebessprache zwischen den beiden. Glühwürmchen und Platanenrinden wurden für Celan magische Glücksbringer, und die Briefpartner versicherten sich durch den Wechsel zwischen »Sie« und »Du« manchmal mitten im Satz, durch das Französische animiert, ihrer Intimität. Jeder der verschiedenen Kosenamen hatte seine jeweils eigene Geschichte: »Maya«, »Zweiglein«, »Strähne«, »kleine Pfirsichblüte« für sie, »Seidelbast« für ihn. Ein früher Brief Celans beschreibt, inmitten aller Anfechtungen, einen Zukunftstraum: »Siehst Du, ich habe den Eindruck, wenn ich zu Dir komme, eine Welt zu verlassen, die Tür hinter mir zuschlagen zu hören, Türen und nochmals Türen, denn sie sind zahlreich, die Türen dieser Welt, die aus Missverständnissen, falschen Klarheiten, Höhnungen gemacht sind. Vielleicht bleiben mir noch andere Türen, vielleicht habe ich noch nicht den ganzen Raum durchschritten, über den sich dieses Netz von in die Irre führenden Zeichen erstreckt – doch ich komme, hörst Du, ich komme näher, der Rhythmus – ich spüre es – wird schneller, die trügerischen Lichter erlöschen eins nach dem andern, die Lügenmäuler schließen sich über ihrem Geifer – keine Worte mehr, keine Geräusche mehr, nichts mehr, was meinen Schritt begleitet – Ich werde da sein, bei Dir, in einem Augenblick, in einer Sekunde, die die Zeit eröffnen wird.«

Gisèle wurde schwanger, doch der gemeinsame Sohn starb nur wenige Stunden nach seiner Geburt im Oktober 1953. Dies war nicht nur ein enormer Einschnitt, es aktualisierte auch das Trauma des Überlebenden, das untergründige Schuldgefühl Celans seinen Eltern gegenüber. Es war schwer, den Tod des erstgeborenen Kindes nicht als Zeichen zu verstehen. Dazu kam, dass Celan mit Gisèle immer noch eher beengt lebte. Sie waren nach ihrer Heirat zwar von seinem Hotelzimmer in eine kleine Wohnung umgezogen, die aber Gisèles Familie gehörte und nicht sehr standesgemäß war – auf die starr-konservativen de Lestranges angewiesen zu sein hatte etwas Prekäres. Auch die Familie seiner Frau gab ihm zu verstehen, dass er als mittelloser Jude nicht sehr gut angesehen war. Celan schrieb eine »Grabschrift für François«, und hier griff er ein Bild aus jenem Zukunftsbrief wieder auf: »Die beiden Türen der Welt / stehen offen: / (...) / Wir hören sie schlagen und schlagen.«

Wenn Celan immer wieder auf die »Dunkelheit« der Dichtung zu sprechen kam, auf das charakteristische »Gedichtdunkel«, dann meinte das nicht einfach nur eine Sprache, die sich jenseits des geläufigen Alltagsparlando bewegt und nach tieferen Schichten fragt, eine nicht entstellte Wirklichkeit freilegen möchte. In einer späteren Notiz, als er für Auftritte in der Öffentlichkeit allgemein über das Wesen der Dichtung nachdachte, hielt er fest: »Die Dunkelheit des Gedichts = die Dunkelheit des Todes. Die Menschen = die Sterblichen. Darum zählt das Gedicht, als das des Todes eingedenk bleibende, zum

Menschlichsten am Menschen. Das Menschliche ist aber nicht, das haben wir inzwischen ausgiebig erfahren, das Hauptmerkmal der Humanisten. Die Humanisten sind diejenigen, die über den konkreten Menschen hinweg in das Unverbindliche der Menschheit blicken.«

Es ging Celan um eine Sprache, die »hindurchgehen« muss »durch die tausend Finsternisse todbringender Rede«. Und dann, so sagte er es in seiner Dankrede zum Bremer Literaturpreis 1958, durfte die Sprache »wieder zutage treten, ›angereichert‹ von all dem«. Im Briefwechsel mit Gisèle gibt es oft Momente, in denen private Zeilen in die Verse eines Gedichts hinüberschillern und umgekehrt. Und es existiert ein ausgesprochenes Programmgedicht ihrer Liebe, das von den Deutschstunden herrührte, die Celan seiner Frau gab. Wenn er ihr, seiner Geliebten, seine Muttersprache durch Gedichte vermittelte, war dies ein Vorgang von größtmöglicher Nähe. Einmal besprachen sie ein Gedicht von Georg Heym, in dem der Vers steht: »Lass mich zur Tiefe gehn.« Als Celan Gisèle im März 1959 zu ihrem Geburtstag ein Gedicht widmete, wurde »Das Wort vom Zur-Tiefe-Gehn« zu einer Beschwörungsformel, die er auch später immer wieder zitierte.

Deutschstunden mit Gisèle – das stand für die ideale Verbindung der verschiedenen Sphären, die Celan ausmachten. 1955 wurde dann der Sohn Eric geboren, und Celan erlangte die französische Staatsbürgerschaft. Er lebte mit Gisèle in Frankreich, in einer französischen Familie, als französischer Bürger. Wenn er ihr am 28. September 1955 aus Düsseldorf schrieb, steht das vor diesem Hintergrund: »Die Sprache, mit der ich meine Gedichte mache, hat in nichts etwas mit der zu tun, die hier oder anderswo gesprochen wird, meine Ängste in dieser Hinsicht, genährt durch meine Schwierigkeiten als Übersetzer, sind gegenstandslos. Wenn es noch Quellen gibt, aus denen neue Gedichte (oder Prosa) hervorsprudeln könnten, so werde ich sie nur in mir selber finden und nicht etwa in den

Gesprächen, die ich in Deutschland mit Deutschen auf Deutsch führen könnte. Dieses Land, ich mag es überhaupt nicht. Ich finde die Leute erbärmlich. Natürlich gibt es Ausnahmen, doch sie sind selten, und um sie zu treffen, brauche ich mich nicht in Deutschland aufzuhalten.« Und einige Monate vorher, am 31. Januar 1955 aus Stuttgart, hatte Celan bereits geschrieben: »Die menschliche Landschaft in diesem unglücklichen Land (das sich seines Unglücks nicht bewußt ist) ist höchst beklagenswert. Die seltenen Freunde, die wahren, sind enttäuscht, resigniert, entmutigt.«

Allerdings war Deutschland das Land, in dem seine Muttersprache gesprochen wurde. Und er versuchte von Anfang an, seit er sich nach dem Krieg und nach dem Überleben bis nach Wien durchgeschlagen hatte, in diesem Land als Dichter wahrgenommen zu werden.

8

Wahre Tränenströme.

Die Tagung der Gruppe 47 in Niendorf, Mai 1952

Niemand konnte ahnen, dass sich der in Wien angebahnte
Auftritt von Ingeborg Bachmann und Paul Celan bei der
Gruppe 47 zu einem der meistdiskutierten Ereignisse der neueren deutschen Literaturgeschichte entwickeln würde, auch
nicht die Betroffenen selbst. Für beide verbanden sich allerdings von Anfang an widersprüchliche und angstbesetzte Hoffnungen damit. Es war eine spontane Einladung, die Gruppen-
chef Hans Werner Richter im Büro des Senders Rot-Weiß-Rot
an Bachmann aussprach, für die nächste Tagung der Gruppe
47 im Mai 1952 im Ostseebad Niendorf. Und Bachmann gelang
es anschließend zusammen mit Milo Dor, der Richters Vertrauen hatte, auch gleich Paul Celan ins Spiel zu bringen. Sie
informierte Celan im November 1951 darüber. Das geschah mitten in der Phase, in der sie entschlossen war, auch privat wieder
um ihn zu kämpfen: »Ich sehne mich auf eine schmerzliche Art
nach Dir und bin doch manchmal froh, dass ich jetzt keine Gelegenheit habe, zu Dir zu gehen; ich muss noch sicherer werden,

ich muss für Dich sicherer werden.« Celan gegenüber – bei anderen auffallend weniger – fühlte sie sich unreif. Zumindest war sie sensibilisiert, wenn er in dieser Richtung Andeutungen machte, sie zeigte sich bei ihm leicht empfänglich für Schuldgefühle.

Hans Werner Richter musste in Wien ziemlich gute Lobbyarbeit geleistet haben. Man sieht das daran, wie Bachmann darüber an Celan schrieb, sie hatte ihre Informationen über die Gruppe 47 zu diesem Zeitpunkt indirekt von Milo Dor: »Abgesehen davon wird es wichtig für Dich sein, weil die ganze deutsche Presse eingeladen ist, die Literaturleute der deutschen Sender etc., die sofort die besten Erzählungen, Gedichte etc. kaufen.« Das klang verheißungsvoll, im Frühjahr 1952 war das jedoch noch nicht ganz so. Die Gruppe 47 hatte sich inzwischen zwar schon etabliert, aber sie hatte längst nicht den Einfluss, den sie zehn Jahre später haben würde. Es handelte sich um eine Vereinigung von meist unbekannten Schriftstellern, die in der jungen Bundesrepublik versuchten, wahrgenommen zu werden. Die wichtigsten Zeitungen und Kulturinstitutionen nahmen von ihnen noch vergleichsweise wenig Notiz. Beherrschend für das literarische Milieu war bis mindestens Mitte der fünfziger Jahre eine Garde von fünfzig- bis siebzigjährigen Funktionären und Autoren von meist zweifelhaftem Niveau, die bereits zur Zeit des Nationalsozialismus zum Teil sehr aktiv gewesen waren, sich aber jetzt vornehmlich als »innere Emigranten« fühlten. Der wichtigste Literaturkritiker war Friedrich Sieburg, und er beachtete die Gruppe 47 nicht weiter – er nahm sie lediglich in zwei Glossen zur Kenntnis, ohne einen Namen zu nennen, und ziemlich hämisch dazu. Es gab aber auch jüngere Opportunisten wie Hans Egon Holthusen, der zur selben Generation wie die meisten Akteure bei der Gruppe 47 gehörte. Ein Artikel von ihm 1951 im *Merkur* ist bezeichnend für die dominierende Tonlage: »Wenn die ›grand old men‹ der deutschen Gelehrtenrepublik wie Rudolf Alexander Schröder und Ernst Robert Curtius einander über die Köpfe des *profanum vulgus* der literarischen Tagesproduktion hinweg zublinzeln und kleine kritische Blumensträuße darbringen, dann fällt gleichsam die ganze mittlere und jüngere Generation der heutigen deutschen Literatur als unerheblich unter den Tisch. Denn wo noch der strenge erzene Kontur (sic!) eines Vergil-Verses als maßgebend angesehen wird, da ist ein moderner Romanschreiber nicht diskutabel.«

Unter solchen Voraussetzungen war es für unbekannte Schriftsteller, die sich von der Zeit des Nationalsozialismus schon allein deshalb absetzen wollten, weil sie ihre Jugend oder ihre frühen Erwachsenenjahre im Krieg verbracht hatten, nicht leicht. Die Gruppe 47 versammelte die verschiedensten Charaktere und Biographien. Zu ihrer langsam wachsenden Bedeutung trug am meisten bei, dass Hans Werner Richter weniger ein Schriftsteller war als ein politischer Journalist, und als solcher durchaus ein strategischer Kopf. Die ersten Erfolge hatte die Gruppe 47 bei den öffentlich-rechtlichen Rundfunkanstalten, einige ihrer Akteure waren dort Redakteure und versuchten, ihre Kollegen zu beschäftigen. Der Wichtigste unter ihnen war Alfred Andersch, der beim Hessischen Rundfunk auffallend zeitgemäße Programme gestaltete; er hatte in der amerikanischen Kriegsgefangenschaft einen sehr instruktiven Kursus in Demokratie und Meinungspluralismus absolviert und wurde davon stark geprägt, zudem zeigte er ein großes Interesse an der zeitgenössischen westlichen Avantgarde. Der Intendant des Hamburger Funkhauses des damaligen NWDR, Ernst Schnabel, gehörte ebenfalls zu den Tagungsteilnehmern und lud einige der in Niendorf anwesenden Autoren, darunter Paul Celan und Ingeborg Bachmann, direkt danach zu Rundfunkaufnahmen ein. Im Allgemeinen ist jedoch zu konstatieren: Die Gruppe 47, die sich bei ihren Treffen ausschließlich auf Werkstattlesungen und literarische Kritik konzentrierte, war eine zwar auch schon beargwöhnte, hauptsächlich aber noch belächelte atmosphärische Opposition in der beginnenden Adenauer-Ära.

Es gab keine ausgesprochene »Ästhetik« in der Gruppe 47, dazu waren die literarischen Positionen zu unterschiedlich. Mit der radikalen Ausnüchterung, die der ältere Kern um Hans Werner Richter im Sinn hatte, mit einer an Hemingway geschulten harten, realistischen Sprache hatte Celan keine Gemeinsamkeiten, mit der Kafka-Begeisterung der jüngeren Fraktion, die immer stärker wurde, aber schon. Doch vermutlich kannte er die Gruppe 47 gar nicht. Als ihn Ingeborg Bachmann auf die Möglichkeit ansprach, dort zu lesen, zählte vor allem der Gedanke, sich überhaupt in Deutschland vorzustellen. Celan hatte, seit er in Paris angekommen war, fast vergeblich versucht, Kontakte zum deutschen Literaturbetrieb zu knüpfen. Lange Zeit blieb ein durch Marie Luise Kaschnitz initiierter Abdruck in der Heidelberger Zeitschrift *Die Wandlung* der einzige Erfolg. Die Verzweiflung, die in einem der Briefe an Diet Kloos-Barendregt zum Ausdruck gekommen war, als der Düsseldorfer Karl Rauch Verlag seine Gedichte abgelehnt hatte, steht stellvertretend für seine Erfahrungen.

Er wollte öffentlich als Dichter wahrgenommen werden, er wollte den Rang, den er sich selbst zumaß und der ihm in Wien auch sehr schnell zugesprochen worden war, beglaubigt wissen. Das stand an erster Stelle. Und dem ordnete er andere Erwägungen im Zweifelsfall auch unter. Das herausragendste Beispiel dafür ist der Brief, den Celan an Ernst Jünger schrieb. Er wusste sicherlich, was es mit diesem Autor, der ursprünglich einer der radikalsten Wegbereiter des Nationalsozialismus gewesen war, auf sich hatte. Und man kann annehmen, dass sich Celan mit *Auf den Marmorklippen*, das von interessierten Kreisen nach 1945 als Jüngers Schlüsselwerk gegen die Naziherrschaft gelesen wurde, befasst hat. Typisch ist in diesem Buch etwa eine Stelle, in der es um »die stolzen Schlösser der Tyrannis« geht, wo sich jetzt aber »verworfenes Gelichter« breitmacht: »Dann schweigen die Musen, und die Wahrheit beginnt zu flackern wie eine Leuchte in böser Wetterluft. Da sieht man die Schwachen schon weichen, wenn kaum die ersten Nebel brauen, doch selbst die Krieger-Kaste beginnt zu zagen, wenn sie das Larven-Gelichter aus den Niederungen auf die Bastionen emporgestiegen sieht.«

Man konnte Jüngers Text zweifellos als Anspielung auf die Naziherrschaft lesen. Die Sprache (»selbst die Krieger-Kaste«!), in der das geschieht, sieht derjenigen der Nazis aber täuschend ähnlich. Sie setzt ihr keineswegs etwas anderes entgegen oder demaskiert sie gar. Der Movens dieser Sprache liegt darin, eine aristokratische Elite gegen den gemeinen Plebs hochzuhalten. Die »Krieger-Kaste« gegen das »Larven-Gelichter«: Die Nazis erscheinen hier als gemeine Masse, als der Pöbel, über den sich der deutsche Geistesmensch erhebt. Es ist eine makabre Pointe, dass dies dieselbe Sprache war, mit der Jünger am Ende der Weimarer Republik genau diese Nazis gegen die gemeinen Demokraten unterstützt hatte. Die Ablehnung von Nazis und Demokraten gleichermaßen, aus einer sich überlegen dünkenden Position heraus, war eine deutsche Spezialität nach 1945. Sie kennzeichnete fast die gesamten Mannschaftsgrade, die sich jetzt einer »inneren Emigration« zurechnen wollten. Alfred Döblin schrieb in seinen autobiographischen Aufzeichnungen über die ersten Begegnungen mit deutschen Geistesmenschen nach seiner Rückkehr nach Deutschland: »Vor diesen Leuten von Demokratie zu reden, war schwierig. Sie lächelten oder grinsten. Das Fräulein Demokratie kannten sie nun schon aus der Nähe.« Jünger war neben dem von ihm zu unterscheidenden Gottfried Benn eine geheime Identifikationsfigur des deutschen Restbürgertums nach 1945, und als solche in der sich restituierenden bundesdeutschen Verlagslandschaft eine einflussreiche Person.

Am 11. Juni 1951 schrieb Paul Celan an Ernst Jünger: »Wie schwer ist es doch, diesen Zeilen die Richtung zu geben, die in

Ihre Nähe weist! Im Grunde können sie wohl nur die Hoffnung umschreiben, Sie möchten das beigeschlossene Manuskript an einer Stelle aufschlagen, die Ihrem Entgegenkommen zu danken weiß.«

Es ist ein schwieriger, gewundener Brief, in dem Celan zwischen Motiven zu vermitteln versucht, die ihn umtreiben und die widersprüchlich sind. Er möchte den Abstand zwischen sich und Jünger thematisieren, es ist, ohne dass er es direkt ausspricht, der Abstand zwischen dem Juden und dem deutschen Wehrmachtsoffizier. Celan möchte aber trotz dieses Abstands auch gehört werden: »Auf vielerlei Wegen habe ich zu Ihrer Welt hinübergedacht und Ihnen zu begegnen versucht – aber das Zeichen, unter das ich mich stellte, schien mir nicht recht zu denjenigen zu gehören, die es vermocht hätten, Ihr Auge auch für die Gestalt unter ihm zu gewinnen.« Er sei »jedesmal ins Stocken« geraten, wenn er sich »zu den Worten vortastete«, die er seinen Gedichten »vorausschicken müsste«. Als Lösung fand sich aber der folgende Weg: Sein Freund Klaus Demus – »der einzige« Freund, wie Celan schrieb – war ein Verehrer Jüngers, einer, der seine eigene Sprache an derjenigen Jüngers maß, und Klaus Demus fungierte als Bote, der Celans Brief überbrachte. Er war »die Hand, die jetzt an meiner Statt an Ihre Tür klopft«. Um einiges direkter wirkte dann der Schluss: Celan unterzeichnete an Jünger mit »In Dankbarkeit und Verehrung«.

Als die Tagung der Gruppe 47 näher rückte, schrieb Ingeborg Bachmann an Celan indes: »Und lies unbedingt die ›Todesfuge‹ – trotz allem – denn ich glaube, die Gruppe 47 ein wenig zu kennen.«

Die Bandbreite im bundesdeutschen Literaturbetrieb war sehr groß, und die innere Zerrissenheit Celans rührte auch von der Unsicherheit her, wie er damit umgehen sollte. Jünger reagierte, wie sein Sekretär Armin Mohler mitteilte, negativ. Dass sich Celan überhaupt an jemanden wie Jünger wandte, zeigt, dass er viel unberechenbarer sein konnte, als es sein späteres Bild in der Literaturgeschichte nahe legt.

Es war fast zwangsläufig, dass Celan irgendwann mit Hans Werner Richters Schriftstellervereinigung in Berührung kommen musste. Die Gruppe 47 war die einzige Institution, die unbekannten und von der Norm abweichenden Autoren offenstand. Bachmanns Hinweis auf die »Todesfuge« scheint das zu bestätigen. Es war ein zu diesem Zeitpunkt noch fast völlig unbekanntes Gedicht, in dem Celan die Situation der Juden in den deutschen Konzentrationslagern direkt und eindringlich thematisierte, mit musikalischen Motiven und einer suggestiven Rhythmik. Interessant ist Bachmanns Einschränkung: »trotz allem«. Ging es darum, dass dieses Gedicht vor Deutschen zu lesen eine vielleicht zu große Herausforderung für Celan sein könnte? Oder dass es für ehemalige Wehrmachtssoldaten doch eine Provokation wäre?

Um den Auftritt Paul Celans bei der Gruppe 47 ranken sich mittlerweile viele Legenden. Längst gilt es als verbürgt, man habe Celan dort abgelehnt und sogar einhellig ausgelacht. In einem Dokumentar-Feature des Fernsehsenders arte 2016 wurden als einzige Information über Celans Auftritt Fotos der Gruppe 47 mit im Studio produziertem verächtlichem Gelächter unterlegt, wie zum Beweis. Die Selbstverständlichkeit, mit der dies reflexhaft weiterverbreitet wird, verblüfft. Eine »Streitschrift« des Germanisten Klaus Briegleb mit dem rhetorisch aufgeladenen Untertitel »Wie antisemitisch war die Gruppe 47?« beförderte außerdem den Mechanismus, dass die Gruppe 47 mittlerweile mit »Antisemitismus« assoziiert wird; die Lesung Celans dient dafür als Hauptargument.

Es entstand im Lauf der letzten Jahrzehnte eine undifferenzierte und falsche historische Zuschreibung. Antisemitismus war in der frühen Bundesrepublik ja tatsächlich äußerst virulent, und es gibt konkrete Beispiele dafür, die Celan betreffen. Sie haben aber mit der Gruppe 47 nichts zu tun. Am meisten traf ihn eine Rezension des konservativen Kritikers Günter Blöcker, die immer noch mit den alten deutschen Klischees über die Juden arbeitete: Celans Gedichte seien bloße »graphische Gebilde«. Blöcker ordnete das sogleich, und das Wort ist hier nicht falsch, rassistisch ein. Celan sei eben kein richtiger Deutscher: »Celan hat der deutschen Sprache gegenüber eine größere Freiheit als die meisten seiner dichtenden Kollegen. Das mag an seiner Herkunft liegen. Der Kommunikationscharakter der Sprache hemmt und belastet ihn weniger als andere. Freilich wird er gerade dadurch oftmals verführt, im Leeren zu agieren.«

Während es bei Celan erkennbar um den Massenmord der Deutschen an den Juden geht, sieht ihn Blöcker vornehmlich »im Leeren agieren«. Diese Verdrängungsenergie, bei gleichzeitiger Verwendung antisemitischer Versatzstücke, ist gewaltig. Blöcker war, und das ist für die literaturgeschichtliche Einordnung wesentlich, gleichzeitig auch der Hauptgegner der Gruppe 47. Als *Die Zeit* Anfang der sechziger Jahre eine Debatte über diese mittlerweile sehr wichtig gewordene Schriftstellervereinigung führte, schrieb Blöcker eine äußerst selbstgefällige und ressentimentgeladene Polemik mit dem Titel »Die Gruppe 47 und ich«. Wenn man vom Antisemitismus der deutschen Literaturszene in der damaligen Zeit spricht, müsste man an erster Stelle Namen wie Günter Blöcker oder Hans Egon Holthusen nennen, neben Friedrich Sieburg die einflussreichsten damaligen Wortführer der Literaturkritik. Deren Sprache ist bei keinem Vertreter der Gruppe 47 zu finden.

Die Tagung der Schriftstellervereinigung in Niendorf 1952 war für Ingeborg Bachmann wie für Paul Celan ein einschneidendes Ereignis. Beide traten hier zum ersten Mal in Deutschland auf, es war ihr erster Kontakt mit dem bundesdeutschen Literaturbetrieb, und für beide war es der erfolgreiche Auftakt ihrer literarischen Karriere, so unterschiedlich sie sich auch ausnahm. Deshalb ist es wichtig, sich die Rahmenbedingungen dieses Ereignisses genau zu vergegenwärtigen. Für Ingeborg Bachmann waren diese Tage zweifellos auch privat in enormer Weise emotional besetzt: Es war die Gelegenheit, Paul Celan zum ersten Mal nach dem gescheiterten Versuch des Zusammenlebens in Paris wiederzusehen, und es geschah auch nur wenige Monate nach seiner schroffen, endgültig wirkenden Zurückweisung. Gleichzeitig bot diese Tagung die Möglichkeit, in bisher ungeahnter Weise als Dichterin wahrgenommen zu werden – dasselbe, was sich auch Celan wünschte. Das Zentrum ihrer Beziehung war immer die Verschränkung des gegenseitigen Selbstverständnisses als Dichter mit dem Gefühl der Liebe, der Zusammengehörigkeit – und bei der Tagung der Gruppe 47 sahen sie sich beide gerade auch darin der Öffentlichkeit ausgesetzt.

Nichts in den konkreten Dokumenten und Berichten über diese Tagung lässt darauf schließen, dass die Gruppe 47 später als eine antisemitische Vereinigung rezipiert werden würde. Eine eindeutige Sprache spricht der »Preis der Gruppe 47«, der auf dieser Tagung verliehen wurde und über den alle Anwesenden abstimmten: Unter den mehr als zwanzig Vorlesenden erreichte Celan immerhin den dritten Platz, was dafür spricht, dass er allgemein nicht so schlecht angekommen sein konnte. Den ersten Platz und damit den Preis bekam Ilse Aichinger zugesprochen, auch sie eine Autorin mit jüdischem Hintergrund und einer avancierten Ästhetik – ihre Erzählung hatte mit dem landläufigen Realismus nichts zu tun und zeigte sich auf der Suche nach der zeitgenössischen Moderne.

Die Abstimmung über den Gruppenpreis ist das eine nachprüfbare Faktum, das andere, dass Celan durch seinen Auftritt bei der Gruppe 47 ein konkretes Verlagsangebot bekam. Der Cheflektor der Deutschen Verlags-Anstalt, Willi A. Koch, unterbreitete es ihm noch auf der Tagung. Celans offizieller Debütband *Mohn und Gedächtnis* erschien ein halbes Jahr danach. Dies war auf jeden Fall für ihn das wichtigste Ergebnis dieser

Paul Celan (im Hintergrund) bei der Stimmabgabe für den »Preis der Gruppe 47«

Gruppentagung. Mit einigen Teilnehmern, unter anderem mit Heinrich Böll, blieb er in freundschaftlichem Kontakt. Außerdem erhielt er jetzt Aufträge von Zeitschriften und Rundfunkanstalten, um die er sich vorher jahrelang vergeblich bemüht hatte. Alfred Andersch etwa eröffnete 1955 das erste Heft seiner aus heutiger Sicht herausragenden Zeitschrift *Texte und Zeichen* programmatisch mit Texten von Arno Schmidt und Paul Celan.

Wenn man dem, was auf dieser Tagung geschah, nachzuforschen versucht, gerät man sehr schnell in den Bereich der Spekulation. Es gab wie immer inhaltliche Kontroversen und ästhetische Auseinandersetzungen, und es prallten dabei jedes Mal dieselben Grundpositionen aufeinander. Die Gruppe 47 entwickelte bereits zu diesem Zeitpunkt erste Erscheinungsformen des »Literaturbetriebs«, wie er sich später darstellte, damals aber so noch nicht existierte. Ihre Form der Diskussion, der offenen Kritik, war in der Bundesrepublik dieser Zeit neu. Für die politisch denkenden Journalisten und Schriftsteller Hans Werner Richter und Alfred Andersch war es ein wichtiger Bestandteil der Demokratisierung. Offene Streitgespräche, eine öffentliche Diskussion unterschiedlicher Positionen, mussten in Deutschland erst wieder erlernt werden. Dass sich das bei der Gruppe 47 aber auf das Feld der Literatur beschränkte, führte zu unüberschaubaren Konfliktlinien und Fraktionsbildungen. »Demokratisierung« und »Literatur«: Da gibt es viele Reibungsflächen. Die Literatur als eine existenzielle Angelegenheit, die der Einzelne mit sich ausmacht, als ein Gebiet, das sich dem allgemeinen Gerede entzieht – das war eine Vorstellung, der nicht nur die trotzigen Vertreter eines alten »deutschen Geistes« anhingen, sondern es war auch die Erfahrung einer jungen Generation, die sich durch den Krieg und die Diktatur um ihr Leben betrogen fühlte. Stellvertretend für sie stand Wolfgang Borchert, der 1947 im Alter von sechsundzwanzig Jahren an den Folgen seines Fronteinsatzes starb.

Ursprünglich hatten bei der Gruppe 47 die vorlesenden Autoren untereinander offene Werkstattgespräche führen sollen, doch bereits 1952 hatte sich das Teilnehmerfeld erweitert. Es waren sechs Verleger und etliche »Schlachtenbummler« aus dem Literaturbetrieb da, aber kaum offizielle Medienvertreter. An deren Stelle schrieben drei der eingeladenen Teilnehmer des Treffens selbst Berichte für Zeitungen. Als einen gewissen Erfolg konnte Hans Werner Richter aber verbuchen, dass mit dem *Rheinischen Merkur* ein wichtiges konservatives Medium auf die Gruppe reagierte – mit einem Kommentar von Heinz Beckmann, der ein repräsentatives Zeugnis für das zeitgenössische Umfeld ist. Er kritisierte den Gruppenpreis für Ilse Aichinger: »Da ist ein junges Mädchen gestorben und erlebt nun nach der Beerdigung rückläufig noch einmal ihren Lebenslauf von der Bahre bis zur Wiege. Der Film läuft sozusagen verkehrt herum ab. Nur ist nicht ganz einzusehen, weshalb es nicht auch andersherum ging, aber das wäre vermutlich schon ›Restauration‹, wenn man im Sarg sich seines Lebens richtig herum erinnerte. (…) Können Sie übrigens wohl erraten, woran das junge Mädchen in der Spiegelgeschichte gestorben ist? Nun, bedenken Sie bitte, dass die 47er es ständig mit der Wirklichkeit haben, dass sie eine neorealistische Literatur

des ›Ist‹ propagieren. Also, woran ist das Mädchen gestorben?
Nun, an einer Abtreibung natürlich, wie könnte es anders sein.
Andere Todesarten wären doch glatte Restauration!«

Hans Georg Brenner schrieb in der Zeitschrift *Die Literatur*, die ein verlängerter Arm der Gruppe 47 war, einen offiziös anmutenden Tagungsbericht, der durchaus auch kritische Töne anschlug. In seiner Darstellung ist schon eine Art Vorschein der weiteren Entwicklung zu erkennen: Angesichts der Verlagsvertreter und einer sich entwickelnden Marktsituation sei es seltsam lau zugegangen. So sei »eine Lesung oft entweder mit zustimmendem Schweigen beantwortet« worden »oder mit einer routinemäßigen Akklamation«. Laut Brenner waltete also »zuweilen unangebrachte Nachsicht« bei der Kritik, »während sie sich ihrer alten Schlagfertigkeit und Schärfe manchmal noch bei der Lesung eines *homo novus* erinnert, dessen Arbeit die unerwartete Vehemenz der Kritik entweder unter ihr Niveau drückt oder weit über ihre tatsächliche Bedeutung hinaushebt«. Hier scheint ein Konflikt zwischen bereits etablierten, erfahrenen Gruppenmitgliedern und jungen, neu hinzugekommenen auf, um Pflöcke, die bereits eingeschlagen waren. Es ging wohl auch um Profilierungskämpfe. Brenner hebt in markanter Weise die Lyrik heraus: »Während die Lyrik in diesem Kreise bisher kaum zu kritischen Diskussionen geführt hat, zwangen diesmal Eigenart und Formung der Aussagen zu lebhaften Stimmen, die sich – ausgehend von dem makellosen Bilderreichtum Karl Krolows – zu der intensiven lyrischen Verhaltenheit der jungen österreichischen Dichterin Ingeborg Bachmann bekannten. Hier wie bei der *poésie pure* des Österreichers Paul Celan überraschten die unaufdringliche Sprachgewalt und die Präzision der Bilder.«

In der in Stuttgart erscheinenden Wochenzeitung *Deutsche Kommentare* schrieb das Gründungsmitglied Heinz Friedrich, einer der Recken um Hans Werner Richter: »An dem Vortrag der Gedichte des Rumäniendeutschen Paul Celan, der in der

Hans Werner Richter und die
Preisträgerin Ilse Aichinger

Nachfolge Momberts und der Else Lasker-Schüler um einen
eigenen Ton sich bemühte, entzündete sich eine heftige Debatte
über die alte Streitfrage: *poésie pure* und *poésie engagée*, die – wie
alle diese Debatten – zu keinem zureichenden Ergebnis führte.
Immerhin zeigte das Ergebnis der Wahl des Preisträgers der
Gruppe 47, dass durch die Zusammensetzung der diesjähri-
gen Tagungsteilnehmer der realistische Roman zugunsten der
dichterischen Aussage zurückgedrängt wurde.«

Eine »heftige Debatte« wird hier angezeigt, und in Fried-
richs Worten schimmert wieder der Generationenkonflikt
durch. Die Gründungsgarde um Hans Werner Richter und
Heinz Friedrich, die einen »engagierten«, realistischen Lite-
raturbegriff vertrat, stand jetzt plötzlich jüngeren Autoren
gegenüber, die Anschluss an die westliche Moderne suchten
und Form-Überlegungen in den Vordergrund stellten. Schon
bei den zwei, drei Tagungen zuvor hatte sich gezeigt, dass die
Verfechter des »Kahlschlag«-Begriffs und einer nüchternen

Hemingway-Prosa allmählich in die Defensive geraten waren. Wenn Heinz Friedrich Celan in die Tradition vom Mombert oder Lasker-Schüler stellte, waren das von den Expressionisten wohl diejenigen, die ihm als Erste einfielen. Er rechnete Celan, der sich durch die Art seines Vortrags auf jeden Fall eklatant vom gewohnten Ton in der Gruppe 47 unterschied, automatisch dieser Richtung zu.

Mehr als vierzig Jahre später erinnerte sich Walter Hilsbecher an die Niendorfer Tagung, und es ist atmosphärisch aufschlussreich, wie er das tat. Von den dort Lesenden machten ihm Bachmann und Celan den »bedeutendsten Eindruck«, aber: »Celan hatte es schwer allein durch die Art seines Vortrags (er erinnerte ein bisschen an klassisches französisches Theater). Richter versuchte zu retten und lies mich die ›Todesfuge‹ noch einmal lesen. Zu einem ›Durchbruch‹ bei den Tagungsteilnehmern hat das auch nicht gereicht. Celan, glaube ich, war tief gekränkt.«

Heinz Friedrich blickte später ebenfalls auf sein »Unverständnis« bei der Lesung Celans zurück: Es »resultierte sicher auch aus dem larmoyanten Vortragsstil des Autors«. Hier wird klar, auf welche Vorbehalte Celan bei einem Teil der alten Gruppenmitglieder stieß. Seine Art des Gedichtvortrags hatte ihre Ursprünge in der Zwischenkriegszeit in Czernowitz, unter dem starken Einfluss des Burgtheatertons, des Deklamierens eines Josef Kainz oder eines Alexander Moissi, dessen Rezitationen auch in Czernowitz gefeiert worden waren und der mit seinem italienischen Akzent eher sang als sprach. Celans Duktus erinnert durchaus an den von Moissi, wenn man seine Rundfunk- und Schallplattenaufnahmen hört. Hans Werner Richter, Heinz Friedrich oder Walter Kolbenhoff, durch die Erfahrung des Krieges und antifaschistischer politischer Aktivitäten geprägt, waren von dieser Tradition abgeschnitten gewesen. Aber es ist erkennbar, dass sie in der Gruppe 47 mittlerweile eher Rückzugsgefechte lieferten und nur noch eine Minderheit vertraten. Hans Werner Richter etwa hatte aufgehört, dort selbst als Schriftsteller in Erscheinung zu treten, weil seine Lesungen allesamt verrissen worden waren.

Der aus heutiger Sicht interessanteste Bericht eines direkten Zeitzeugen ist wohl derjenige von Thomas Gnielka. Der damals Vierundzwanzigjährige las selbst auf der Niendorfer Tagung als Autor und schrieb ein paar Tage später im Westberliner *Tagesspiegel* darüber. Dabei wurde das Generationenproblem zum zentralen Thema. Gnielka registrierte die Gefahr, dass Autoren in die Funktionen »einer reinen Verkaufsgesellschaft abgleiten«: »Der literarische Basar, der halbjährlich irgendwo in Westdeutschland abgehalten wird, bringt seine Früchte.« Seine Kritik hatte etwas mit seiner Perspektive als junger, unbekannter Autor zu tun.

Der Text, den Gnielka selbst auf der Tagung las, war äußerst bemerkenswert. Gnielka ist bereits 1965 gestorben, das Buchfragment wurde erst 2015 aus dem Nachlass veröffentlicht. Er hatte seinen Roman *Die Geschichte einer Klasse* 1945 begonnen, nachdem er als Fünfzehnjähriger zusammen mit seiner Schulklasse aus einem liberalen Berliner Gymnasium zur Wehrmacht eingezogen worden und als Luftwaffenhelfer am KZ in Auschwitz eingesetzt worden war. Die Kindersoldaten bekamen die Haftbedingungen im angrenzenden Konzentrationslager dabei sehr genau mit. Gnielka arbeitete sich zeit seines Lebens an diesem Trauma ab. Er starb als Sechsunddreißigjähriger an Hautkrebs – dass es dabei einen psychischen Zusammenhang mit seiner intensiven journalistischen Recherche nach den NS-Tätern gab, war für seine Angehörigen und Kollegen evident. Gnielka war Ende der fünfziger Jahre mit einer Artikelserie in der *Frankfurter Rundschau* der Hauptauslöser dafür, dass der große Frankfurter Auschwitz-Prozess Anfang der sechziger Jahre für den Oberstaatsanwalt Fritz Bauer überhaupt erst möglich wurde.

Thomas Gnielkas Prosa, mit der er Anfang der fünfziger

Jahre seine Erlebnisse in Worte fasst, besteht aus vielen Dialogen und zugespitzten Stimmungsbildern. Man merkt in jedem Satz, an welchen Abgrund die Kriegserfahrung führte; es gibt keinerlei Hauch von etwas »Heldischem« oder Romantisch-»Kameradschaftlichem«. Dass es sich um Auschwitz, dass es sich um den vom Deutschen Reich verübten Massenmord an den europäischen Juden handelt, wird mehrfach konkret benannt. Hier gibt es kein Ausweichen. Gnielka schildert, was er selbst erlebt hatte: So betrat seine Klasse im Januar 1945 das KZ Auschwitz, nachdem es von den Deutschen geräumt worden war, kurz vor dem Eintreffen der Roten Armee. Dass in einem eigens dafür ausgeschachteten Graben meterhoch übereinandergestapelte Leichen liegen, wird nicht direkt beschrieben, sondern durch die Reaktion der Beteiligten deutlich – dieses Motiv zieht sich untergründig durch den gesamten Text. Wenig später geht der Ich-Erzähler auf den Schwellen der Straßenbahngleise durch Berlin: »Jedes Mal, wenn ich die aufgeweichten Grasbüschel unter meinen Füßen spüre, bekomme ich ein unangenehmes Gefühl im Magen. Ich muss dann ein paar Worte laut reden, davon geht es weg.« Dies ist ein bedrängendes Bild. Die »aufgeweichten Grasbüschel« gemahnen an etwas Körperliches, da wird das Entsetzen sinnlich greifbar. Gnielka trifft den wunden Punkt der damaligen deutschen Verdrängungsprozesse.

Eine Passage aus seinem Text wurde anschließend in jener kurzlebigen Zeitschrift *Die Literatur* gedruckt, die als Hausblatt der Gruppe 47 gedacht war. Nach einem halben Jahr stellte sie ihr Erscheinen wieder ein, und Hans Werner Richter nannte dem *Spiegel* gegenüber als Erklärung: »Es fehlen heute in Deutschland 50 000 literarisch interessierte Juden, die es vorher gab.« Gnielka schrieb den Roman nicht zu Ende. Denn gleichzeitig recherchierte er fieberhaft die Vorkommnisse im KZ Auschwitz, von denen öffentlich nie die Rede war, und verfolgte die Spuren der SS-Verbrecher.

Später Abend in
Niendorf: Ilse
Aichinger und
Ingeborg Bachmann
in trauter Runde

Die Auschwitz-Erfahrung hatte Gnielka tief geprägt, und er rieb sich daran auf. Seine Lesung in Niendorf muss unmissverständlich gewesen sein. War Paul Celan unter den Zuhörern? Es existiert kein Zeugnis darüber. Aber es gibt eine interessante Koinzidenz: Thomas Gnielka verwendete in seinen journalistischen Artikeln über Auschwitz den Begriff der »Todesmühlen«, der parallel auch bei Paul Celan auftauchte, in der Form »Mühlen des Todes«. Der Kritiker und heftige Gegner der Gruppe 47 Hans Egon Holthusen polemisierte noch 1964 mit Verweis auf diese »Mühlen des Todes«, Celan habe »eine Vorliebe für die ›surrealistische‹, in X-Beliebigkeiten schwelgende Genitivmetapher«. Holthusen wollte es offenkundig nicht besser wissen.

In Gnielkas Bericht über die Tagung fällt auf, dass er die »real-banalistische« Zeitliteratur der Gründungsmitglieder der Gruppe 47 angreift. Er verschweigt natürlich seine eigene Lesung bei der Gruppe, die ganz gut angekommen sein muss. Heinz Friedrich zumindest schrieb etwas gönnerhaft, Gnielka sei »zweifellos ein erzählerisches Talent; in seinem Roman verbindet sich sprachliche Ausdruckskraft mit sympathischer menschlicher Aussage«. In seinem Artikel bezieht sich Gnielka aber

sicher in einen Gegensatz mit ein, den er so beschreibt: »Dass die
mit den Autoren schon seit Jahren befreundeten Kritiker in den
kritischen Gesprächen über die gelesenen Arbeiten Zurückhal-
tung übten, wurde als selbstverständlich hingenommen. Andere,
teilweise wirklich junge Autoren (der eigentliche ›Stamm‹ hat
ein Durchschnittsalter von vierzig Jahren), die zum erstenmal
lasen, erhielten eine Abfuhr, die, gemessen an den Arbeiten der
›Gruppenautoren‹, zumindest ungerecht erscheint.«

Gnielka stieß sich in erster Linie am Ritus der Kritik und
an den Kungeleien der Altvorderen. Inwieweit Reaktionen auf
seinen eigenen Text ein Movens dafür bildeten, ist nicht mehr
zu rekonstruieren, aber es ging ihm sicher um etwas Allgemei-
neres. Das zeigt sich auch in einer Passage, die Paul Celan und
Ingeborg Bachmann betrifft – vor allem wenn man in Betracht
zieht, dass Bachmann bei der Gruppe 47 von Anfang an einhellig gefeiert und bereits ein Jahr später Preisträgerin wurde:
»Sehr aufschlussreich für den Beobachter, der sich ein Bild über
die Position der Gruppe machen wollte, war, dass fast sämtliche Kritiker den Lyriklesungen der Gäste Karl Krolow, des in
Paris lebenden Rumänen Paul Celan, der Österreicherin Ingeborg Bachmann zum Beispiel mehr oder weniger verständnis-
los gegenüberstanden.«

Gnielka zielte damit vor allem auf einen Generationenkonflikt, auf einen Machtkampf zwischen Jungen und Etablierten.
Das Problem der Gruppe 47, das allerdings von allen Fraktio-
nen thematisiert wurde, sogar von Hans Werner Richter und
seinen engsten Freunden selbst, war die sich hier abzeichnende
literarische Börse, die eigene Rolle als Akteur im Literaturbetrieb. Die Geister, die sie riefen, wurden sie nicht mehr los.
Gnielkas Artikel ist überschrieben mit »Deutsche Literaturmesse 1952«, und das war sarkastisch gemeint. Der junge Autor
machte in erster Linie ein Gerangel um Marktanteile aus. Der
alte Kern derer, die schon bei der ersten Tagung 1947 dabei
gewesen waren, wurde von ihm als etabliert und privilegiert

empfunden, und er kritisierte »die vielen Wagen, die vor der Tür vom Erfolg ihrer Besitzer zeugten«.

So verbinden sich in seiner Darstellung zwei Stränge: die ästhetische Kritik am beschränkten Literaturverständnis der Gruppe um Hans Werner Richter sowie eine Kritik an der Kommerzialisierung und den Mechanismen des Literaturbetriebs. Sie hatte bei Gnielka zwar einen anderen Hintergrund als bei der herrschenden alten Garde in den Machtstrukturen des kulturellen Milieus der Bundesrepublik, die vom »Geist« sprach, der weit über den niederen Dingen stehe – bei Gnielka kam diese Kritik gewissermaßen schon aus der Zukunft. Aber auch bei ihm fällt ein Gegensatz von ernsthafter Literatur und schnödem wirtschaftlichen Denken auf, wie er Anfang der fünfziger Jahre allgemeiner Konsens war. Gnielkas Unbehagen und das anderer wird die Geschichte der Gruppe 47 jedoch begleiten und sie in ihrer repräsentativen und hegemonialen Phase in den sechziger Jahren von innen her zersetzen.

Celan geriet also, wenn man die zeitgenössischen Berichte zurate zieht, zwischen die Fronten der antifaschistisch-realistischen Gründer der Gruppe und der nachwachsenden Generation, die sich davon absetzte und mit Ilse Aichinger auch einer der Ihren zum Gruppenpreis verhalf. Sicher ist, dass Celan durch die Art seines Vortrags und seiner Sprache einige der Älteren, die aus politischen Gründen eine radikale Kargheit forderten, irritierte und zur Kritik herausforderte. Wenn man den Erfolg, den Celan letztlich hatte und der ihn im deutschen Literaturbetrieb schnell bekannt machte, betrachtet, stellt sich aber doch die Frage, wie es zur konkreten Nachrede von »Antisemitismus« und von »Auslachen« kam. Das erste Zeugnis, in dem das auftaucht, stammt charakteristischerweise erst aus dem Jahr 1976. Es waren also vierundzwanzig Jahre vergangen. Der in dieser Zeit höchst einflussreiche Rhetorikprofessor Walter Jens gab eines seiner Interviews, und seine Worte sind nur vor dem Hintergrund zu verstehen, dass Celan mitt-

lerweile der meistinterpretierte Lyriker der Gegenwart geworden war, ein mythisch umraumter, geheimnisvoller großer
Dichter, über den nicht viel Persönliches bekannt war. Man
wusste, dass Celan wenige Jahre zuvor im Alter von fünfzig Jahren Selbstmord begangen hatte, und die »Todesfuge« stand in
allen Lesebüchern und war ein Signum des zwanzigsten Jahrhunderts. Celan galt damit als der Dichter, der den Massenmord in den Konzentrationslagern in gültige Worte gefasst
hatte, und das verband sich mit der deutschen Tradition des
Dichtergenies, das tragisch scheitern muss, aber schmerzhaft
verehrt wird. Jens sagte: »Als Celan zum ersten Mal auftrat,
da sagte man: ›Das kann doch kaum jemand hören!‹, er las sehr
pathetisch. Wir haben darüber gelacht. ›Der liest ja wie Goebbels!‹, sagte einer. Er wurde ausgelacht, so dass dann später ein
Sprecher der Gruppe 47, Walter Hilsbecher aus Frankfurt, die
Gedichte noch einmal vorlesen musste. Die ›Todesfuge‹ war ja
ein Reinfall in der Gruppe! Das war eine völlig andere Welt, da
kamen die Neorealisten nicht mit, die sozusagen mit diesem
Programm groß geworden waren.«

Mit diesem Interview war der Goebbels-Vergleich in der
Welt sowie das »Auslachen«. Jens' Intention 1976 war erkennbar die, sich auf die Seite des großen unverstandenen Dichters
zu stellen und sich über die schnöden Praktiken der Nachkriegszeit zu erheben. Vielleicht ist es in diesem Zusammenhang auch
nicht ganz unwichtig, dass Jens, der sich in den fünfziger Jahren
noch in erster Linie selbst als Schriftsteller begriff, einige Male
bei der Abstimmung über den Preis der Gruppe 47 gescheitert
war. In den siebziger Jahren war es naheliegend, die Gruppe 47
als Betriebsphänomen zu sehen und eine alte Wahrheit der Literatur auf sie anzuwenden: Die Großen werden immer verkannt,
das Mittelmaß ist tonangebend. Jens stilisierte deshalb, mit
literaturgeschichtlicher Autorität, die Befremdung, die Celan
damals auslöste. Von »Antisemitismus« sprach Jens nicht, er
war ja selbst einer der Beteiligten. Aber der zweimal wieder-

holte Satz »Er wurde ausgelacht« zog, inmitten der Rezeption Celans als hermetischer, großer Dichter, weite Kreise.

Der Hinweis auf Goebbels hatte allerdings eine reale Grundlage. Es ist eine verquere, erschütternde Szene, die paradigmatisch für die Schwierigkeiten in der frühen Bundesrepublik ist, mit der Vergangenheit des Nationalsozialismus umzugehen. Es war Hans Werner Richter, der »Goebbels« sagte, und zwar nicht im quasi offiziellen Rahmen, in der gruppeninternen Diskussion direkt nach der Lesung Celans, sondern in einem kleineren Kreis, informell, beim Mittagessen, als Richter mit seinen engsten Mitstreitern die Veranstaltung Revue passieren ließ. Lange nach seinem Tod wurde ein Tagebuch aufgefunden, das Richter Ende der sechziger Jahre begonnen hatte, und sein Eintrag, nachdem er vom Freitod Celans 1970 erfahren hatte, ist das konkreteste Zeugnis für den damaligen Vorgang – trotz der beklemmenden Art, wie Richter gegen ein Schuldgefühl ankämpft, das er nicht wahrhaben will: »Paul Celan hat sich das Leben genommen. Er ist (…) in die Seine gegangen. In den Nachrufen wird kaum oder eigentlich gar nicht erwähnt, dass er durch die Gruppe 47 bekannt wurde. Das war im Mai 1952 in Niendorf. (…) Es wurde sein erster großer Erfolg. Sein Aufstieg war, wie auch der Aufstieg Ingeborg Bachmanns, kometenhaft. Zwar bekam Ilse Aichinger den Preis auf dieser Tagung, aber die eigentlichen Entdeckungen waren Paul Celan und Ingeborg Bachmann. Ich wusste damals noch nicht, dass Ingeborg die Geliebte Paul Celans gewesen war, ja, dass er sie in ihrer Lyrik maßgeblich beeinflusst hatte. So kam es zu seltsamen Zwischenfällen. Nach der Lesung Celans beim Mittagessen hatte ich ganz nebenbei und ohne jede Absicht gesagt, dass die Stimme Celans mich an die Stimme Joseph Goebbels' erinnere. Da beide Eltern Celans von der SS umgebracht wurden, kam es zu einer dramatischen Auseinandersetzung. Paul Celan verlangte Rechenschaft und versuchte mich in die Position eines ehemaligen Nationalsozialisten zu drängen. Ilse

Aichinger und Ingeborg Bachmann weinten und baten mich unter wahren Tränenströmen immer wieder, mich zu entschuldigen, was ich dann schließlich tat. Paul Celan hat es mir nie vergessen.«

Richter ist durchdrungen davon, immer ein Gegner des Nationalsozialismus gewesen zu sein, und gerade in der ersten Phase nach der Gründung der Bundesrepublik einer der wenigen konsequenten Verfechter eines neuen, demokratischen Deutschlands. Dass sein Vergleich der Vortragsweise Celans mit derjenigen von Goebbels ungeheuerlich war, will er nicht wahrhaben. Man merkt zwischen den Zeilen seine Überforderung, damit umzugehen. Es scheint grotesk, wie verschieden die Welten sind, die hier aufeinanderprallen. Richter sagt »Goebbels« und meint das, was er sprachlich ablehnt: hohles Pathos, emotional aufgeladener Vortrag, voll von Ornament und Theatralik – das ganze Arsenal, das den Furor der Nationalsozialisten charakterisierte. Aber er erkennt nicht den Skandal, dass er hier einen Juden damit in Verbindung brachte, der der Ermordung durch Goebbels' Schergen nur knapp entronnen war. Es ist eine spezifische Art von Verdrängung, die hier bei Richter zum Ausdruck kommt, eine Verschiebung, die etwas mit ihm als Deutscher und ehemaliger Wehrmachtssoldat zu tun haben muss. Dass der deutsche Massenmord an den Juden in Richter arbeitete, wird in etlichen antifaschistischen Texten von ihm deutlich. Doch mit Lyrik hatte sich Richter nie beschäftigt, er kannte weder die literarische Tradition, von der Celan herkam, noch die französische Moderne, in der er sich bewegte. Die Vortragsweise Celans an sich löste in ihm eine Kurzschlussreaktion aus.

Es spricht einiges dafür, dass Celan die politische Haltung Richters kannte und in der Lage war, dessen Entgleisung als Ausdruck seiner ästhetischen Begrenztheit zu verstehen. Im Nachlass Hans Werner Richters findet sich eine Widmung, die Celan zehn Jahre später, am 1. Juni 1962, in ein Exemplar seiner

Übersetzungen von Gedichten Alexander Blocks schrieb: »Für Hans Werner Richter, in Erinnerung an Niendorf, Mai 52, und Frankfurt, Mai 62, herzlich, Paul Celan«. Die Verbindung wird auch in dem Brief deutlich, in dem Celan am 5. August 1962 über das Gespräch mit Richter an den Lektor seines damaligen Verlages S. Fischer, Klaus Wagenbach, schrieb: »Hans Werner Richter habe ich, weil er sich zum Sozialismus bekennt, die Hand angeboten.« Auch Klaus Voswinckel, der in den sechziger Jahren an seiner Dissertation über Celan arbeitete, erinnert sich an lobende Worte Celans über Richter. Voswinckel besuchte den Dichter einige Male in Paris. Einmal sei Celan darauf zu sprechen gekommen, dass er gerade ein Erinnerungsbuch von Hans Werner Richter lese, und habe hinzugefügt: Er möge Richter. Voswinckel erinnert sich: »Er redete über Hans Werner Richter wie von jemandem, der das ganze Gegenteil von einem Feind war.«

Die »wahren Tränenströme«, die Hans Werner Richter Ilse Aichinger und Ingeborg Bachmann zuschrieb, sind sicher der Absicht zuzurechnen, seine Unschuld und seine Verwunderung ausdrücken zu wollen und sie durch Übertreibung plausibel zu machen. Dennoch war der Vorgang weitaus tiefgreifender, als Richter es sich klarmachen konnte. Bachmann kannte Celans Herkunft, sie wusste, welche Rolle die Dichtung für ihn spielte, dass seine Art des Vortrags für ihn auch eine biographische Bedeutung hatte. Es gibt ein Foto von dieser Tagung, das lange Zeit als das einzige galt, auf dem Bachmann und Celan gemeinsam zu sehen sind: Er spricht gerade, und sie sitzt angespannt neben ihm und schaut ihn gebannt, fast ehrfürchtig, aber auch ein bisschen ängstlich an. Milo Dor daneben sieht eher nachdenklich aus, während Reinhard Federmann gegenüber sich ziemlich erregt vorbeugt und sichtlich nichts von dem verpassen möchte, was Celan sagt. Auf diesem Foto ist die Atmosphäre spürbar, die zwischen Celan und Bachmann herrschte, es scheint ihr Verhältnis in den Niendorfer Tagen zu symboli-

Bachmann und Celan bei Tisch, mit Reinhard Federmann (vorne links) und Milo Dor (neben Bachmann)

128   sieren. Und die Erzählungen darüber, dass Ingeborg Bachmann beim Lesen ihrer eigenen Gedichte während dieser Tagung die Stimme brach und sie nicht weiterlesen konnte, scheinen sehr gut dazu zu passen.

Es gibt aber noch ein anderes Foto. Darauf sind die österreichischen Teilnehmer der Tagung um den sitzenden Hans Werner Richter herum aufgereiht: Celan am linken Rand, mit Zigarette und geschlossenen Augen in der Art eines Bohemiens. Milo Dor neben ihm hat ihm den Arm um die Schultern gelegt wie einem Kumpel aus der Fußballmannschaft. Hans Weigel (mit Fliege) steht in der Mitte, umfasst den Sessel Hans Werner Richters und scheint sich neben der lachenden Ilse Aichinger ganz wohl zu fühlen. Ingeborg Bachmann ist schwarz gekleidet und halb sitzend, halb stehend vorn neben Hans Werner Richter zu sehen. Sie blickt zur Seite, Celan abgewandt und am anderen Rand. Auf beiden Fotos herrscht eine Spannung zwischen Celan und Bachmann, aber isoliert und verloren wirkt eher sie.

Gruppenbild der Wiener Fraktion bei der Gruppe 47.
V. li.: P. Celan, M. Dor, H. Weigel, I. Aichinger, R. Federmann;
vo.: H.W. Richter, I. Bachmann

Wie Celan selbst die Niendorfer Tagung der Gruppe 47
wahrnahm, ist seinen Jahrzehnte später erschienenen Brief-
wechseln zu entnehmen. Das Erste, was er an seine Frau Gisèle
am 28. Mai darüber schreibt, noch vollkommen unter dem Eindruck des Treffens, ist: »Alles ist so überwältigend gewesen, so
verworren, widerspruchsvoll. – Dennoch ist das Ergebnis positiv: Ich habe in Hamburg eine kleine zwanzigminütige Sendung aufgenommen, die wir uns in Paris gemeinsam anhören
können – das hat mir 400 Mark eingebracht – etwa dreißig-
tausend Francs – und es ist möglich, dass eine andere Sendung
in Frankfurt und in Stuttgart gemacht werden kann (…).«
    In einem Brief am 30. Mai hat sich die Sichtweise noch
nicht wesentlich geändert: »Alles in allem sind die Ergebnisse
gut, obgleich sie nicht außergewöhnlich sind.« Dann folgt eine
recht hellsichtige Einschätzung der Gruppe 47: »Ich habe ein
gutes Drittel der deutschen Schriftsteller kennengelernt – ich
denke dabei nur an die, denen man die Hand drücken kann,

ohne Gewissensbisse haben zu müssen. Doch unter diesen findet man eine große Zahl Ungebildeter, Aufschneider und Halbversager, und sie haben es nicht versäumt, mich aufs Korn zu nehmen.« Interessant ist dabei, dass sich Celan sehr bewusst darüber ist, in der Gruppe 47 diejenigen Schriftsteller gefunden zu haben, »denen man die Hand drücken kann«, die also nicht vom Ungeist der Nazis geprägt sind – trotz ihrer literarischen Beschränktheiten. Am 31. Mai hat Celan Zeit, ausführlicher zu schreiben: »Erster Waffengang. Lesungen, dann Stellungnahme der ›Kritik‹. Worte, mit oder ohne inneren Horizont. Aber zumindest gut gesagt, an diesem ersten Tag. Vor den Fenstern, in zwanzig Meter Entfernung, das Meer, das Meer, ein immer neues Schenken … Um neun Uhr abends war die Reihe an mir. Ich habe laut gelesen, ich hatte den Eindruck, über diese Köpfe hinaus – die selten wohlmeinend waren – einen Raum zu erreichen, in dem die ›Stimmen der Stille‹ noch vernommen wurden … Die Wirkung war eindeutig. Hans Werner Richter, der Chef der Gruppe, Initiator eines Realismus, der nicht einmal erste Wahl ist, lehnte sich auf. Diese Stimme, im vorliegenden Falle die meine, die nicht wie die der andern durch die Wörter hindurchglitt, sondern oft in einer Meditation bei ihnen verweilte, an der ich gar nicht anders konnte, als voll und von ganzem Herzen daran teilzunehmen – diese Stimme musste angefochten werden, damit die Ohren der Zeitungsleser keine Erinnerung an sie behielten … Jene also, die die Poesie nicht mögen – sie waren in der Mehrzahl – lehnten sich auf. Am Ende der Sitzung, als man zur Wahl schritt, haben sich sechs Personen an meinen Namen erinnert.«

Richter »lehnte sich auf«, jene, die die Poesie nicht mögen, »lehnten sich auf«. Zweimal greift Celan zu diesem Wort, um die Reaktion auf seine Lesung zu charakterisieren. Es ist ein in diesem Zusammenhang eher ungewöhnliches Verb. Es beschreibt die Art und Weise, wie Celan das Ritual der Kritik, die direkt an die Lesung sich anschließende Diskussion über den soeben gelesenen Text wahrnahm. Er war darauf anscheinend überhaupt nicht vorbereitet. Er war es gewohnt, seine Gedichte als eine Art Gesang vorzutragen und sie im Raum nachhallen zu lassen. Relativierende, einordnende oder gar kritische Worte passten da nicht hinein. Vielleicht ist an dieser Stelle auch aufschlussreich, was Günter Grass einmal erzählte: Er habe Celan besucht, auf dem Tisch lag ein Gedichtband, und er habe das Buch in die Hand genommen und in ihm geblättert. Darauf habe Celan ihm das Buch weggenommen und gesagt: »So liest man nicht meine Gedichte!« Es lagen Welten zwischen Celans Umgang mit Literatur und der Praxis der Gruppe 47.

In Celans Brief kommt sein hohes Verständnis von Poesie zum Ausdruck, er setzt sich als Person quasi mit der »Poesie« gleich. Und er sieht sich in einer Linie mit Rilke, dessen Übersetzung von Valérys »Friedhof am Meer« (»das Meer, das Meer, ein immer neues Schenken«) er identifikatorisch zitiert. Dabei wendet er sich vor allem gegen »die Zeitungsleser«, er wendet sich ausdrücklich gegen den Realismusbegriff Hans Werner Richters und tagesbezogene Debatten. »Die Zeitungsleser« empfand er als feindlichen Gegensatz, als Bedrohung. Das Problem, das Celan mit Richter hatte, lag eindeutig nicht an dessen politischer Einstellung. Es lag an Richters Literaturverständnis.

Celan erhielt auch künftig immer wieder Einladungen zu Treffen der Gruppe 47. Die Einladung nach Rom im Frühjahr 1955 etwa lehnte er bedauernd ab, um aber sofort den Wunsch zu äußern, dann im Herbst zu kommen. Seiner Frau gegenüber zeigte er sich relativ zurückhaltend und vorsichtig, was seine Einschätzung der Gruppe 47 anbelangte, vielleicht wollte er sie schonen. In den Briefen an sie betonte er vor allem, dass er Verleger kennengelernt sowie erfreulich hohe Rundfunkhonorare erhalten hatte, wie in jenem vom 28. Mai. In einem Brief an seinen Wiener Freund Klaus Demus über die Niendorfer Tagung aber fällt auf, wofür er sich wirklich interessierte: »Mein guter

Klaus, es ist so schwer zu sagen, was ich von all dem halten soll – es war aufregend und dennoch beinah ganz ohne Niveau. Inge hat mich wieder sehr enttäuscht. Sie hat mich nämlich wieder verleugnet und es sogar so weit gebracht, sich gegen mich ausspielen zu lassen: ihre Gedichte, nicht die meinen, blieben die gültigen, und sie ließ es sich, lächelnd vor Glück, gefallen, als die Dichterin angesprochen zu werden … Und dieser Erfolg hat nun keineswegs rein literarische Ursachen. Und dann kam sie und fragte mich, ob ich sie heiraten wolle. Und kam und bat mich um einen Titel für eines ihrer Gedichte, das nun in der *Literatur*, der Zeitung der Gruppe 47, erschienen ist. Ich fand diesen Titel – ich griff eine ihrer Gedichtzeilen heraus – und man beglückwünschte sie dazu. Sie nahm das an und freute sich. Vor meiner Abreise kam sie dann für einen Augenblick auf mein Zimmer, spielte die völlig Zerstörte und bettelte um ein Stückchen Zukunft. Ich schenkte es ihr. Ich war dort oben beleidigt worden: H.W. Richter, der Inge nach Hamburg gebracht hatte, sagte nämlich, meine Gedichte seien ihm auch darum so zuwider gewesen, weil ich sie im ›Tonfall von Goebbels‹ gelesen hätte. Nach der Lesung der Todesfuge! Und so etwas muss ich erleben! Und zu so etwas schweigt Inge, die mich zu dieser Reise mitveranlasst hatte!«

Seinem Freund gegenüber stand für Celan also die literarische Konkurrenz mit seiner ehemaligen Geliebten Ingeborg Bachmann eindeutig im Vordergrund – und die von ihm als ungerecht empfundene Tatsache, dass sie mehr Erfolg hatte als er. Dass er in der Abstimmung über den Preis an dritter Stelle landete und sie nur unter »ferner liefen«, spielte in seiner Wahrnehmung keine Rolle. »Und dieser Erfolg hat nun keineswegs rein literarische Ursachen«: Celan sah ihre Wirkung auf die anwesenden Männer und ahnte, dass ihr ein großer Ruf als Lyrikerin bevorstand. Milo Dor erzählte zum Beispiel einmal, auch Hans Werner Richter habe durchaus Ambitionen in Richtung Ingeborg Bachmann entwickelt.

Es gibt aber noch eine untergründige Pointe. Die »Gedicht-zeile«, die Celan für Bachmann »herausgriff«, stammte von ihm selbst. Und das barg eine Botschaft. Bei allen heftigen Wellen-bewegungen an der Oberfläche war etwas präsent, das weitaus tiefer lag. Diese Worte transportierten nämlich etwas Gehei-mes, etwas, was die bei der Gruppe 47 Anwesenden nicht dechif-frieren konnten. Die Gedichtzeile lautete »Dunkles zu sagen«. Es war Bachmanns Variation seines Verses aus »Corona«, und es wurde nun so zum Titel eines Gedichts von ihr, das mit ihm in Korrespondenz stand. Dass er das bemerken würde, musste ihr klar sein, als sie es in Niendorf vortrug – beziehungsweise der Kollege, der ihr beigesprungen war, als ihr die Stimme ver-sagt hatte. Celans Interpretation dieser Szene lag nahe. Ihr ver-sagte die Stimme, weil sie »Dunkles« sagte. »Wir sagen uns Dunkles«, seine Zeile aus »Corona«, setzte sie nun in anderer, bitterer Weise fort.

Celan hatte diese Art des Zwiegesprächs auf der Niendor-fer Tagung schon vorher begonnen. Er las dort nämlich gleich am Anfang seines Auftritts just jenes Gedicht, das er damals in Wien für Ingeborg Bachmann unter dem Eindruck ihrer ers-ten Begegnung geschrieben hatte, als Ausdruck einer schier unerreichbaren Sehnsucht – »In Ägypten«. Ausgerechnet die-ses Gedicht also, über das vorzeitliche jüdische Exil in Ägyp-ten mit den alttestamentarischen weiblichen Vornamen, die er mit der »Fremden«, der Christin, konfrontiert! Nur Ingeborg Bachmann wusste, dass sie mit dieser »Fremden« angespro-chen war. Celan las dieses Gedicht bei ihrer Wiederbegegnung, unter völlig anderen Rahmenbedingungen in Niendorf vor lau-ter Fremden, an erster Stelle. Das war ein Zeichen. Und es war mehrdeutig, denn die damals begehrte »Fremde« war nun auch Teil eines ganz anderen Fremden geworden, des deut-schen Literaturbetriebs nämlich. Wenn Celan die jüdischen Frauennamen Ruth, Noemi und Mirjam aussprach, in einem für die hier anwesenden Zuhörer ungewohnten, nahezu singenden

Ton, potenzierte sich das Fremdheitsgefühl auf beiden Seiten. Es ist leicht nachvollziehbar, dass diese Situation für Ingeborg Bachmann, die tatsächlich dazwischenstand, eine Überforderung sein musste.

Celans Brief an den Wiener Freund Klaus Demus ist aber natürlich auch wegen eines anderen inhaltlichen Aspekts wichtig. Übergangslos wechselt er zwischen seiner Beziehung zu Ingeborg Bachmann – dem mehrdeutigen »Stückchen Zukunft«, das er ihr schenkte – und dem ungeheuren Goebbels-Vergleich, den Hans Werner Richter angestellt hatte. Celan bringt ihn aber gleich wieder in den Zusammenhang seiner Beziehung zu Ingeborg Bachmann. Er beschwert sich, dass sie dazu »schwieg« – Hans Werner Richters Erinnerung einer »tränenüberströmten« und flehenden Bachmann steht dem allerdings entgegen. Für Celan war es, zumindest wenn er an Klaus Demus schrieb, eindeutig ein genauso großes Skandalon, dass Bachmann, die er als seine Schülerin empfinden musste, sich zu sehr selbst als Dichterin inszenierte. Er dagegen war seiner Einschätzung nach als solcher zu wenig gewürdigt und erkannt worden.

Umso verblüffender ist die Karte, die er nur wenige Tage später an Demus schrieb. Celan hatte soeben eine erfolgreiche Lesung in einer kleinen Zimmergalerie in Frankfurt am Main absolviert, und er war wieder mit sich als Dichter und mit Ingeborg Bachmann als Geliebter im Reinen: »Kläuschen, mein Brief war im Affekt geschrieben, er war zum Teil ungerecht und dumm. Inge hat eine so schöne silberne Stimme. Und außerdem steht ihr der neue Mantel so gut!«

9

Im deutschen Urwald.

Bachmann, Hans Werner Henze und
neue künstlerische Suchbewegungen

Nach der Tagung der Gruppe 47 in Niendorf brach der Briefwechsel zwischen Ingeborg Bachmann und Paul Celan fast
unvermittelt ab. Am 10. Juli, ungefähr sechs Wochen später,
schickte Ingeborg Bachmann noch einmal einen Brief, der mit
den Worten beginnt: »Lieber Paul, jetzt will ich nicht mehr länger auf einen Brief von Dir warten.« Zwei Wochen später, am
24. Juli, fängt ihr nächster Brief so an: »Lieber Paul, Du müss-
test doch wissen, wie zermürbend es ist, auf Post zu warten.«
Es gab danach mehr als fünf Jahre lang keine einzige Reaktion mehr von Celan, außer einer Widmung in seinem Gedichtband *Mohn und Gedächtnis* im März 1953, »Für Ingeborg, ein
Krüglein Bläue«, die einen Vers in seinem Gedicht »Marianne«
zitierte: »Ein Krüglein Bläue, so hüpftest du leicht über uns«,
ein bitterer Rückblick auf gewesene Momente von Leichtigkeit.
Bachmanns Brief vom 10. Juli reagierte direkt auf Auseinandersetzungen, die die beiden in Niendorf gehabt hatten. Celan
muss ihr die Vorwürfe, die er in seinem Brief an Klaus Demus

vorgebracht hatte, auch persönlich gemacht haben. Bachmann versuchte, ihn als Dichter anzusprechen, machte sich Sorgen, weil er zu einer geplanten Veranstaltung der Deutschen Verlags-Anstalt in Stuttgart nicht erschienen war, und beschwor ihn, den dort geplanten Gedichtband wirklich zu machen. Vor allem aber schrieb sie über ein geplantes Projekt des Rowohlt Verlags, das sie beide betraf, und sagte ihm, dass sie kein Manuskript dorthin schicken würde: »weil ich nicht will, dass man uns noch einmal gegeneinander ›ausspielt‹ und sich Niendorf wiederholt. Es war nicht meine Schuld, und Du hast es mir angelastet – wie würdest Du mich jetzt verurteilen?«

»Verurteilen«: Dies ist die Tätigkeit eines Richters. An der Wahl der Worte fällt wieder auf, wie sehr Bachmann gegenüber Celan bereit ist, Schuld auf sich zu nehmen, und wie sie sich mit ihm als Dichter identifiziert. Dieser Brief zeigt noch einmal die Hoffnungen, die sich Bachmann im Vorfeld der Tagung der Gruppe 47 gemacht hatte. Sie traf Celan dort zum ersten Mal seit ihrem Pariser Aufenthalt, und in der Zwischenzeit hatten sich bei ihr wieder die Gemeinsamkeiten, die sie mit ihm fühlte, in den Vordergrund geschoben. Immer mehr merkte sie, wie sie am leerlaufenden Literatur- und vor allem Medienbetrieb litt, und hoffte auf eine Zukunft mit Celan – ihn empfand sie als Gegengewicht zu alldem. Sie las das Gedicht »Dunkles zu sagen« in Niendorf vor allem auch als eine geheime Botschaft an ihn. Und sie wollte, dass ausgerechnet dieses Gedicht von den Gruppe-47-Machern neben Celan in der Zeitschrift *Die Literatur* veröffentlicht wurde. Die Erzählungen darüber, wie Bachmann bei der Gruppe 47 auftrat, ihre Unsicherheit, Schüchternheit und Nervosität bei aller poetischen Aura und intellektuellen Weiblichkeit, die nicht in das übliche Fräuleinschema passten – sie bekommen vor dem Hintergrund ihrer Beziehung zu Celan deutlichere Konturen.

Celan hatte sie in Niendorf offenkundig brüsk abgewiesen. Dass er sich Klaus Demus gegenüber wegwerfend über sie äußerte und sogar verächtlich von einem Heiratsantrag von ihr sprach, zeugt davon, mit welch entgegengesetzten Gefühlen sie nach Niendorf gereist waren. Als Bachmann den Brief vom 10. Juli schrieb, musste sie immer noch verarbeiten, dass Celan mittlerweile in Paris fest liiert war und sogar schon an eine Heirat dachte – mit einer anderen. Der Brief versucht, die Begegnung in Niendorf zu resümieren, und seine Verfasserin steht erkennbar unter Schock: »Selbst mir ist noch nicht klar geworden, warum es zu all den Spannungen gekommen ist. Ich sehe nur deutlich, dass unser erstes Gespräch all meine Hoffnungen und Bemühungen des vergangenen Jahres zunichte gemacht hat, dass Du mich besser verletzen konntest, als ich Dich je verletzte. Ich weiß nicht, ob es Dir bis heute bewusst geworden ist, was Du mir gesagt hast, zu einem Zeitpunkt, wo ich ganz entschlossen war, zu Dir zu kommen, Dich wiederzugewinnen, mit Dir in den ›Urwald‹ zu gehen, in welcher Form auch immer, und ich verstehe nur nicht, warum Du ein paar Stunden oder Tage später, nachdem ich schon wusste, dass Du zu jemand anderem gehst, mir vorwerfen konntest, dass ich in diesem deutschen ›Urwald‹ nicht bei Dir gewesen sei.«

Celan hatte schon vor der Tagung in Niendorf, im Februar, Bachmann brüsk zurückgewiesen und ihrer Beziehung nur eine Zukunft als »Freundschaft« gegeben. Doch erst in der direkten Begegnung muss ihr klar geworden sein, wie ernst er das gemeint hatte. Für ihn bedeutete es bestimmt keinen Widerspruch, trotzdem von ihr Solidarität im deutschen »Urwald« zu erwarten, im nach seinem Empfinden unzivilisierten Umgang, den die »Zeitungsleser« mit der Literatur pflegten. Und es beförderte seinen Argwohn noch, wenn sie als junge Lyrikerin bei den etwas älteren Herren in gewisser Weise besser ankam als er. Dass sie den Skandal von Richters »Goebbels«-Vergleich sofort erkannte und den selbstbewussten Funktionär bedrängte, sich zu entschuldigen, scheint Celan demgegenüber weniger wahrgenommen zu haben.

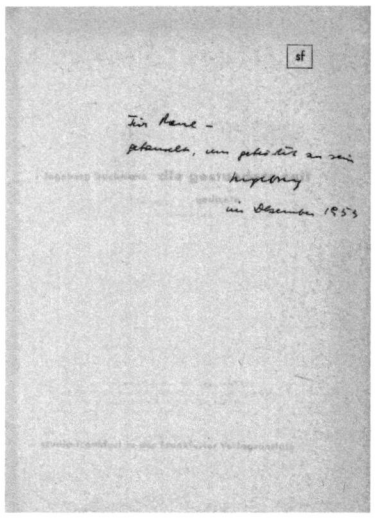

Widmung Ingeborg Bachmanns für Paul Celan in *Die gestundete Zeit*

Wie sehr Ingeborg Bachmann das alles nachging, merkt man noch an der Widmung, die sie ihm im Dezember 1953, eineinhalb Jahre später, in ihren Band *Die gestundete Zeit* schrieb: »Für Paul – getauscht, um getröstet zu sein«.

Der »Tausch« bezieht sich zunächst auf Celans Gedichtband *Mohn und Gedächtnis*, den er ihr ein halbes Jahr zuvor gewidmet hatte, auf das fast zeitgleiche literarische Debüt der beiden Lyriker. Aber es ist daneben auch ein konkretes Zitat, aus Celans Gedicht »Aus Herzen und Hirnen«, das in Celans Buch erschienen war: »unsere Blicke, / getauscht, um getröstet zu sein, / tasten sich vor, / winken uns dunkel heran.«

Noch einmal glimmt hier das »Dunkel« auf, das in ihrem lyrischen Dialog das Leitmotiv darstellte. Die Widmung vom Dezember 1953 schrieb Ingeborg Bachmann allerdings wahrscheinlich schon in Rom, in einer neuen Lebensphase, in die sie eingetreten war und in der langsam auch andere Horizonte aufschienen.

Italien war ein früher Sehnsuchtsort Bachmanns. Sie war im Dreiländereck Kärnten-Slowenien-Friaul aufgewachsen. Italien, das war eine Vorstellung, die die Grenzen aufriss, und deshalb machte sie mit ihrer Schwester im Herbst 1952, als es für sie zum ersten Mal möglich war, Urlaub in Italien. Eine Reaktion darauf war das Gedicht »Herbstmanöver«, in dem es heißt: »Und der Fluchtweg nach Süden kommt uns nicht, / wie den Vögeln, zustatten. Vorüber, am Abend, / ziehen Fischkutter und Gondeln, und manchmal / trifft mich ein Splitter traumsatten Marmors,/wo ich verwundbar bin, durch Schönheit, im Aug.«

Dieser erste Aufenthalt in Italien war, nach allem, was sie darüber gesagt hat, eher desillusionierend. Aber ihr Bild Italiens wurde dadurch nicht zerstört. Es kam zu einer neuen italienischen Verheißung, als Ingeborg Bachmann auf der nächsten Tagung der Gruppe 47, im Herbst 1952 auf der Burg Berlepsch bei Göttingen, Hans Werner Henze kennenlernte.

Der Komponist stieß zu den Schriftstellern der Gruppe 47, weil er zusammen mit Wolfgang Hildesheimer an der Funkoper *Das Ende einer*

»Und der Fluchtweg nach Süden«: Ingeborg Bachmann vor ihrer Abreise nach Italien 1953

Welt gearbeitet hatte. Sie erschien als Band 11 der von Alfred Andersch herausgegebenen Buchreihe *studio frankfurt*. Band 12 dieser Reihe war dann Ingeborg Bachmanns *Gestundete Zeit*. Henze erinnerte sich später, dass er sofort dachte: »Was ist das für eine tolle Person? Wer ist das bloß? Und ich habe angefangen mit ihr zu sprechen.« Als er sie fragte, was sie hier mache, habe sie geantwortet, sie sei eine Beobachterin. Sie schreibe Heimatromane und lehne die Asphaltliteratur ab. Man kann sich vorstellen, dass sie dabei wieder unversehens an die Rolle anknüpfte, die sie in Wien immer sehr gut gespielt hatte, an den etwas kecken Konversationston, den Henze sofort hinreißend fand. Noch während der Tagung schrieb er eine Notiz an Ingeborg Bachmann, die wunderbar die üblichen Umgangsformen der damaligen Zeit mit Ausbruchsphantasien verband: »liebes fräulein bachmann – ich sehe Sie nicht mehr? montag früh fahre ich nach köln, wenn Sie wollen, nehme ich Sie mit. werde nochmal anrufen. Ihre gedichte sind schön, und traurig, aber die

139

idioten, selbst leute, die so tun, als ob sie ›verstünden‹, verstehen nicht. adieu, Ihr hwhenze.«

Henze meinte es ernst mit seinen Attacken auf das bundesdeutsche stickige Milieu. Wie zum Trotz brach er im Frühsommer 1953 von München aus auf und reiste zur Insel Ischia. Er wollte vor allem Abstand gewinnen, zum deutschen Alltag, zum deutschen Kulturbetrieb. Er erlebte die Zwänge angesichts seiner Homosexualität umso deutlicher, das untergründige, oft aber auch deutlich spürbare Weiterwirken der nationalsozialistischen Ideologie. Seine Flucht in den Süden sollte anfangs wohl nur einige Monate dauern, aber er blieb auf Dauer dort – eine bohemienhafte Künstlerexistenz, die auf neue Weise an die alte deutsche Italiensehnsucht anknüpfte. Kaum war Henze auf Ischia angelangt, begann er schon, bei Ingeborg Bachmann zu werben, dass sie zu ihm kommen solle. Seine Begeisterung, im Süden zu sein, ist überall zwischen und in seinen Briefzeilen zu spüren, und von Anfang an schlägt er einen Grundton von »Keuschheit« in Verbindung mit »Kunst« an. Seine Homosexualität sollte kein Hindernis für eine innige Arbeitsverbindung sein: »natürlich ist es gefährlich von glück und zuviel zuneigung begünstigt zu sein, aber etwas glück, solches das nicht aus intellektuellen regenrinnen und nicht in intellektuelle schlünder läuft, etwas zarte freude und liebe, vielleicht auf ganz kühler erde und sehr fremd und keusch, kleine wunder von schönheit und reinheit, das kann nur gut sein wenn man arbeiten will: gerade das gehört zu dem, was man aus der kommenden zeit machen muss, o hoffentlich verstehen Sie recht. wenn sie wüssten, wie schön ich es hier habe!«

Es waren Töne, die Ingeborg Bachmann elektrisieren mussten. Der »Fluchtweg nach Süden« – vielleicht kam er ihr doch »zustatten«, vogelleicht, wie sie es in ihrem Gedicht ausgedrückt hatte, auf völlig unerwartete Weise? Henze war ein ebenso glühender Verfechter seiner Kunst wie Paul Celan, auch bei Henze schien alles andere in den Hintergrund gerückt. Und er fand genau die richtigen Worte, um bei Bachmann Widerhall zu finden. Als sie ihm signalisierte, dass sie kommen wollte, schrieb er euphorisch: »wenig bücher mitnehmen, sich nichts besonderes vornehmen, abwarten, abwarten, der grosse pan lauert.«

Die Monate auf Ischia, von August bis Oktober 1953, müssen tatsächlich rauschhafte Momente des Glücks hervorgebracht haben. Es entstanden auch gemeinsame Werke: So schrieb Bachmann unter dem Eindruck dieser Tage das Hörspiel *Die*

»Der große Plan lauert«: Ingeborg Bachmann Mitte der fünfziger Jahre in Rom

Zikaden, und Henze komponierte die Musik dazu. Das Hörspiel umkreist eine südliche Insel als existenziellen Schicksalsort, als Ziel einer unmöglichen Sehnsucht. Es war die Einsamkeit der fünfziger Jahre, eine Einsamkeit in der deutschen Sprache, und der Versuch ihrer Aufhebung. Die konkrete Lebens- und Kunstgemeinschaft, die Bachmann und Henze auf Ischia versuchten, wird hier ästhetisch überhöht und in etwas Zeitloses überführt. Von Anfang an bemühten sich die beiden um die richtige Mischung aus Nähe und Distanz, und sie berauschten sich an der Kunst. Für Ingeborg Bachmann muss die Anziehungskraft Henzes wohl auch darin bestanden haben, dass seine Nähe etwas anderes versprach. Er schien, in seiner Homosexualität, ein wunderbarer Kontrapunkt in ihrem Verhältnis zu Männern zu sein. Ihr Gedichtzyklus *Lieder von einer Insel* kündet davon, er spielt mit dem Verhältnis von Sinnlichkeit und Fleisch zur Kunst, und es ist die angestrebte größtmögliche Form von Intimität, als Hans Werner Henze diesen Gedichtzyklus auch vertonte: »In den Umarmungen schöner Knaben / schlafen die Küsten, / dein Fleisch besinnt sich auf meins, / es war mir schon zugetan,/als sich die Schiffe/vom Land lösten und Kreuze/mit unsrer sterblichen Last/Mastendienst taten.«

Das gemeinsame Leben für die Kunst schloss für Ingeborg Bachmann jetzt auch ein anderes Verhältnis zu einem Mann ein. Henze war zwar auch ein ungestümer, selbstbewusster, die Initiative ergreifender Mann, aber er unterschied sich durch seine Homosexualität grundlegend von Hans Weigel oder Paul Celan, den wichtigsten Männern, zu denen Bachmann vorher Liebesbeziehungen unterhalten hatte. Im Zeichen der Kunst ließ sich vielleicht sogar eine Art organischer Verbindung von Celan zu Henze herstellen. Der heute als Übersetzer bekannte Moshe Kahn lernte Ingeborg Bachmann erst viel später kennen, Ende der sechziger Jahre in Rom, er war sechzehn Jahre jünger als sie, ein sehr gut aussehender junger Mann und ebenfalls homosexuell. Er erzählt, dass sie sich gern von ihm begleiten ließ, dass sie glücklich wirkte, wenn sie durch Rom gingen und sie sich bei ihm einhakte – und fügt hinzu, dass er das öfter

beobachtet habe. Sie fühlte sich bei homosexuellen Männern beschützter. Später habe sie über Henze zu Max Frisch gesagt: Du bist mein Geliebter, aber er ist mein Prinz!

Die Monate auf der italienischen Insel, zwischen Zikaden und Zeitlosigkeit, brachten Bachmann und Henze im Überschwang sogar auf den Gedanken, zu heiraten – getreu der Erkenntnis aus dem Hörspiel, nach der es »noch immer die Schiffbrüchigen« seien, »die auf Inseln Zuflucht suchen«. Henze bekam allerdings doch einen Schreck, als Bachmann Anstalten machte, die nötigen Formalitäten tatsächlich anzugehen. Im Nachlass Bachmanns fand sich ein Briefentwurf von ihr an Henze, in dem sie darauf reagierte und das Ganze wieder ein bisschen zurechtrückte. Sie wollte darin »in Zukunft das Beste machen aus unserer Freundschaft und unserer Arbeit und den Möglichkeiten zwischen uns. (…) Du bist so begnadet mit Deinem Schreiben. Man muss nur dafür bezahlen, und unsere Engel sind dunkel. Bitte fühl Dich frei, und wenn wir

»etwas zarte freude und liebe«: Hans Werner Henze und Ingeborg Bachmann bei der *musica viva* im Mai 1958

uns wieder sehen, können wir neuen Wein trinken auf scheue und witzige Zeiten ohne Harm.«

Henze blickte später auf die Beziehung zu Bachmann als eine nahezu ideale zurück. Nach der »Klärung« ihres Verhältnisses zog es sie immer wieder zu ihm nach Italien. Die »schönste Zeit meines Lebens vielleicht«, so sagte Henze, seien die Jahre 1954 bis 1956 in Neapel gewesen, wo sie beide zusammen in einem »bürgerlichen Hausstand mit Angestellten und schlechter Heizung und Zug und kein Geld, die Miete zu bezahlen« lebten. Es war eine Zeit mit vielen, auch langen Unterbrechungen, »aber mit sehr viel Vergnügen« und, was ihm mindestens genauso wichtig war, »einer fabelhaften Produktion«. Sie habe jeden Tag an ihren Gedichten gearbeitet, und er komponierte; »ein wunderbar schönes reines Leben«.

Durch Henze bekam die Musik für Ingeborg Bachmann eine vorher so nicht geahnte Bedeutung. Sie verfasste mehrere Auftragsarbeiten für ihn, auch noch in der Zeit nach ihrem Zusammenleben, darunter die Opernlibretti *Der junge Lord* und *Der Prinz von Homburg*, aber noch viel entscheidender war, wie die Musik ihre eigenen Texte und ihre Ästhetik zu prägen begann. Ein Schlüsselerlebnis war es, als sie im Januar 1956 zusammen mit Henze die Generalprobe zu Verdis *La Traviata* in der Mailänder Scala besuchte. Die Hauptrolle sang und spielte Maria Callas, und die Begegnung mit dieser herausragenden Jahrhundertmusikerin hinterließ bei Bachmann vielfältige Spuren. Callas wurde für sie als Künstlerin und Frau zu einer großen Projektionsfläche. In einem Fragment mit dem Titel »Hommage à Maria Callas«, das zu Bachmanns Lebzeiten nicht veröffentlicht wurde, zeigen sich neue Töne, hier wird das Weibliche selbstbewusst akzentuiert: »Sie hat nicht Rollen gesungen, niemals, sondern auf der Rasierklinge gelebt (…). Ecco un artista, sie ist die einzige Person, die rechtmäßig die Bühne in diesen Jahrzehnten betreten hat, um den unten erfrieren, leiden, zittern zu machen, sie war immer die Kunst, ach die Kunst, und sie war immer ein Mensch, immer die Ärmste, die Heimgesuchteste, die Traviata. (…) Sie war der Hebel, der eine Welt umgedreht hat, zu dem Hörenden, man konnte plötzlich durchhören, durch Jahrhunderte, sie war das letzte Märchen. Es ist sehr schwer oder sehr leicht, Größe anzuerkennen. Die Callas – ja, wann hat sie gelebt, wann wird sie sterben? – ist groß, ist ein Mensch, ist unvertraut in einer Welt der Mediokrität und der Perfektion.«

Die Identifikation ist unverkennbar. Die Größe in einer Welt der Mediokrität – damit beschäftigte sich Bachmann in dieser Zeit selbst, sie wurde als Schriftstellerin zwangsläufig auf diese Fragestellung gestoßen, und dass die Welt der »Mediokrität« auch eine der »Perfektion« sein kann, erfuhr sie bei ihren ersten Konfrontationen mit den Medien.

Die Zeit mit Henze fiel für Bachmann mit der Zeit ihres künstlerischen Durchbruchs zusammen, ihres Aufstiegs zur divenhaften Berühmtheit im bundesdeutschen Literaturbetrieb. Die Tagungen der Gruppe 47 im Frühling 1952 in Niendorf und im Herbst auf Burg Berlepsch bereiteten nur darauf vor, dass Ingeborg Bachmann dann im Frühling 1953 in Mainz den Preis der Gruppe ergattern würde – womit sich die Ahnung

Paul Celans wohl erfüllt hatte Was er in Niendorf mit Argusaugen wahrgenommen hatte – die Wirkung der jungen Lyrikerin auf die älteren Männer des Literaturbetriebs –, wird von anderen Zeitzeugen bestätigt. 1953, unter dem Eindruck ihres Auftritts bei der Lesung vor der Gruppe, schrieb ihr Kollege Wolfgang Weyrauch:»Ein schönes Mädchen, flirrend in der Bescheidenheit dessen, der noch nicht lange schreibt.« Und es warf einen beträchtlichen Schatten voraus, wenn ausgerechnet Günter Blöcker, jener konservativ-großspurige Kritiker, der Paul Celan einige Jahre später so zusetzen würde, über Bachmann resümierend schrieb:»Das lyrische Jahr 1953/54 hat alle Aussicht, in die Literaturgeschichte einzugehen. Es hat uns einen neuen Stern am deutschen Poetenhimmel beschert.«

Es fehlte nur noch der ähnlich tickende und genauso mächtige Hans Egon Holthusen. Dieser schaffte es, Bachmanns 1956 erschienenen Gedichtband *Anrufung des Großen Bären* umstandslos in die damals umraunten Höhen deutschen Geistes zu erheben:»Die höhere Einfachheit des Ausdrucks bezeichnet die Einweihung in einen höheren Modus der Welterfahrung, einen Modus, der nicht mehr so stark von den Zufälligkeiten der zeitgenössischen Szenerie, sondern vom Notwendigen, Immerwährenden, Urbildlich-Wahren bewegt ist.«

Die Herren überboten sich. Aber Bachmann sah sich keineswegs als Dichterin der Restauration, des Zeitlosen, eines »Urbildlich-Wahren«. Sie beschrieb erkennbar die Ausweglosigkeit aus der Geschichte und die Entfremdung im sich rasch entwickelnden Nachkriegs-Kapitalismus. Früh schrieb sie an Henze:»Ich bin so müde, leer und verletzt wie ein Tier im Wald, das den Schatten sucht und sich versteckt, bis es geheilt ist.«

Bachmann war in den Jahren nach ihrem ersten Auftritt bei der Gruppe 47 viel unterwegs. Neben Henzes Zufluchten auf Ischia und in Neapel könnte man in dieser Zeit höchstens noch das Haus ihrer Familie in Klagenfurt als festen Wohnsitz betrachten. Aber sie mietete ab Anfang 1954 auch verschie-

: »Unbehaust«: Ingeborg Bachmann auf dem Cover des *Spiegel* (1954)

dene Zimmer in Rom. Dort entstand dann das berühmte Cover des Magazins *Der Spiegel*, mit dem sie zum ersten deutschen literarischen Fräuleinwunder gemacht wurde: der dunkel geschminkte Mund, der nachdenkliche, elegische Blick einer Achtundzwanzigjährigen. Das gab Raum für viele Projektionen und Interpretationen, hier war der zeitgenössische Existenzialismus schon sinnlich greifbar, aber man konnte auch die damals virulente Modevokabel des »unbehausten Menschen« darin verbildlicht sehen. Der *Spiegel*-Autor Klaus Wagner nahm die-

sen Begriff in seiner Titelgeschichte auch dankbar auf. Sie hatte die Überschrift »Das Gedichtemachen aus dem Unbehaustsein und der Distanz« und drehte sich um insgesamt drei deutsche »Jung-Lyriker«. Unter den Fotos von Heinz Piontek, Ingeborg Bachmann und Walter Höllerer stand der Bildtext »Trauernder Nachwuchs«.

Das Coverfoto Ingeborg Bachmanns entwickelte schnell eine Eigendynamik. Die in der damaligen Bundesrepublik sehr ungewöhnliche Ästhetik dieses Titelbildes lebte auch von der nirgends ausdrücklich thematisierten Faszination des Androgynen. Es ist ein Foto des Künstlers Herbert List, der durch seine Aufnahmen von sinnlichen südlichen Landschaften und schönen Männerkörpern in der damaligen Zeit eine Ausnahmeerscheinung darstellte. Bei den Fotos von Bachmann in diesen Jahren fällt auf, dass sie tatsächlich die Haare immer kürzer trug, so kurz wie sonst nie, und bewusst einen Aspekt des Knabenhaften annahm. Herbert List hat in seinem ikonenhaften

Foto viel mehr von Ingeborg Bachmann in dieser frühen Phase ihrer Berühmtheit transportiert, als es auf den ersten Blick scheint. Süditalien, Henze und die antike, die Geschlechterdifferenzen aufhebende Körperästhetik von Herbert List gehen hier eine Verbindung ein.

Hans Werner Henze beförderte dies eindeutig. Aus London schickte er ihr einmal das Porträt eines Knaben von Giovanni Bellini und schrieb auf die Rückseite: »aus zeitmangel sende ich Dir diese karte mit einem bildnis der Bachmann. ist die ähnlichkeit nicht verblüffend?« Er spielte mit ihrer erotischen Anziehungskraft gerade auch für ihn. Hier böte sich eine bisher kaum genutzte Möglichkeit, mit einer androgynen Stilisierung Bachmanns die aktuelle akademische Sektion der Gender Studies zu bereichern, nach den verschiedenen feministischen Ansätzen zuvor. Doch man sollte das wohl auch nicht überreizen. Ingeborg Bachmann ist immer vor dem Hintergrund der damaligen Verhältnisse zu sehen, und ihre Beziehung zu Henze war zwar eine herausgehobene und durchaus prickelnde, aber sie wird vor allem den Bedürfnissen entsprochen haben, die sie zu diesem Zeitpunkt hatte und die offenkundig nur ein Übergangsstadium markierten.

Die Pose des süßen Wiener Mädels allerdings verblasste bei Bachmann mit den Auftritten bei der Gruppe 47 in Deutschland. Die direkte, pointenhafte, alberne Sprache ihrer Radioserien wurde durch die ganz andere ihrer Lyrik abgelöst. Sie versuchte auch sofort, sämtliche Spuren ihres bodenständigen und durchaus medienbewussten Vorlebens zu tilgen. In ihren ersten, scheuen Auftritten bei der Gruppe 47 aber Berechnung zu sehen und ein geradezu abgefeimtes Spiel, bei dem sie alle Fäden in der Hand gehalten hätte – dieser öfter geäußerte Verdacht verkennt von vornherein die Situation, in die sie da hineingeraten war. Dass sie sich überfordert fühlte von der Möglichkeit, als Lyrikerin wahrgenommen zu werden, ist bei den wechselnden Sphären, in denen sie sich bewegte, durchaus nachvollziehbar. Die Anwesenheit Paul Celans bei ihrem ersten Auftritt verstärkte das noch.

Durch die Vieldeutigkeit, das Oszillierende haben sich die Interpretationen von Bachmanns Auftritten bei der Gruppe 47 schnell zu einer eigenen Gattung entwickelt, die fast neben der Analyse ihrer Lyrik stehen könnte. Die widersprüchlichen Schilderungen ihrer Unsicherheit, ihrer gleichzeitig aber auf Wirkung bedachten Eleganz sind zahlreich. Zu einem Leitmotiv hat sich entwickelt, dass ihr immer mal wieder etwas auf den Boden glitt, ein Taschentuch oder auch Blätter von Papier. Der herausragende Kritiker Joachim Kaiser fasste das Bachmann-Image noch 2012 ironisch so zusammen: »Wenn Sie die sahen, wussten Sie: Das ist eine Dichterin! Dass sie natürlich, wenn sie etwas vorlas, immer anfing zu hauchen und unter Tränen vorlas und ihr eigentlich jedes Mal die Manuskriptblätter hinfielen, und jedes Mal stürzten die Männer, um diesem armen scheuen Reh zu helfen, während die Frauen, auch meine, sagten: Mein Gott, hat sie das nötig, immer diesen Zirkus zu machen!«

Ihre Erscheinung muss auf jeden Fall außergewöhnlich gewesen sein. Von der ähnlich jungen und äußerst attraktiven Ilse Aichinger unterschied sie sich durch die Irritationen, die sie ausstrahlte und auslöste, sie wirkte undurchdringlicher als die offene, geradlinige Freundin, die zudem sehr schnell von dem etablierten Gruppe-47-Dichter Günter Eich geheiratet wurde. So etwas schien bei Bachmann nicht denkbar. Aber ihre enge Freundschaft mit Ilse Aichinger blieb. Sie waren in der Wiener Zeit im Dritten Bezirk sehr vertraut gewesen, und dass Aichinger eine Familie gründete und bald zwei Kinder hatte, scheint bei Bachmann ein diffuses Gefühl von Sehnsucht ausgelöst zu haben. Und es gab Grauzonen, in denen sie Aichingers Rolle als Ehefrau und Mutter so nicht akzeptieren konnte und für sich mehr Freiheit einforderte – trotz aller Sehnsucht nach Bindung und Aufgehobensein, die sie immer wieder literarisch thematisierte und dadurch verschiedenste Facetten von etwas Widersprüchlichem erzeugte. Als Clemens, der Sohn von Aichinger und Eich, geboren worden war, schrieb Bachmann 1954 aus Rom: »Manchmal ist meine Sehnsucht größer nach der kleinen Krebsigkeit als nach Euch, und das versteht Ihr hoffentlich auch – nach den Fingerln und nach dem Schreien und allem, was rosig ist. Ich möchte es ganz vehement und zart halten und nur anschauen. Und manchmal könnt ich auch heulen, weil ich das Gefühl hab, dass ich nie eins haben werd und weil am Horizont absolut kein Licht auftaucht – dass es anders werden könnte mit dem Alleinsein und seiner Fatalität. Aber das jammre ich nur so, und Ihr sollt Euch nichts draus machen, denn ich weiß, was Ihr mir auch sagen könntet, dass es jeden Tag zu einem kommen kann und dass man nur warten können muss.«

Auf den Fotos, die es von der Niendorfer Tagung gibt, sieht man Ilse Aichinger fast nur lachend. Ihre Freundin Ingeborg Bachmann hingegen, die mit ihr immer zusammensteckte, sieht – obwohl es aus Wien von ihr zur selben Zeit ebenfalls fröhliche Bilder gibt – hier immer äußerst ernst und verhalten aus. Der »elektrische Stuhl«, wie der Sitz des Vorlesenden bei der Gruppe 47 spöttisch-ehrfürchtig genannt wurde, war auf jeden Fall nicht ihr angestammter Platz. Dass bei ihrem ersten Auftritt jemand anders ihre Texte lesen musste, weil sie dazu nicht mehr in der Lage zu sein schien, hinterließ Spuren. Und es mag kein Zufall sein, dass hier erneut eine strukturelle Gemeinsamkeit mit Paul Celan auftauchte, auch wenn die Voraussetzungen ziemlich unterschiedlich waren: Auch Paul Celans Gedichte wurden bei der Gruppentagung 1952 in Niendorf noch einmal von jemand anderem gelesen, weil seine Vortragsweise ungewöhnlich war und von den »Inhalten« abzulenken schien.

Diese enorme symbolische Bedeutung scheint im damaligen Kontext kaum wahrgenommen worden zu sein: dass mit Ingeborg Bachmann und Paul Celan zwei der bedeutendsten Lyriker der Nachkriegszeit bei ihrem Auftritt vor der Gruppe 47, vor der Instanz einer normierenden Öffentlichkeit, nicht mit ihrer eigenen Stimme gehört wurden, sondern vermittelt durch die professionelle Stimme eines routinierten Sprechers. Auch in diesem ganz konkreten Sinn blieben die beiden Ausnahmefälle. Es kam sonst so gut wie nie vor, dass ein anderer an der Stelle des Verfassers die Texte vor der Gruppe las.

Es hatte auf jeden Fall seinen Grund, dass Ingeborg Bachmann am Beispiel von Maria Callas das Künstlertum abseits des öffentlichen Glanzes definierte. Wenn sie im Zentrum den »Menschen« sah, »unvertraut in einer Welt der Mediokrität und der Perfektion«, dann war das bereits eine erste Reaktion auf die Erfahrung, die sie als Lyrikerin auf der Bühne der Medien machte. Ihre frühen Gedichtlesungen für den Rundfunk hatten nichts von der souveränen Performance, die im Lauf der Zeit für öffentliche Lyriklesungen selbstverständlich werden sollte. Sie schien in sich hineinzuhorchen. Sie fragte den Worten nach, während sie zögernd in das Mikrofon sprach, und man meinte, das Mikrofon als Instrument der Entfremdung mithören zu können.

Atmosphärisch ungeheuer dicht wird dies dann bei ihren seltenen frühen Fernsehaufnahmen. Natürlich passte das etwas diffuse Schwarz-weiß-Ambiente, das unruhige Flackern des Filmmaterials. Aber es war vor allem das Aufeinandertreffen von etwas Technisch-Aggressivem und einer verletzlichen, nahezu hilflosen Person, die diese Verletzlichkeit offensiv auszustellen schien, wie um sich zu schützen. Das Objektiv der Kamera ist streng und direkt auf das Gesicht gerichtet. Schon mit wenigen Silben überträgt sich eine ungeheure Spannung: Die dunklen Vokale, das Kehlig-Kärntnerische scheinen sich aus ihrem kargen Umfeld mühsam an ein künstliches Tageslicht gerettet zu haben. Bachmann blickt dabei scheu in die Kamera, schlägt die Augen nieder, schaut die Kamera wieder an. Das Gerät wirkt dabei wie ein Eindringling, etwas Fremdes, das man nur widerwillig an sich heranlässt.

Ingeborg Bachmann wurde zu einer Art Fetisch der Gruppe 47. Und dass sie nie recht greifbar war, sich häufig nach Italien zurückzog und wie von außen auf den Alltag des bundesdeutschen Literaturbetriebs blickte, verstärkte noch den Reiz. Im Frühjahr 1954 kam es aber zu einem ersten Kulminationspunkt: Hans Werner Richter erlag den Lockungen Bachmanns, eine Tagung der Gruppe 47 in Italien abzuhalten. Zunächst hatte sie ihn zu Rom als Schauplatz überredet, aber als sie freie Hand bekam, Kontakte in Italien herzustellen, verlegte sie den Austragungsort um etwa hundert Kilometer weiter südlich. Und das war durchaus ein Coup von ihr, denn das Cap Circeo schien ihr vollkommen zu entsprechen. Es ist der Ort, an dem die magische Figur Circe aus Homers *Odyssee* die Seefahrer durch ihre betörende Ausstrahlung »bezirzt« und in Schweine verwandelt. Das Cap Circeo ist also eine verblüffende Selbstinszenierung des Gruppe-47-Mitglieds Ingeborg Bachmann, wobei der ironische Grundton von ihr wohl von vornherein mitgedacht worden ist. Dass sie für etliche männliche Mitglieder der Gruppe eine Art Circe-Phantasmagorie darstellte, war bereits allzu deutlich geworden.

Die Rolle, die Ingeborg Bachmann von Anfang an in der Gruppe 47 spielte, war in der Figur der Circe assoziativ eingefangen, ohne dass es zu konkret benannt werden musste – ein literarisches Spiel, das den wenigsten Teilnehmern wohl bewusst gewesen ist. Paul Celan wurde zwar wieder eingeladen, aber er war zu diesem Zeitpunkt in Paris viel zu sehr eingebunden, um sich einerseits wieder Ingeborg Bachmann, andererseits den deutschen »Zeitungslesern« stellen zu wollen.

Rom war zum Sehnsuchtsort für Ingeborg Bachmann geworden, gerade weil sie zeitweilig schon dort wohnte. Sie beschrieb Italien in einem Gedicht jetzt als ihr »erstgeborenes Land«. Doch sie war eine alleinstehende freie Schriftstellerin und musste sich vor allem auch finanziell durchschlagen. Das Missverhältnis zwischen ihrem frühen Ruhm und ihrer anhaltenden ökonomischen Misere war augenfällig. Hans Werner Henze in Neapel blieb während dieser unsteten Zeit der Suchbewegungen ein fester Anker. Nach einer Weile schmiedete Henze sogar wieder Heiratspläne, abseits aller sexuellen Konnotationen: Es ging ihm dabei vor allem darum, gegenseitig Unterstützung gegen den als feindlich empfundenen Kulturbetrieb in Deutschland zu finden. Bachmann war zwar zum *Spiegel*-Cover geworden und mit ihrem zweiten Gedichtband *Anrufung des Großen Bären* zur enthusiastisch begrüßten Lyrikerin der Stunde, doch sie empfand vieles dabei als Missverständnis. Und Henze hatte mit der Uraufführung seiner Oper *König Hirsch* in Berlin 1956 zwar einen überwältigenden Erfolg, sah sich aber auch scharfen Angriffen und Intrigen ausgesetzt. Immer wieder beklagte Henze die Kälte in Deutschland und beschwor das gemeinsame, abgeschirmte Leben in Italien. Als Bachmann sich ernsthaft überlegte, wegen des Geldes dauerhaft nach München überzusiedeln, reagierte er so: »Du bist nicht gemacht für den wartesaal 2. klasse im bayerischen rundfunk, umgeben von scheissintellektuellen cretins, und nicht für das café luitpold. Du musst auf steinigen pfaden aufgezäumt auf maulesel schwing die peitsche zwischen den eisigen blicken von eid-echsen und kräutersammlern gegen den morgenstern zu, so musst Du auf das unvermutete zureiten.«

Der umfangreiche Briefwechsel zwischen Bachmann und Henze ist erst im Jahre 2004 erschienen. Ungefähr die Hälfte der gedruckten Brieftexte wurde in anderen Sprachen abgefasst: vor allem natürlich auf Italienisch, der Sprache der südlichen Sehnsucht, aber es gibt, je nach Laune und Anlass, auch lange englische und französische Passagen. Die Briefpartner versuchten, den deutschen Provinzialismus zu überwinden, gleichzeitig war dieses Spiel mit Internationalität auch ein Zeichen für intime Vertrautheit. Und der gemeinsame Haushalt in Neapel führte gelegentlich zu speziellen commedia-Dell'Arte-Szenen, die eine ritualisierte Selbstdarstellung Bachmanns auf

eine neue Ebene hoben: Sie gefiel sich mitunter als italienische Ehefrau. Von einer Lesereise schrieb sie im März 1956
aus Bremen: »Lieber, trag doch bitte gelegentlich (am besten
noch heute) meinen Schirm zum Schirmmacher, und lass ihm
einen schwarzen Seidenanzug machen. 2) Brauchst Du's Geld
bzw. ist das Geld von Schwitzke angekommen. 3) Lass um Him-
mels Willen die Fenster putzen. 4) Die Angelina soll nicht nur
die andre Wäsche, sondern auch meinen Schlafrock waschen.
5) Hast Du einen cameriere gefunden? 6) Iss keinen Knoblauch.
7) Spare! 8) Wirf das Geld nicht zum Fenster hinaus! 9) Wie
geht es Dir? Ich umarme Dich Ingeborg«.

Der Alltag schien sich einzurenken. Henze hatte immer wieder schwule Freunde, sie grüßten Ingeborg Bachmann auch
gelegentlich am Ende seiner Briefe und versicherten ihr ihre
Hochachtung. Sie war als potenzielle Ehefrau akzeptiert, und
Henze liebte sie als Dichterin. Sie verkörperte für ihn jenes
unbedingte, absolute Künstlertum, das auch er anstrebte. Seine
Briefe waren hitziger, ungestümer als diejenigen Ingeborg 153
Bachmanns. Sie zeigte sich zwar viel wehrloser, tat dies meist
aber in einem abgeklärten Ton. Es gab immer wieder ekstati-
sche Augenblicke der Gemeinsamkeit, aber das ließ sich nicht
durchhalten. Ihr Zusammenleben in Neapel scheiterte an den
unterschiedlichen Temperamenten, nicht zuletzt auch an der
fortwährend fordernden männlichen Haltung Henzes − und
natürlich auch daran, dass Bachmann diese Form von Ehe letzten Endes dann doch nicht akzeptieren konnte.

Zu einer wahren Katharsis kam es, als Ingeborg Bachmann
sich offensiv anderen Männern zuwandte. Henze schrieb einen
verzweifelten Brief, gestaltete dabei aber den Text, trotz des
immensen Gefühlsausbruchs, als sprachlich-ästhetische Kom-
position. Es sind zwei parallele Satzreihen, die versartig ange-
ordnet sind. Eine Reihe, mit blauem Farbband, ist auf Italienisch geschrieben, die andere zunächst auf Deutsch und dann,
wenn es brenzlig wird, auf Englisch: »ich werde wirklich

wütend wenn ich daran denke, dass Du diese ganzen verrückt-
heiten machst nur weil ich schwul bin, das ist der punkt.«

Henze beklagte sich im Lauf der Jahre immer wieder über
Bachmanns Traurigkeiten, ihr Unglücklichsein, ihr Leiden.
Wenn er die absolute Vorrangstellung der Kunst einforderte,
verlangte er von Bachmann auch, sich nicht nur der Kunst, sondern auch seinen Vorstellungen davon unterzuordnen. Und
er wollte sich gegen das, was er bei Bachmann als depres-
sive Zustände wahrnahm, durch seine unentwegte künstleri-
sche Produktion immunisieren. Im Juli 1956 schrieb er ihr: »ich
kann Dich nicht leiden sehen. es tut mir sehr weh und macht
mich wütend, vor allem gegen mich selbst. daher habe ich noch
nichts beschliessen können, ausser dass ich gleich nach meiner
rückkehr mit Dir reden will. (…) ich dachte auch über Deinen
gast nach (ich weiss seinen namen nicht), der mir gegenüber
ein etwas komisches feindseliges verhalten an den tag legte und
sich Dir gegenüber als beschützer aufspielte. aber er scheint ein
netter kerl zu sein und, wenn ich mich nicht täusche, auch intelligent. ich weiß nicht, ob es sehr geschmackvoll war, als er Dich
in meiner gegenwart streichelte und Dir ins ohr flüsterte, aber
was macht das schon, sicher, ich habe nie in Deiner gegenwart
mit jemandem geflirtet.«

Ingeborg Bachmann reiste danach aus Neapel ab, sie meldete sich wochenlang nicht. Dann, im August in Venedig, entwarf sie einen Brief an Henze: »Es ist ein Missverständnis,
wenn Du meinst, dass ich den Dingen, die von mir verlangt
werden, davonlaufe. Nur war die letzte Zeit, und vielleicht dieses ganze Jahr, für mich so schwer. Ich erinnere mich sehr klar
an all die schönen Tage in Neapel, aber ich bin nicht fähig, in
mir die andre Seite zu klären, die des Scheiterns, trotz Deines
guten Willens und des meinen – der immer da war, das musst
Du glauben.«

Dass sie, entgegen Henzes Intentionen, recht zielstrebig
auch ihre persönlichen Kontakte nach Deutschland pflegte, lag

nahe. Eine Zeit lang arbeitete sie unter Pseudonym feuilletonistisch für Radio Bremen und die *Westdeutsche Allgemeine Zeitung*, und für den Bayerischen Rundfunk schrieb sie mehrere lange Essays, in denen sie ihre literarischen und philosophischen Interessen verwertete. Musil oder Proust waren ihre Themen, aber auch Wittgenstein oder Simone Weil. Diese Texte sind mittlerweile natürlich äußerst ergiebige Ansatzpunkte, um eine Poetik Ingeborg Bachmanns daraus zu deduzieren, aber es waren letztlich doch in erster Linie nur Brotarbeiten. Sie nutzte auch ihre Beziehungen zur Gruppe 47 reichlich, und hier, im privateren Kontakt, konnte sie eine Brücke schlagen zwischen ihrem Image als ätherischer Dichterin und ihrer Lust, ab und zu auch mal albern sein zu dürfen – wobei diese Albernheit auch etwas sehr Verführerisches haben konnte.

In der Titelgeschichte des *Spiegel*, mit dem Coverfoto Ingeborg Bachmanns, war es um die materiellen Sorgen junger bundesdeutscher Lyriker gegangen. Rom, mit einem weiteren Foto Bachmanns im Markttreiben des Campo de' Fiori, war dafür nur der Aufhänger. Die anderen Dichter schlugen sich in der bundesdeutschen Provinz durch, etwa, aus heutiger Sicht eher überraschend, der mittlerweile vor allem als Funktionär in Erinnerung gebliebene Walter Höllerer. Der *Spiegel*-Text verband Bachmann und Höllerer durch ihr »Unbehaustsein«, wie es in der Überschrift hieß: »Auch das möblierte Mädchen (also Ingeborg Bachmann in Rom, H.B.) erscheint als Symptom – Jung-Lyriker Höllerer fristet als unverbeamteter Universitätsdozent ähnlich ein ruhearmes Untermieter-Dasein. Der Poet von heute haust noch immer in der Dachkammer, auch wenn das Pappkärtchen an der Tür einen akademischen Grad nennt, und im übrigen wurmt er in Büchern.«

Als Walter Höllerer im Herbst 1954 umzog, schrieb ihm Ingeborg Bachmann: »Glückwünsche zu Bad und Lift! So werden langsam die Voraussetzungen für eine behauste Lyrik geschaffen. Vielleicht ist es ein Wendepunkt.«

Walter Höllerer traf Ingeborg Bachmann öfter in Rom, zum
ersten Mal im April 1954. Dass er im Hotel Minerva wohnen
wollte, lag nahe: In seinem Gedichtband *Der andere Gast* gibt
es ein Gedicht mit dem Titel »Elephant von Bernini, Piazza
Minerva«. Der Elefant wurde generell zu Höllerers Marken-
zeichen, er besaß eine enorme Sammlung von Elefantenbildern,
und vielleicht war Ingeborg Bachmann die Erste, die Höllerer spielerisch mit dem »Elefanten« gleichsetzte. In ihren Briefen an Höllerer wurde das Motiv immer wieder variiert. Am
25. November 1954 schrieb sie: »Wann kommen Sie wieder
nach Rom? Der Elefant friert schon ein bisschen, aber die Esel
kriegen Decken auf den Rücken gelegt.«

Walter Höllerers aufsehenerregende Anthologie *Transit*,
das »Lyrikbuch der Jahrhundertmitte«, erschien zeitgleich mit
Bachmanns *Anrufung des Großen Bären* und enthielt auch sieben
Bachmann-Gedichte. Und sie übernahm den Begriff »Transit«,
für Höllerer eine zeitgerechte poetologische Kategorie, ein
paarmal, um ihre persönliche Situation zu beschreiben: Zwischen Rom, einem zweimonatigen Universitätsaufenthalt in
den USA, Klagenfurt, dem wiederholten längeren Zusammen-
wohnen mit Hans Werner Henze in Neapel und zwei ominösen,
trostlosen Herbstaufenthalten in Paris – offenkundig ohne Paul
Celan – sah sie ihr Leben konkret in der »Transit«-Situation.
Das Spiel mit dem »Elefanten« indes prägte die Bildersprache
Bachmanns in ihren Briefen an Höllerer weiter. Sie setzte sich
dem Elefanten gegenüber, ihrem Gedichtband entsprechend,
selbst als »Bär« in Szene. Nach einem halbjährigen Aufenthalt
in Neapel schickte sie Höllerer auf der Durchreise in Rom eine
Karte, auf der die Piazza della Rotonda mit dem Pantheon abge-
bildet war, der falsche Platz also, aber die Piazza della Minerva
mit dem Elefanten Berninis grenzt direkt daran an: »Der Elefant ist leider nicht mehr drauf, aber ich habe eine kleine Unter-
redung mit ihm gehabt. Er läßt Sie grüßen. Hier ist es auch auf
der Durchreise schön. Ich sitze im Café neben dem Isis-Obe-

lisk, ein paar Schritte von der Minerva. Wieder mit dem ganzen Gepäck angeschwemmt und mit allem. Tanti cari saluti. Ci vediamo presto! Ihre Ingeborg B.«

Der neckische, mädchenhafte Ton ist in einigen Briefen Ingeborg Bachmanns aus dieser Zeit erhalten geblieben, es gibt etwa auch einen ähnlich spielerischen, als Verwechslungskomödie inszeniert, an Wolfgang Hildesheimer. Wenn sie an Höllerer schrieb, den immerhin einflussreichen Herausgeber der Zeitschrift *Akzente*, ahnt man, dass sie um das Verzaubernde ihrer Worte wusste: »Im Februar wälzt sich der Bär nach Frankfurt, Mitte oder Ende dieses kalten Monats. Wird der Elephant ein bisschen Honig sammeln bis dahin und mit dem Bären Wein trinken gehen? Tanzen muss nicht sein. Er freut sich schon sehr und gibt sehr von Herzen seine Tatze, Ihre Ingeborg Bachmann«.

Ihre abgebrochene Erzählung »Portrait von Anna Maria« aus den Jahren 1955–1957 ist ein interessantes Zeugnis für die Art, wie Ingeborg Bachmann inzwischen mit ihren verschiedenen Selbstbildern umging. Es wirkt wie eine Versuchsanordnung: Wie stellt es sich dar, wenn man sich selbst ein Rätsel ist? Eine eher unscheinbare Ich-Erzählerin wird mit der Malerin Anna Maria konfrontiert. Schon am Anfang erfährt diese Künstlerin verschiedene Zuschreibungen: Ein Freund von ihr ist eifersüchtig auf den Zahnarzt des Dorfes, mit dem sie ein Verhältnis hat, im Vorjahr war es ein Fischer – trotzdem hält er an ihr fest, denn sie sei eine »Persönlichkeit«. Man erfährt, dass diese Anna Maria eher unweiblich wirkt, nicht sehr anziehend, dass sie es aber offenkundig gewohnt ist, als Frau begehrt zu werden – ihre Wirkung auf Männer sei »sehr groß, unleugbar und verwunderlich«. Der Herr im Speisewagen, dem die Ich-Erzählerin gegenübersitzt und der Anna Maria auch kennt, entgegnet auf die Einschätzung, die Malerin habe Härten und ihr Charme wirke bloß formal und eingeübt: »Aber es gibt für sie nichts als ihre Kunst!«

Ingeborg Bachmann fächert in dieser Erzählung das Bild, das von ihr in der Öffentlichkeit existiert, für sich selbst noch einmal auf – wie um Klarheit darüber zu gewinnen, welche festen Konturen es eigentlich gibt. Diese werden aber gerade dadurch erkennbar, dass die Vieldeutigkeit als ästhetisches Zentrum inszeniert wird. Der fast verschmitzte, aufs Autobiographische verweisende Hinweis, dass Anna Maria vor allem auch auf homosexuelle Männer anziehend wirke, ein viel jüngerer Mann aus reichem Haus wolle sie zur Tarnung sogar heiraten, gehört sicherlich dazu. Ingeborg Bachmann genießt ihr Verwirrspiel. Beiläufig ironisch zitiert sie die Anekdoten, die über ihre Kurzsichtigkeit kursieren, als ob sie ihre schlechten Augen erst richtig kultiviere, um unsicher und entrückt erscheinen zu können. Die namenlose Ich-Erzählerin trifft die schillernde Anna Maria einmal zufällig auf dem Campo de' Fiori in Rom: »Sie sah mich verwundert an, und da ich wusste, dass sie ganz vorzügliche Augen hatte, war ich sicher, dass sie mich erkannt hatte, aber nicht erkennen wollte.«

Niemand weiß etwas Genaues über Anna Maria, aber es gibt viele Geschichten, vor allem natürlich über unterschiedlichste Liebhaber. Noch nach dem Tod Anna Marias streiten die Ich-Erzählerin und ein Freund darüber, ob es wirklich sie sei, die da auf einer Fotografie zu sehen ist. Und zum Schluss gerät auch der Kirschbaum hinter ihrem Elternhaus bei Pavia ins Zwielicht, von dem sie der Ich-Erzählerin einmal als Dreh- und Angelpunkt ihres Selbstgefühls und ihrer künstlerischen Bestrebungen erzählt hat: Die Mutter von Anna Maria erklärt, er sei schon lange gefällt worden und kein besonders schöner Baum gewesen, »er wollte nicht einmal blühen«. Als Hoffnung bleibt, dass wenigstens die Erzählung darüber blühen könnte, aber das »Portrait von Anna Maria« war nur ein vorläufiger Versuch.

Ingeborg Bachmann hielt bereits früh ihre verschiedenen Leben sorgsam voneinander getrennt. So fällt im gesamten

Briefwechsel mit Hans Werner Henze der Name Paul Celan kein einziges Mal. Was sie im Innersten umtrieb, schien völlig anderen Welten anzugehören als das, was sie auf den vielen Reisen in dieser Zeit Mitte der fünfziger Jahre unternahm. Im Sommer 1955 hielt sie sich als Teilnehmerin eines internationalen Seminars der Harvard Summer School of Arts and Sciences and of Education in den USA auf. Dort lernte sie den deutschstämmigen Henry Kissinger kennen, der sich am Wochenende immer noch die Ergebnisse seines Heimatvereins SpVgg Fürth durchgeben ließ und es später bis zum US-Außenminister schaffte. Obwohl diese Konstellation durchaus apart erscheint, waren natürlich die Diskussionen mit Hans Werner Henze für Bachmanns gesellschaftspolitische Orientierung weitaus wichtiger. Eine andere in Harvard geschlossene Bekanntschaft erwies sich allerdings als äußerst folgenreich: Mit dem französischen Journalisten Pierre Evrard würde sie anschließend über viele Jahre hinweg bis zu ihrem Tod eine sporadische, verschwiegene und verheimlichte Liebesbeziehung verbinden. Bachmann fuhr gleich im Herbst 1955 nach Paris, um Evrard dort zu treffen, reiste aber früher als erwartet wieder ab – wegen der »Weihnachtstrostlosigkeit«, wie sie in einem Brief erklärte. Anfang 1956 fand sie sich in Rom »in einer neuen Ungewissheit« wieder, blieb von Februar bis August bei Henze in Neapel und wollte danach wieder nach Paris fahren, was durch eine längere Krankheit aufgeschoben werden musste. Im Dezember in Paris schrieb sie dann, im Hotel de la Paix, das enigmatische, nicht mehr in einen Lyrikband aufgenommene Gedicht gleichen Namens, das den Beginn ihrer spärlichen späten Lyrikproduktion markierte. Es hat nicht direkt etwas mit Paul Celan zu tun – offenbar gab es überhaupt keine Kontaktaufnahme mehr vonseiten Bachmanns, seine harschen Zurückweisungen waren zu eindeutig gewesen. Aber sie befand sich in Paris, und zwar in der unmittelbaren Lebensumgebung Celans. Das Hotel de la Paix befand sich in direkter Nähe der

Place de la Contrescarpe. Bachmann wohnte mitten im Universitätsviertel, in dem sich Celan am liebsten bewegte, und er war auch in dieser Zeit, seiner ersten glücklichen Familienzeit mit dem neugeborenen Sohn Eric, viel auf den Pariser Straßen unterwegs. Es muss in der Luft gelegen haben, dass Bachmann ihn auf der Straße treffen würde, sie musste damit rechnen. Die kleine Place de la Contrescarpe hatte sich Celan nicht von ungefähr zu seinem Lieblingsplatz auserkoren, hier war sein Lieblingscafé. In der Mitte dieses Platzes standen Paulownien, seine Namensbäume – die Bäume aus dem Stadtpark in Wien! Der »Blauglockenbaum«, so die deutsche Bezeichnung, musste sie, wenn sie ihn denn wahrgenommen hat, an etwas erinnern. Und dass ihre Beziehung zu Pierre Evrard, der in Paris wohnte, bei *Paris Match* arbeitete und später bei *Le Point*, unverbindlich war und keine feste Zukunft für sie versprach, wusste sie wohl von vornherein.

Ihr Hotelzimmer war das, was diesem Aufenthalt seinen Stempel aufdrückte. Sie war dreißig Jahre alt, ohne feste Bindung und trotz eines mittlerweile illustren Namens immer in finanziellen Nöten. Bachmann schrieb oft »im Café (obwohl ich das wenig mag), weil die Heizung nicht funktioniert heute, aber sonst ist das Hotel nett, Teppich auf schiefen Treppen bis zum 2. Stock, dann gerade Treppen, aber keine Teppiche mehr, ich bin im 5., das Zimmer ist noch etwas kleiner als man glaubt, mit Rosenbüscheln auf der Tapete, und drei rot im Teppich, und noch zwei anderen auf der Bettdecke. Petzi, der Bär, sitzt entgeistert auf der Zentralheizung darüber, und der Bubi im Steireranzug schmückt ein Bücherregal, in das keine Bücher passen. Ihm zur Seite das Schneetreiben. Es ist so grau hier, viele Grau, und die Tage kommen kaum hervor; in diesem Teil des Quartier Latin sieht es wie in einem Dorf aus, aber wie in einem sehr gemischten. Am ersten Abend war ich vis à vis in einem Café, in dem lauter Algerier waren, und Abendessen ums Eck in einem Antillen-Restaurant, das ganz eng und verlassen war, aber ein paar Kreolen haben in der Küche gesungen. Viele erkaufen hier die Freiheit mit Verlassenheit. Es gibt keine Lösung.«

Und so ist das Gedicht mit dem Titel »Hotel de la Paix« eine verdichtete Momentaufnahme, ein Schlaglicht auf das Lebensgefühl Ingeborg Bachmanns zu diesem Zeitpunkt:

> Die Rosenlast stürzt lautlos von den Wänden,
> und durch den Teppich scheinen Grund und Boden.
> Das Lichtherz bricht der Lampe.
> Dunkel. Schritte.
> Der Riegel hat sich vor den Tod geschoben.

Nach ein paar Wochen zog sie in ein anderes Hotel um und war »kaum fähig, etwas zu sagen, weil alles ins Rutschen gekommen ist – die anfängliche Einsamkeit war noch das beste. Ich glaube nicht mehr, dass ich Paris kenne, – je mehr es nach mir greift, desto mehr erschreckt es mich, und ich will heim nach Rom, auf ein paar feste Hundertmeter, eh mir alles verschwimmt. (…) Schon der Gedanke an alle kleinen Vertrautheiten an vielen Tagen dort, an alles, was mich einmal glücklich gemacht hat, lässt mir das Fiasko hier gleichgültig erscheinen. Ich hätte vier Schultern gebraucht und habe nur zwei.«

Ihre Erzählungen, die einige Jahre später unter dem Titel *Das dreißigste Jahr* erschienen, haben viel mit dem unsteten Leben, mit dem scheinbar ziellosen Hin-und-her-Reisen, mit oberflächlichen oder nicht lebbaren Liebesbeziehungen zu tun – und sie umkreisen dabei auf ihre Weise jene Phase Ingeborg Bachmanns um ihren dreißigsten Geburtstag herum. Ein Gedicht, das sie in dieser Zeit schrieb, heißt »Liebe, dunkler Erdteil«.

Anfang 1957 fasste sie einen Entschluss. Hans Werner Henze war ihr wichtigster Bezugspunkt in den letzten Jahren gewesen, aber es war endgültig klar, dass sie ihr Leben nicht auf dem prekären Verhältnis zu ihm aufbauen konnte. Als sich die Beziehung zu ihm vollständig geklärt hatte, als sie entschieden, sich wie Bruder und Schwester zueinander zu verhalten und nicht wie Ehemann und Ehefrau, entwarf sie einen Brief an ihn. Sie dachte, vor allem auch für sich selbst, über ihre Beziehung zu Männern nach, aber auch über ein Alleinsein, das vielleicht zerstörerisch sein könnte. Sie schien bereits viel von dem zu ahnen, was ihr in nächster Zeit bevorstand. Aber sie sprach sich die Bereitschaft zu, diesen Fehdehandschuh aufzunehmen: »wenn Du diesen Brief haben wirst – so beginnen oft die Briefe vor dem Selbstmord, aber der meine ist nicht einer von dieser Art, vielleicht sogar einer zu leben, und etwas sagt mir, dass Du mich verstehen wirst, diese ungewöhnliche Entscheidung, die mich ich weiss nicht wie viele Kilometer von hier wegführt. Es sind viele, viele, und es ist das andre Ende der Welt. Es ist nicht nur Leidenschaft, die mich zu dieser Entscheidung treibt, sondern viel mehr, und wenn Du willst, mehr als Leidenschaft, aber in sich ein Begreifen der Leere, die ich erlitten habe und

die ich künstlerisch erleide. Wenn ich heute gehe, bitte ich Dich nur um eine Sache, im Falle meiner Rückkehr mich nichts zu fragen und für mich dazusein und mich zu fragen, ob ich den Tee nachher oder später trinken will. Und mir die Zyklamenfarbe aufzubewahren. Ich liebe Dich noch, aber ich werde das immer tun, aber es ist eine andere Liebe, eine, die Zweifelssorge nicht kennt, rein und brüderlich – und da gibt es etwas anderes, das zerstört und zerstörerisch ist, alles oder nichts in sich dazu angetan, mich einmal wissen zu lassen, was ich wert bin und was ich nicht wert bin, und ich bin es, Hans, ich allein, die die Dinge so auf die Spitze treibt, denn die Männer sind Feiglinge. Es ist merkwürdig, dass ich vor kurzem etwas über diesen dunklen Erdteil geschrieben habe, und nun gehe ich wirklich dorthin, und ich fühle diesen alten starken Mut.«

10

Nackte Frauen unter Schleiern.

Celan und seine Geliebten

Nach der Tagung der Gruppe 47 in Niendorf hielt Celan viele der neuen Verbindungen aufrecht, mit Heinrich Böll etwa entwickelte sich auch ein kleiner Briefwechsel. Einen unerwarteten Begleiteffekt hatte aber der Besuch des siebenundzwanzigjährigen Herbert Eisenreich in Paris, bereits einen Monat nach ihrer Begegnung bei der Gruppe 47. Der aus einer erzkatholischen, altösterreichisch-bürgerlichen Familie stammende Schriftsteller, der eine schwere Kriegsverwundung erlitten hatte, stellte Celan seine drei Jahre jüngere Schwester Brigitta vor. Sie war aus der österreichischen Enge ausgerissen und hatte sich im November 1951 als Au-pair-Mädchen in Paris niedergelassen.

Sie verbrachten den Abend und die halbe Nacht zu dritt, im Herzen des Quartier Latin, in dem Celan seine Ortskenntnisse unter Beweis stellte. Er war, das hält Brigitta Eisenreich in ihrem Erinnerungsbericht *Celans Kreidestern* aus dem Jahr 2010 fest, »ein Dichter, aber auch, das steht außer Zweifel, zu jeder Zeit ein Verführer, mit einem feststehenden Repertorium an Zauberkünsten«. Zu diesen gehörte es, in den »engen Gässchen rund um Saint-Julien-le-Pauvre« zu flanieren, die Führung durch die ältesten mittelalterlichen Kirchen im Innersten von Paris – etwas, wovon auch andere jüngere Begleiterinnen Celans berichten. Die Pointe du Vert-Galant an der Spitze der Île de la Cité, beim Pont Neuf, gehörte jetzt aber ebenfalls dazu – sie ist so benannt, weil sich hier Heinrich IV. unter Bäumen gern zum »galanten Stelldichein einfand«. Unter den Details, die zur Bezauberung gehörten, nennt Brigitta Eisenreich auch, zum Seine-Ufer hinunterzusteigen und »den sehr besonderen Klang der Eisenringe« zu hören, »wenn sie auf den Mauern der Quais aufschlugen«, Ringe, an denen früher die Schiffe befestigt wurden. Sie weiß noch, dass Celan ihr die Hand reichte, als sie die Stufen vom Quai wieder hinaufstiegen, und dass sie ein grünes Kleid anhatte, »das im Wind flatterte«. Es ist charakteristisch für die sich Jahrzehnte später daran erinnernde Österreicherin, wie nüchtern sie die Herkunft dieses grünen Kleides vermerkt: Es stammte aus einem der Care-Pakete, die reichere amerikanische Damen damals nach Europa sandten, zum Teil recht außergewöhnliche Modelle aus den New Yorker Modesalons, die den Bedürfnissen der Verarmten, für die sie gedacht waren, kaum entsprachen. Aber manchmal, in außergewöhnlichen Situationen, schien es eben doch zu passen.

Die junge ungebundene Frau hatte sich für ein Leben in Paris entschieden, und ihre Lebensweise entsprach ziemlich radikal den damaligen existenzialistischen Vorstellungen individueller Freiheit. Sie studierte bereits an der Sorbonne und zeigte sich sofort affiziert von diesem charmanten, ungewöhnlichen Menschen, den ihr Bruder ihr als »wirklich hervorragenden Dichter« angekündigt hatte. Da Celan schon seit vier Jahren in einem Hotelzimmer in der Rue des Écoles wohnte, lag es nahe, dass sie ihn gelegentlich von der Sorbonne aus besuchte. Einmal, zusammen mit einer Gruppe von österreichischen Künstlern, traf sie ihn dort dann mit Gisèle de Lestrange an, die er ihnen als seine Verlobte vorstellte. »In der Folge stellte ich natürlich meine sporadischen Besuche ein«, schreibt sie lakonisch im Rückblick. Aber das war nicht das letzte Wort.

Im Herbst 1953 zog Brigitta Eisenreich in ein Eckhaus an der Avenue Kléber, und sie wusste Celans neue Adresse, die ganz in der Nähe war. Sie schickte ihm eine Botschaft dorthin, unter irgendeinem literarischen Vorwand. Danach geschah, in ihren eigenen Worten, Folgendes: »Statt einer Antwort hörte ich eines Abends jemand ganz unten auf der Straße das bekannte Motiv der 8. Symphonie von Schubert, der sogenannten ›Unvollendeten‹, pfeifen, ein, wie ich sofort erkannte, mir zugedachtes Signal. Celan kam zu mir, in mein kleines Zimmer hoch oben unter den Dächern, und so begann eine Beziehung, die fast neun Jahre lang gewährt hat.«

Die jüngere Geliebte ganz in der Nähe der eigenen Wohnung mit der Ehefrau – ein Arrangement wie im klassischen französischen Film. Doch es kam noch etwas hinzu: Im Oktober 1953 starb François, Celans erstes Kind, nur Stunden nach seiner Geburt, und Eisenreichs Wohnung lag auf Celans Stadtwanderungen, die er seit jeher häufig unternahm, »gewissermaßen als Trost- und Haltestelle am Weg«.

Brigitta Eisenreich teilt mit, dass sie von sich aus nicht über Celan geschrieben hätte. Sie glaubte alle Briefe und Materialien verloren, die etwas über ihre Beziehung aussagten. Im Celan-Nachlass im Marbacher Literaturarchiv fand sich aber ein Konvolut, unter anderem mit Gedichten von ihr, von denen sie gar nicht mehr wusste, dass sie sie geschrieben hatte. Sie stehen erkennbar unter Celans Einfluss, Eisenreich hatte selbst Gedichte in seiner Tonlage zu schreiben begonnen. Sie war eine Schülerin, weitaus mehr als Ingeborg Bachmann – obwohl es interessante Gemeinsamkeiten gibt.

Der Ton, in dem die zweiundachtzigjährige Brigitta Eisenreich auf ihre frühe Liaison zurückblickt, ist abgeklärt, aber manchmal auch ein bisschen verwundert. Sie hat später eine wissenschaftliche Karriere als Ethnologin gemacht, und man merkt in ihrer distanzierten, sachlichen Diktion auch ein bisschen das Bestreben, sich von jener jungen, nicht mehr so richtig greifbaren Person abzusetzen, die sie einmal war. Ihren damaligen Wunsch, aus den österreichischen Verhältnissen auszubrechen, stellt sie ganz unsentimental dar, und dass sie als ein dreiundzwanzigjähriger Ankömmling in Paris auf eigenen Füßen stehen wollte, entsprach einem Gefühl, das in der Luft lag und das man später »Selbstverwirklichung« nennen sollte. Man hat sogar den Eindruck, es sei ihr ganz recht gewesen, dass Celan verheiratet war.

Bei alldem teilt sich aber eine merkwürdige Spannung in ihren Zeilen mit. Sie wartete oft ungeduldig auf die Besuche Celans, notierte sie in ihrem Kalender und vermerkte die Enttäuschung, wenn er mal ein paar Tage länger ausblieb. Und sie konstatiert ganz eindeutig, dass sie erst wieder eine feste Bindung einging und heiratete, als die Beziehung zu Celan um das Jahr 1962 herum endgültig beendet war. Dennoch »stand alles unter dem Gesetz des Geheimen«, und sie achtete stets darauf, alle Spuren ihrer Beziehung zu verwischen. Es ging ihr darum, »den schwebenden Charakter des Anfangs unserer Begegnung« zu erhalten, um den Reiz und die Schönheit des Augenblicks. In diesem Sinne erfand sie verschiedene Zeichen ihrer Gemeinsamkeit. Um zu zeigen, dass sie zu Hause sei, hängte sie ein weißes Tuch an ihr Fenster, als »Fahne«. Und nachdem sie umgezogen war, befestigte sie an der Tür ihrer neuen Wohnung eine schwarze Schiefertafel mit einem Stückchen Kreide. Wenn Celan kam und sie nicht da war, zeichnete er als Nachricht auf diese Tafel einen kleinen Stern – in seinem Gedicht »À la pointe acérée« kommt solch ein »Kreidestern« vor, und Brigitta Eisenreich stellt den Zusammenhang her. Diese Sternchen waren eine für andere nicht lesbare Signatur und »Zeichen geteilter Verschwiegenheit«. In dem einzigen erhaltenen Brief von ihr aus den frühen Jahren hat sie statt einer Unterschrift drei maschinengetippte Sternchen ans Ende gesetzt. Sie sind Teile einer »Geheimschrift«, die auch in Celans »Widmungs-Kryptogrammen seiner Bücher« an Eisenreich wieder aufgenommen wird.

Sie wirkt fast wie eine ideale Geliebte für Celan. In den ersten Jahren freuten sie sich daran, statt des üblichen »Wie geht's?« als Willkommensgruß ein französisches »Et vos amours?« zu gebrauchen − »und lange Zeit hindurch meinten wir es auch wirklich so«. Die berühmte Zeile »Et nos amours« aus dem Apollinaire-Gedicht vom Port Mirabeau klingt dabei natürlich auch an, in dem nach der Erinnerung an verlorene Lieben gefragt wird und das für Celan sehr bedeutsam war. Brigitta Eisenreich verkehrte in den damals angesagten Jazz-Lokalen und auch in den, wie sie es selber nennt, »Geheimtipps«. Sie gehörte ganz selbstverständlich dazu und verkörperte noch ganz anders als Celans Frau Gisèle etwas von dem Lebensgefühl, das man mit Cool Jazz und übervollen Aschenbechern verband. Es ließ sich dabei auch eine bestimmte Schnittmenge mit Celans revolutionären Gesängen aus seiner Jugend erkennen − sie nennt konkret die Warschawjanka, das Partisanenlied der Roten Armee oder das Solidaritätslied. Sie nahm für das bohemehafte Leben mit Celan sogar eine Abtreibung in Kauf, für die sie bis nach Berlin reisen musste. Ihre knappe Schilderung der Umstände ist ein erhellendes Zeitdokument. Mit Brigitta Eisenreich wurde eine völlig andere Saite angerissen als in Celans Ehe mit der französischen Aristokratentochter. Die Österreicherin stand aber auch noch für etwas ganz anderes: Sie hatte unverkennbar die Rolle der »Fremden« angenommen, die einstmals Ingeborg Bachmann zugedacht gewesen war.

Die »Fremde« war eine nichtjüdische Deutsche, aber sie teilte mit Celan seine Muttersprache. Brigitta Eisenreich tat das in jenem österreichischen Idiom, das er mit dem Habsburgerreich und seiner eigenen Herkunft verknüpfen konnte und das ihn damals nach Wien geführt hatte. Sie trat in sein Leben, als er wegen Gisèle die Beziehung zu Ingeborg Bachmann abgebrochen und die Französin schließlich auch geheiratet hatte – und sie füllte eine Leerstelle aus, die sich dabei aufgetan hatte. Die deutsche Sprache war sein wunder Punkt. Viele Zeitzeugen beschrieben, dass es ihm nicht leichtfiel, in die Bundesrepublik zu reisen, obwohl ihm die literarische Anerkennung dort so wichtig war. In Paris, im romanischen Raum, bewegte er sich zwar in einem ihm gemäßen Fluidum, aber das Deutsche als gesprochene Sprache, als Sprache des Alltags fehlte ihm dort letztlich immer – Brigitta Eisenreich stellt im Nachhinein fest: »Zu mir kam er wohl auch, und vielleicht sogar in erster Linie, um für dieses Fehlende einen Ersatz zu finden.«

Im Unterschied zu Ingeborg Bachmann passte sie sich seinen Vorstellungen auch eher an. Sie setzte ihm keinen Widerstand entgegen, der untergründig etwas mit eigenen literarischen Ambitionen zu tun hatte, sie bildete weder in der Beziehung noch in der Dichtung ein konkurrierendes Gegenüber. Aber Brigitta Eisenreich war, durchaus sehr eigenständig, vor allem eine Verfechterin eines Prinzips jenseits der »Hohen Minne«, für die Celans Ehefrau Gisèle stand. Diese gemahnte zwar an ritterliche Vorstellungen aus dem Mittelhochdeutschen, die er dichterisch des Öfteren evozierte, doch es gab für ihn durchaus noch andere Formen der Minne. Und bei Brigitta Eisenreich war es viel eindeutiger als bei Ingeborg Bachmann, dass sie eine solch andere Form verkörperte. Sie bildete ein Gegengewicht und zog ihn an. Es ist ein spezielles Phänomen. Celan kannte seine Ehefrau noch nicht sehr lange, er hatte sie eben erst geheiratet – und es kam daneben zu einer stark sexuell konnotierten Beziehung mit Brigitta Eisenreich, die lange anhielt. Sie war im Übrigen nicht die Einzige – im Lauf der Jahre sind mehrere solcher Affären Celans bekannt geworden, Namen wie Traute Ogris, Monique Köpke, Hildegard Barth und noch andere wurden dabei aufgestöbert. Das charakteristische Pfeifen vor dem Haus, mit der Melodie von Schuberts »Unvollendeter«, erwähnt bereits Edith Silbermann-Horowitz, und auch Monique Köpke hat Klaus Voswinckel davon erzählt. Ihre Beziehung zu Celan erstreckte sich von Anfang 1951 bis Mitte 1952 in Paris und sei letztlich dadurch verebbt, dass sie nicht so viel mit Celans Gedichten anfangen konnte.

Die Verbindung von Dichtung und Leben wurde bei Celan auf jeden Fall auch sinnlich sehr aufgeladen. Es gibt einige Erzählungen darüber, wie er aufleben konnte, wenn er mit anderen bis spät im Café zusammensaß. Es erfreute ihn einmal sehr, als Studenten am Nebentisch »Henri« Heine zitierten, und Klaus Voswinckel erinnert sich, dass Celan dann auch anfing, Heine zu zitieren und anschließend sich selbst. Auf den Tischen lagen Brotreste herum, und auf den weißen Papierdecken waren ringsumher Weinflecken zu sehen: »Viel Weltgeschichte, was hier liegt!«, habe Celan angeregt gesagt. Und es ist hier vielleicht auch nicht ganz unwichtig, was Voswinckel über seine Gespräche mit Celan berichtet, die die Gruppe 47 zum Thema hatten. Dass er die Ereignisse damals »merkwürdig« fand, habe er irgendwie angedeutet, »aber ob er es richtig schlecht fand, weiß ich gar nicht. Er erzählte auf jeden Fall in dem Zusammenhang immer sofort von Ingeborg Bachmann.« Direkt nach der Tagung in Niendorf und nach den Rundfunkaufnahmen beim NWDR in Hamburg seien einige der Autoren noch durch St. Pauli gegangen, und der Höhepunkt sei dabei die Herbertstraße gewesen, die eigens durch besondere Absperrungen markierte Prostituiertenstraße. Und Celan habe dabei hervorgehoben, dass die »treibende Kraft dieser Unternehmung« Ingeborg Bachmann gewesen sei. Voswinckel betont, dass Celan für seine, die junge, Generation in den frühen sechziger Jahren auch dadurch so wichtig geworden sei, weil er in seinen Gedichten das Erotische und Sexuelle thematisierte. Diese Form von sinnlicher Sprache sei damals neu und ungewöhnlich gewesen.

Celan ist sicher auch ein Beispiel für den Vorgang, den Freud als »Spaltung zwischen der sinnlichen und der zärtlichen Strömung« definiert hat – die Ehefrau Gisèle auf der einen Seite, die wegen ihrer hochmögenden Haltung angebetet wird, und wechselnde Liebschaften auf der anderen Seite. Es gibt wunderbare Briefe Celans an seine Frau aus der ersten Zeit, doch abseits der Ehe setzten sich jene erotisch-poetischen Verbindungen fort, die bereits in Czernowitz begonnen hatten. Das Verführerische, Poetische, Spielerische ist in allen Beschreibungen der Person Celans präsent. Erotik und Sprach-Erotik verschmolzen mit seinem Selbstverständnis als Dichter. Die »Hohe Minne« war nur ein Teil davon. Den Halt, den die Ehe bot, tangierte das aber nicht.

Brigitta Eisenreich umkreist des Öfteren etwas, was sie eine »nur scheinbar ambivalente Haltung Celans« nennt: die Treue zu Gisèle und den »Exkurs in die Sinnlichkeit der Begegnung mit anderen Frauen«. Wie bei vergleichbaren psychischen Vorgängen ist aber alles nicht so genau zu trennen, manchmal treten Bruchstellen zutage. Brigitta Eisenreich schreibt an einer Stelle, und das fällt in seiner Direktheit auf: »Mir war bewusst, dass die starke physische Anziehung, die Celan für mich empfand, ihn beunruhigte.« Sie beschreibt sich als eine junge Frau mit langem rotblondem Haar, braungrünen Augen und einem seit jeher leicht gebogenen Rücken. Celan habe sie mit den unter ihren Schleiern nackten Frauen bei Lucas Cranach dem Älteren verglichen.

In Eisenreichs Erinnerungen wird Celans suggestive Wirkung immer wieder spürbar. Und sie ist nie zu trennen von der hohen Bedeutung, die die poetische Existenz für ihn hatte und die einen starken Sog auslöste. Schon in der ersten Nacht, zusammen mit Celan und ihrem Bruder, als die Stadt Paris sich voller Zauber zeigte, erschien er ihr »überaus liebenswert« – und es wirkt bezeichnend, dass der Nachsatz wie eine Negierung beginnt: »Aber schon von diesem Zeitpunkt an fiel mir auf, wie sehr sein Leben und sein Dichten eines und dasselbe waren.«

Die Liebessprache Celans war gehoben und hatte etwas von einer Anrufung. Sie war die wohl emphatischste Form, in der das Poetische und das Seherische zusammenklangen. Das begann in Czernowitz bei der frühesten Freundin Edith Horowitz und der wichtigsten Geliebten Ruth Kraft, setzte sich in Bukarest fort und zeigte sich dann zum Beispiel auch bei Diet Kloos-Barendregt. Dichtung, Ich-Überhebung, Auflösung und Rausch: Eine für Brigitta Eisenreich symptomatische Szene ereignete sich, als Celan, »geradezu jubelnd«, ihr von seiner soeben vollendeten Übersetzung von Rimbauds *Trunkenem Schiff* erzählte: »Es war ihm wie ein Sieg; ein Sieg, an dem er mich teilhaben ließ. Es kam vor, dass er im Zustand sinnlicher Erregung das Wort ›Königin‹ ausrief – so auch an diesem Tag. Merkwürdigerweise erschien mir schon damals dieser Ausruf nicht als persönliche Anrede, sondern als etwas irgendwie Rituelles.«

Eine andere Beobachtung Brigitta Eisenreichs scheint in diesem Zusammenhang wichtig zu sein: »Beim Vorlesen klang seine Stimme oft um ein Register höher als die ihm eigene Mittellage.« Das Rituelle ist bei Celan die Dichtung. Seine Art des Vortrags, die in der frühen Bundesrepublik oft befremdend wirkte, drückte genau dies aus. Der altösterreichische Bühnenton und sein persönliches Schicksal als verfolgter Jude flossen zusammen, er identifizierte sich nicht von ungefähr mit Hofmannsthals Vorstellung von der dichterischen Existenz »im Sturz des Daseins«.

Ab und zu blitzt in Eisenreichs Erinnerungen ein Schmerz auf, der etwas mit dem Unerreichbaren an Celan zu tun hat. Sie stellt bezeichnende Fragen: »Er war der Vielgeliebte, daran ist nicht zu zweifeln; er aber, mit dem Traum von ›Freiheit‹ und ›Wahrheit‹ im Herzen, war er der jeweils ganz und immer wieder Liebende?« Um ein gleichberechtigtes Verhältnis ist es zwischen ihnen nie gegangen, und Eisenreich versucht durchaus differenziert, auch in für sie eher prekären Momenten die Perspektive Celans einzunehmen. Sie sieht »jedesmal, wenn ein Zuviel an Verlangen und Begehren an ihn herantrat, eine Konstante in seinem Leben; den Schmerz eines anderen mitzutragen, ihn seiner eigenen Last hinzuzufügen war ihm, was nicht zu verwundern ist, nicht leicht möglich«. Seine eigene Last: Das war natürlich auch das Schuldgefühl, den Massenmord überlebt zu haben – ein Schuldgefühl, von dem er ahnen musste, dass es für eine oder gar eine einzige emotionale Bezugsperson eine zu große Bürde sein könnte, damit umzugehen. Auch das kennzeichnete wohl seine Ehe mit Gisèle.

Eisenreich datiert die erste, unbeschwerte Phase ihrer Beziehung bis zum Jahr 1957. Das hat in erster Linie intime Gründe, aber es sind auch die Jahre, in denen Celan im bundesdeutschen Literaturbetrieb sehr erfolgreich war und die Anfeindungen und Intrigen noch nicht im Vordergrund standen. Es war Celans beste Pariser Zeit. Alles stand noch im Zeichen seines literarischen Beginns: Sein erster offizieller Gedichtband *Mohn und Gedächtnis*, zu Weihnachten 1952 in einer Teilaufnahme bereits als Geschenk für die Freunde des Verlags gedruckt, dann offiziell im Frühjahr 1953 ausgeliefert, stieß immer noch auf große Resonanz. Lange waren kritische Stimmen Celan gegenüber kaum zu hören. Es gab zwar einige verstreute bornierte Verrisse, doch im Vordergrund stand eine eindeutig positive Aufnahme. Er war in der deutschen Literatur zu einer bedeutenden Stimme geworden, sein zweiter Gedichtband *Von Schwelle zu Schwelle* bestätigte dies 1955 noch einmal. Er wurde in den wichtigsten Literaturzeitschriften veröffentlicht, hatte darüber hinaus bald als Übersetzer moderner Literatur einen guten Namen und verdiente durchaus auch Geld, sogar mit zwei locker aus dem Ärmel geschüttelten Verdeutschungen zweier Maigret-Romane Simenons. Auf seinen Aufstieg in die soziale Sphäre des französischen Adels war er äußerst stolz, 1955 wurde zudem sein Sohn Eric geboren: Vieles schien in überschaubaren Bahnen verlaufen zu können. Als der Süddeutsche Rundfunk in Stuttgart am 15. Juni 1954 eine Lesung mit Celans Gedichten ausstrahlte, führte der Redakteur Karl Schwedhelm ganz selbstverständlich mit folgenden Worten ein: »Der Name Paul Celan ist allen den Menschen, die am deutschen Gedicht Freude haben, ein fester Begriff.«

Diese Sendung ist deshalb von besonderer Bedeutung, weil es neben der Autorenlesung auch ein kurzes Gespräch zwischen Schwedhelm und Celan gab. Es ist das einzige Interview geblieben, das von Celan im Radio oder Fernsehen überhaupt existiert – das einzige Dokument also, in dem man seine Stimme im Gespräch hören kann. Und es ist aufschlussreich, wie sich Celan in solch einer Situation verhielt, in der er sich ziemlich ausgesetzt fühlen musste: in einer wichtigen Rundfunkanstalt der Bundesrepublik, auf einer repräsentativen Bühne des Literaturbetriebs. Der Zweite Weltkrieg war noch nicht lange vorbei, und der deutsche Massenmord an den Juden spielte in der bundesdeutschen Öffentlichkeit fast kaum eine Rolle, im allgemeinen Bewusstsein bildete er eine große Leerstelle. Wo Celan herkam und welches Schicksal er hatte, musste deshalb sofort in einen höheren, existenziellen Raum gehoben werden. Ein Musterbeispiel dafür ist, wie Schwedhelm am Anfang den biographischen Hintergrund Celans umreißt: »Sie sind natürlich nun durch viele Sprachen gewandert, denn in Rumänien geboren, zwar in einer deutschsprachigen Umgebung, haben Sie natürlich schon von Anfang an auch all die Reize und die vielen Eindrücke der anderssprachigen Welt in sich aufgenommen. Sie haben dann nach dem Kriege in Wien gelebt, nach einem schweren Schicksal, das Ihnen die Eltern genommen hatte. Und sind dann nach Paris übergesiedelt, und dort nun im Umgang mit Ihrer französischen Frau wird natürlich auch das Deutsche in Ihrem täglichen Sprachbereich nur ein Teil sein. Ist das nicht eine gewisse Erschwerung für das Gedicht?«

Celan antwortet relativ kurz und scheint dem getragenen Ton Schwedhelms mit einem souveränen, alltäglichen Ton begegnen zu wollen: »Und was nun die Gefahren des Französischen betrifft, so darf ich wohl sagen, dass ich, solange ich noch deutsch träume, diese Gefahren gebannt weiß.«

Mit dem Wort »träumen« kommt eine Dimension ins Spiel, die der Interviewer Karl Schwedhelm sofort wieder auf die Gedichte Celans bezieht: Viele von ihnen gingen ja wohl auf Träume zurück, stellt er fest. Und Celan bejaht das und kommt dann auf sein »unmittelbares Schicksal« zu sprechen. Aber interessanterweise meint er damit explizit nicht seine jüdische Herkunft und das Bewusstsein dafür, dem Tod nur knapp entronnen zu sein, sondern es geht ihm um seine deutsche Muttersprache und ihre Gefährdungen: »Ich würde sagen, meine Gedichte haben diese, vielleicht, diese Ausrichtung auf das Traumhafte hin, das ja anderswo noch mit meinem unmittelbaren Schicksal zusammenhängt. Ich habe, wie Sie vorhin

sagten, in einem sprachlichen Exil gelebt, also umgeben von anderen Sprachen, die ich eigentlich nie zur Kenntnis genommen habe, wenn ich auch gewisse Reize von dieser anderen Ebene her empfangen habe. Das Rumänische blieb mir von Anbeginn eine fremde Sprache, mit der ich mich nicht zu befassen brauchte, auch wenn ich durch die rumänische Schule wandern musste. Das war vielleicht doch nur eine Art Mäntelchen, das man ziemlich leicht wieder ablegen konnte, wenn man die Schule verlassen hatte. Also für mich bestand da keine Gefahr. Was nun das Französische betrifft, so ist die Gefahr natürlich größer. Und ich muss also in Paris eine gewisse Sprachhygiene beobachten, das heißt, ich befinde mich in einem Gegenüber mit der anderen Sprache. Und wenn ich zum Beispiel – ein konkreteres Beispiel – auf eine französische Wendung stoße, die mir im Deutschen nicht sogleich, also im Handumdrehen, geläufig ist, so muss ich natürlich sofort zum Wörterbuch rennen und mir mein eigenes Sprachgut wieder neu bewahren und sichern.

So geht es mir. Aber aus diesem Gegenüber der beiden Sprach-
ebenen ergibt sich andererseits eine Vertiefung des Sprachge-
fühls.«

Das Wort von der »Sprachhygiene« taucht gleich im
Anschluss noch einmal auf, als es um Celans Tätigkeit als
Übersetzer geht, die ihn »mit der eigenen Sprache vertrau-
ter macht«. Für Celan ist das Entscheidende, dass das Deutsche für ihn genauso die Muttersprache ist wie für jemanden,
der im allgemeinen deutschen Sprachraum aufgewachsen ist,
er legt großen Wert auf sein Deutsch, und vor diesem Hintergrund verwendet er auch den merkwürdigen Begriff der
»Sprachhygiene«, der ansonsten eine befremdliche Konnotation hat. Als Schwedhelm dann das Thema des Übersetzens
mit der Bemerkung abschließt, dass er Celans »hauptsächliche
Arbeit« nicht »unterschlagen« möchte, »nämlich die Leistung
als Dichter«, bestätigt dieser knapp: »Ich halte das allerdings
für das Wesentlichere.«

Man spürt die Anspannung, in der sich Celan befand. Die 175
Merkwürdigkeit der Situation, nur wenige Jahre nach der
Ermordung seiner Eltern in einem deutschen Rundfunkstu-
dio zu sitzen, war ihm offensichtlich in jeder Sekunde bewusst.
Welchen Einfluss die Massenvernichtung der Juden durch die
Nazis auf Celans Schreiben hatte, kommt nicht einmal im Ansatz
zur Sprache. Die »Todesfuge«, im Band *Mohn und Gedächtnis*
mehr als ein Jahr zuvor veröffentlicht, ist kein Thema in diesem Gespräch. Schwedhelm fragt so, wie man in dieser Zeit
im Westen Deutschlands eben fragte, wenn sich das Gespräch
um Lyrik drehte: Es ging um etwas Höheres, Traumverhange-
nes. Auffällig ist, dass Celan im weiteren Verlauf der Sendung
in frappierender Manier zu lachen, ja zu kichern anfängt – so
kennt man ihn durch seine Gedichte nicht. Es entspricht auch
nicht dem Bild, das später allgemein von ihm entworfen wurde.
Dieses Lachen begegnete dem Druck, unter dem Celan stand –
eine künstliche Mediensituation auf der einen, eine ihn persön-

lich betreffende Prüfung auf der anderen Seite. Und es deutete auf eine psychische Disposition hin, die in den nächsten Jahren immer prekärer werden würde.

Es mutet im Folgenden fast gespenstisch an, wenn Celan sein Gedicht »Der Reisekamerad« liest – es handelt eindeutig vom Tod seiner Mutter, die in einem nationalsozialistischen Lager in der Ukraine umgebracht worden war, es handelt davon, wie der Verfasser des Gedichts mit dem Tod der Mutter umgeht. Doch von diesen äußerst konkreten Ursprüngen des Gedichts ist mit keinem Wort die Rede. Weder bei Schwedhelm noch, was umso unwirklicher wirkt, bei Celan selbst. Er geht einen Umweg über den Märchendichter Andersen, er deutet an. Celan kommt auf das Gedicht zu sprechen, als Schwedhelm ihn dazu auffordert, etwas aus dem Band *Mohn und Gedächtnis* vorzustellen: »Wollen Sie nicht aus diesem Band mal eine Probe geben, um ungefähr auch die Thematik zu zeigen. Das, was Sie innerhalb der Wirklichkeit und der Überwirklichkeit anspricht als Dichter. Wohin Sie mit Ihrem Ausdruck zielen.«

Celan führt in das Gedicht so ein: »Ich glaube, um die Frage zu beantworten, dass jedes wahre, jedes echte Kunstwerk auch über sich hinausgreift. Einer der Räume, in die ich nun hinauszugreifen versuchte, war eben das Märchen. Nun kamen aber mit den Jahren und den Erfahrungen weitere Räume hinzu, die ich natürlich heute noch nicht auf eine knappe Formel bringen kann. Vielleicht aber ergibt sich von diesem Übergangsstadium, das durch das Märchen dargestellt werden kann, durch diesen Raum des Verwunschenen, vielleicht ergibt sich von da aus für den Hörer und den Leser eine Möglichkeit der Übersicht. Darf ich nun ein kleines Gedicht aus dem Gedichtband *Mohn und Gedächtnis* lesen, das mir den Zusammenhang mit den voraufgegangenen, bisher unveröffentlichten Gedichten zu erhalten scheint. Gerade bei diesem Gedicht habe ich, als ich den Titel dafür suchte, mich dabei ertappt, dass es sich nun wieder um eine Kindheitserinnerung handelte, und zwar um ein Märchen von Andersen, das ich durchaus nicht in Erinnerung hatte, als ich die Zeilen dieses Gedichtes schrieb. Das aber später sich doch noch kundtat. Also setzte ich als Titel dieses Gedichts den Titel dieses Märchen von Andersen, wiewohl der Inhalt dieses Gedichts durchaus nicht mit diesem Märchen übereinstimmt. Ich darf vielleicht sagen, dass das Gedicht selbst von diesem Märchen ausgeht und dann seine eigenen Wege weitergeht.«

Anschließend liest Celan das Gedicht:

DER REISEKAMERAD
Deiner Mutter Seele schwebt voraus
Deiner Mutter Seele hilft die Nacht umschiffen, Riff
um Riff
Deiner Mutter Seele peitscht die Haie vor sich her
Dieses Wort ist deiner Mutter Mündel
Deiner Mutter Mündel teilt dein Lager, Stein um Stein
Deiner Mutter Mündel bückt sich nach der Krume
Lichts

Aus heutiger Sicht wirkt dieses Gedicht ziemlich eindeutig. Doch es sagt einiges aus, dass Celan nach Schwedhelms Frage, wohin er mit seinem Ausdruck ziele, bei seinen Ausführungen über dieses Gedicht nicht auf seine tatsächliche Mutter eingeht, nicht auf das konkrete historische Geschehen. Es hätte, in dieser feierlich der Lyrik gewidmeten Sendung, nicht nur wie eine Provokation gewirkt, es hätte Celan sicher auch in jeder Hinsicht überfordert, dafür die richtigen Worte finden zu müssen. Es lag an Schwedhelm, das Gedicht zu interpretieren, es in den richtigen Rahmen zu stellen, und er scheint sich schon relativ weit vorzuwagen, wenn er nach Celans Lesung vorsichtig fragt: »Hier ist auch in sechs Zeilen einmal die märchenhafte Welt, die Traumwelt und darüber hinaus eine von sehr starken Reizen des Wirklichen durchdrungene Ausdrucksweise zu finden. Es ist nicht nur Traumwelt, sondern ich habe den Eindruck, dass dieses Gedicht in einem sehr sublimierten Sinne auch modern ist. Dass Schichten darin zu finden wären, wenn man es genau untersuchte, die einfach nur um die Mitte des zwanzigsten Jahrhunderts uns gedanklich präsent sind. Oder empfinden Sie es als abgelöst von dieser Zeit?«

Ungefähr so weit glaubte man, im Jahr 1954, wenige Jahre nach Auschwitz, gehen zu können. Und Celan kann jetzt Schwedhelms Tonlage aufnehmen und vieldeutig sagen:»Ich empfinde es durchaus nicht als abgelöst von dieser Zeit und auch nicht so merkwürdig, wie das auch für manche Ohren klingen mag. Ich halte es auch nicht für wirklichkeitsfern, im Gegenteil. Aber wie Sie vorhin sagten, bei dieser unserer Wirklichkeit handelt es sich ja um ein vielschichtiges Gebilde, wo verschiedene Schichten freigelegt sein wollen durch das Gedicht. In diesem Sinne halte ich also das Gedicht für ausgesprochen zeitgenössisch und wirklichkeitsnah.«

Es wollen also verschiedene Schichten freigelegt werden, und das bleibt dem Leser bzw. dem Hörer überlassen. Es liegt an ihm, die Assoziationen, die in tiefer vergrabenen Schichten freigegeben werden können, aufzunehmen. Es wird andeutend gesprochen, mit einem neueren Modewort sogar »raunend«. Es war Celans Chance, dass seine Worte so gehört werden konnten. »Ausgesprochen zeitgenössisch und wirklichkeitsnah«: Das wirkt im von einem nebulösen deutschen »Geist« durchdrungenen kulturellen Milieu fast schon wie eine Bedrohung. Und Celan geht erst in dem Moment auf die »Wirklichkeit« ein, als Schwedhelm diese Dimension in das Gespräch einbringt – es ist dieselbe Vorsicht, dasselbe Hintanstellen der eigenen subjektiven Erfahrungen, das bereits in dem Brief an Ernst Jünger wenige Jahre vorher zu erkennen ist. An Jünger hätte Celan nicht schreiben müssen. Er tat es trotzdem, weil ihm die Aussicht, vielleicht als Dichter im Raum seiner Muttersprache gehört zu werden, wichtiger war als die Bedenken jemandem wie Jünger gegenüber. Gegen ein Interview im Rundfunk aber, noch dazu mit einem gutwilligen Mann wie Karl Schwedhelm, war nichts einzuwenden, das wollte und wünschte er. Aber es gehörte wohl einiges dazu, die entsprechenden Bedingungen zu ertragen – das Lachen Celans, das nur hier auf einer Tonaufnahme dokumentiert ist, ist ein Ausdruck davon.

Es war eine vergleichsweise glückliche Zeit in Celans Leben. Dennoch zeigt schon dieses Rundfunkinterview, wie zerrissen er gewesen sein muss. Seine jüdische Herkunft thematisierte er zu diesem Zeitpunkt noch keineswegs offensiv, und es spricht einiges dafür, dass seine ausgiebige Beschäftigung mit dem Judentum, seine Versenkung in dessen spezifisch mystische Traditionen, noch gar nicht eingesetzt hatte. Brigitta Eisenreich schreibt, dass Celan »von jeder konfessionellen Bindung ans Judentum weit entfernt« gewesen sei. Eine Zeit lang wohnte er mit seiner Frau in der Rue de Montevideo, und Eisenreich gegenüber habe er »das allzu sichtbare Auftreten der Frommen rund um die Synagoge in seiner unmittelbaren Nachbarschaft bedauert und als lästig empfunden«.

Natürlich waren Celans Gedichte nach der persönlichen Katastrophe durch die Erfahrung des Nationalsozialismus durch und durch davon geprägt. Trotz der surrealistischen und symbolistischen Einflüsse prägte diese zeitgeschichtliche Dimension alles, was er schrieb. Seine Art, sich in der deutschen Sprache auszudrücken, konnte gar nicht davon zu trennen sein, dass es die Sprache der Mörder war. Und so war auch das Jüdische in seinen Gedichten immer präsent, in Gedichten wie »Tenebrae« etwa in charakteristischer Konfrontation mit dem Christentum. Den Moment, in dem bei Celan die Beschäftigung mit der jüdischen Tradition jedoch aktiv und in besonders identifikatorischer Weise einsetzte, kann man ziemlich eindeutig bestimmen: Im Mai 1957 kaufte er bei einem der Bouquinisten an der Seine, bei denen er kurz zuvor auch Erstausgaben Kafkas aus der Kurt-Wolff-Reihe *Der jüngste Tag* entdeckt hatte, die Werke Ossip Mandelstams im russischen Original.

Er war sofort elektrisiert. Hier hatte er einen Geistesverwandten entdeckt, einen »Bruder«, wie er bald schreiben würde, ein ostjüdisches Pendant. Mandelstamm war wie Celan gezeichnet von den totalitären Erfahrungen des zwanzigsten Jahrhunderts und starb Anfang der vierziger Jahre in einem stalinistischen Lager. Celan hatte sofort den Plan, diesen Dichter zu übersetzen, und schrieb dessen Namen immer mit Doppel-m, »Mandelstamm«, um das Jüdische daran zu betonen, den Stamm der Mandel hervorzuheben. Mandelstamm gewährte eine Identität, die Celan auch gegen den bundesdeutschen Literaturbetrieb nutzen konnte.

In den folgenden Jahren finden sich häufiger Worte in Celans Gedichten, die auf die jüdische Tradition verweisen, die Kabbala beginnt eine größere Rolle zu spielen, und gelegentlich werden mystische Momente aufgerufen. In Gershom Sholems Studien zur Überlieferung der Kabbala beschäftigte ihn zum Beispiel die »Schöpfung aus dem Nichts«, die der Kabbalist Isaak Luria (1534–1572) mit dem Ausdruck »Zimzum« beschrieben hatte: Es geht um einen göttlichen Akt des Rückzugs in sich selbst, der der Schöpfung erst Raum gibt. Gott zieht sich »in seine eigenen Tiefen zurück« und wird zum »Nichts«, was bei Gershom Sholem eingehend diskutiert wird. Über die »Schöpfung aus dem Nichts« hat Celan etwa mit dem Freiburger Germanisten Gerhart Baumann gesprochen, und es gibt mittlerweile etliche germanistische Studien über Celans Auseinandersetzung mit jüdischen mystischen Begriffen. Die »Schechina« hatte es ihm dabei besonders angetan, da ergaben sich interessante Berührungspunkte mit seinen eigenen ästhetischen Vorstellungen: Es handelt sich um den »zerstreuten« Teil Gottes, um göttliche Funken, die die Juden ins Exil begleiten – und sie stehen gerade nicht für eine Abkehr von der Welt, sondern für eine Hinzuwendung zu den Opfern. Interessant sind allerdings dabei auch Notizen, die er sich anlässlich seiner Begegnung mit Nelly Sachs Ende Mai 1960 in Zürich machte und in denen er einen Dialog mit ihr wiedergibt. Nelly Sachs bekannte: »Ich bin ja gläubig«, worauf Celan antwortete, er hoffe, »bis zuletzt lästern zu können«. Hier geriet ein Gegensatz zu Nelly Sachs ins Blickfeld, der nicht zu unterschätzen ist. Während sie einem Wunsch nach Versöhnung Ausdruck verlieh, ging es ihm darum, der Wirklichkeit und dem Schmerz auf den Grund zu gehen. Dabei gab es keine höhere Instanz, und es gab auch keine endgültige Form dafür. Im Mittelpunkt stand für ihn der konkrete Einzelne. In einem Brief an Nelly Sachs' Freundin Inge Waern, den Irene Fantappiè veröffentlicht hat, schrieb Celan: »Dichtung, wirkliche Dichtung – also nicht diese oder jene ›Lyrik‹ – hat immer etwas Schicksalhaftes: die Dinge, die sie nennt, sind da, sie kommen, sie sind unterwegs. In diesem Sinne ist wirkliche Dichtung auch immer offen. Derjenige, der Gedichte schreibt, weiß um dieses Geöffnetsein: er muss hier hindurch, mit seinem Leben, ob er will oder nicht.«

Religiöse Identifikationsfiguren standen für Celan nicht im Vordergrund, er fand sie in einem Dichter. Celans Gedichtband *Die Niemandsrose* aus dem Jahr 1963 ist »Dem Andenken Ossip Mandelstamms« gewidmet, und auch im Buch selbst finden sich viele Mandelstam-Anklänge. Das Gedicht »Und mit dem Buch aus Tarussa« hat in diesem Sinne ein Motto, das eine Gedichtzeile der russischen Dichterin Marina Zwetajewa (»In dieser allerchristlichsten der Welten sind die Dichter Jidden«) verkürzt und konzentriert: »Alle Dichter sind Juden.« Damit wird die dichterische Existenz mit dem Schicksal der Juden als untrennbar zusammengedacht, und im Laufe der sechziger Jahre lassen sich bei Celan viele Bezüge zu dieser Erkenntnis nachweisen. »Alle Dichter sind Juden«, das wurde zu seinem Lebensmotto.

Von einer sehr charakteristischen Situation, in der dieser Satz heraufbeschworen wurde, berichtete Jean Bollack. Celan besuchte ihn Ende August 1964 zusammen mit Peter Szondi in der Dordogne, und es ging bei den Gesprächen dort vor allem um die Kritik, die Hans Egon Holthusen über Celan verfasst hatte und in der er unter anderem das Celan-Bild »Mühlen des Todes« als eine »in X-Beliebigkeiten schwelgende Genitivmetapher« bezeichnete. Dass Eichmann davon gesprochen hatte, die »Mühle in Auschwitz arbeiten« zu lassen, dass die »Mühle« eine stehende Redewendung für Auschwitz war, hatte Holthusen nicht wahrgenommen. Als Peter Szondi einen Leserbrief an die *FAZ* schrieb, in dem er die politische Haltung des Rezensenten angriff, druckte die Zeitung parallel zu diesem Brief gleich eine Entgegnung Holthusens ab: »Das Gedicht hat, wenn ich Augen im Kopf habe, mit dem Thema Auschwitz und Nazigreuel überhaupt nichts zu tun. Dort, wo sich Celan ausdrücklich mit der massenhaften Ermordung der Juden beschäftigt, nämlich in seiner berühmten ›Todesfuge‹, dort kommt die Formel ›Mühlen des Todes‹ nicht vor.« Die Notiz seiner Frau Mayotte, die Jean Bollack in seiner Schilderung mitteilt, umreißt ein Bild, das man sich von Celan zu diesem Zeitpunkt machen kann: »Eines Abends in der Dordogne, wo die Gestalten und die Erinnerung Hölderlins ihn beschäftigten, sagte er: ›je suis la poésie.‹ An jenem Abend war er aufgewühlt (an den übrigen Tagen eher verschlossen und ausweichend). Schweigend hörten wir ihm zu, während er diese pathetischen Sätze vorbrachte.«

Parallel zu Celans Entdeckung von Ossip Mandelstam, zur Aneignung verschütteter Traditionen und zur Beschäftigung mit bisher unbekannten Dichtern, geschah aber noch etwas anderes. Das Notizbuch von Brigitta Eisenreich dokumentiert eine wichtige Zäsur. Um den 14. Oktober 1957 herum begann sie auf Celans nächsten Besuch zu warten, musste aber täglich »Nichts« eintragen: »Montag – Nichts«, »Dienstag – Nichts«, »Mittwoch – Nichts«, »Donnerstag – Nichts«, »usw.«. Es handelte sich um ein überaus bedeutsames Nichts. Denn mit einem Schlag trat die »Fremde« selbst, die ursprüngliche, wieder in ihr Recht.

II

Dura legge d'Amor!

Die Liebeseuphorie

Es muss wie ein Schock gewesen sein. Da wurden auf einmal wieder tiefer gelegene Schichten aufgewirbelt, über die sich eine Zeit lang eine zähe, klebrige Alltagshaut gelegt hatte. Vom 11. bis zum 13. Oktober 1957 fand auf Einladung des »Wuppertaler Bundes« eine Tagung zum Thema »Literaturkritik – kritisch betrachtet« statt, und hier trafen Ingeborg Bachmann und Paul Celan nach fünfeinhalb Jahren zum ersten Mal wieder aufeinander – unvermittelt. Sie hatten es vorher nicht gewusst. Zeugnisse dessen, was damit einherging, sind die Notizen, die sich Bachmann und Celan auf der Rückseite des Tagungsprogramms gegenseitig zukommen ließen: »Wann fährst Du? Und wann kommst Du wieder?« (Bachmann); »Ich fahre heute gegen acht Uhr nach Düsseldorf. Ich komme morgen früh wieder« (Celan). Und dann setzte er nach, es wird vieldeutig und weist darauf hin, dass etwas in ihm stattfindet: »Ich fahre auch sonst manchmal. Ich kann denken: du kannst oft wiederkommen.«

Es ist noch ein Umschlag erhalten, den Paul Celan in Bachmanns Wuppertaler Hotel abgegeben hat, aber nicht mehr der Inhalt, und es ist belegt, dass sich Celan einen Tag nach der Tagung mit Bachmann in einem Hotel in Köln getroffen hat, mit der Adresse »Am Hof« in direkter Nähe des Doms, am 14. Oktober. Was sich da ereignet hat, muss weitaus mehr gewesen sein als ein bloßer *coup de foudre*. Es war ein herausgehobener Moment, der für Celan offenkundig alles durcheinanderbrachte, ein Moment, in dem zwei, die füreinander bestimmt zu sein schienen, tatsächlich einmal zueinanderkamen. Kaum nach Paris zurückgekehrt, überschüttete Celan Bachmann mit Briefen und Gedichten. Es gab kaum einen Tag, an dem er nicht eine neue Sendung an sie aufgab. Sie wohnte zu diesem Zeitpunkt bereits wegen einer festen Anstellung beim Bayerischen Rundfunk in München. Das Gedicht, das Celan am 20. Oktober geschrieben und ihr sofort geschickt hat, ist der unmittelbare Ausdruck dessen, was in Köln geschehen war:

KÖLN, AM HOF
Herzzeit, es stehn
die Geträumten für
die Mitternachtsziffer.

Einiges sprach in die Stille, einiges schwieg,
einiges ging seiner Wege.
Verbannt und Verloren
waren daheim.

Ihr Dome.

Ihr Dome ungesehn,
ihr Ströme unbelauscht,
ihr Uhren tief in uns.

Das Wort »Herzzeit«, das erste Wort des Gedichts, hat eine besondere Konnotation. Es scheint die reguläre Zeit außer Kraft zu setzen, es steht für eine neue, eigene Zeit, eine Kernzeit. Das Herz, das konkrete wie imaginäre, das unausschöpfliche Zentrum des Menschen, steht auch für alle Assoziationen, die mit der Liebe einhergehen. Die »Herzzeit« ist die Zeit der Liebenden, und von daher entsprechen die »Geträumten«, die in der zweiten Zeile auftauchen, genau der Definition Sigmund Freuds für den Traum: Sie sind eine »Wunscherfüllung«.

Die »Mitternachtsziffer« pendelt hin und her zwischen der »12« und der »0«, zwischen Ende und Anfang, oder aber, wie es in einem anderen Gedicht Celans einmal heißt, »zwischen Immer und Nie«. Hier steht die Zeit für einen Moment still und lässt Raum für etwas, was über die gewohnte Wahrnehmung ihres Taktes hinausgreift. Celan stellt bewusst einen Zusammenhang zu einem ekstatischen Früher her, zu seinem Gedicht »Corona« nämlich, dem geheimen Bündnisgedicht für Ingeborg Bachmann aus den wenigen Wochen in Wien: Auch hier wurde eine Zeit aufgerufen, die Widersprüchliches in sich vereinte und dem bloßen chronologischen Ablauf etwas anderes entgegensetzte. Die »Herzzeit«, die »Mitternachtsziffer«: Das sind sprachliche Konkretionen jener »Zeit«, die in »Corona« umkreist wurde. Man kann die beiden Formeln durchaus als eine mögliche Antwort auf die Schlusswendung in »Corona« lesen: »Es ist Zeit, dass es Zeit wird.«

In der Mitte des Gedichts steht die zentrale Aussage. Sie hält den besonderen Moment fest, und er ist so besonders, weil die Widersprüche hier einmal zusammengebracht werden können und vereint sind. »Am Hof« ist der Ort ihrer Utopie: »Verbannt und Verloren / waren daheim.«

»Verbannt« und »Verloren« sind Partizipien, die wie Substantive behandelt werden, es sind menschliche Existenzformen. Sie werden personalisiert, es sind zwei Menschen, die sich hier treffen und eine gemeinsame Heimat finden. Dass der Ausgangspunkt dafür die beiden konkreten Schicksale von Paul Celan und Ingeborg Bachmann sind, ist zwar im Gedicht selbst aufgehoben, als individuelle Erfahrung aber unverkennbar. »Verbannt« wurde Celan aus seiner ursprünglichen Umgebung, dem unwiederholbaren Sprachen- und Völkergemisch der Bukowina, und Ingeborg Bachmann wird nicht nur bei ihm, sondern auch in eigenen Texten mit dem Attribut »verloren« versehen, es ist eine Selbstzuschreibung, die aus den Erfahrungen ihrer Biographie herrührt. Celan schickte ihr, gleich als er nach der Wuppertaler Tagung und der Nacht in Köln nach Paris zurückgekehrt war, als Erstes das Gedicht »Weiß und Leicht«, mit dem Vermerk »Für Dich, Ingeborg, für Dich –«, und er schrieb dazu: »Als ich ›Weiß und Leicht‹ schrieb – es dauerte Tage und Tage –, kam dann, ganz zuletzt, das Wort ›Verlorne‹ herein. Ich wusste sofort, dass Du es warst, ich versuchte mich zu wehren.« Die betreffende Passage lautet: »Im Windschatten, tausendfach: du. / Du und der Arm, / mit dem ich nackt zu dir hinwuchs, / Verlorne.«

186

»Verbannt« und »Verloren«: Es war die Vision, dass die beiden Dichter, die sich »aus dämonischen Gründen«, wie Ingeborg Bachmann einige Jahre zuvor erkannt hatte, gegenseitig ausschlossen, dass diese Solitäre doch zusammengedacht werden konnten. Und dazu gehörte auch eine neue Form von Gelassenheit: Es konnte gesprochen und geschwiegen werden, und »einiges ging seiner Wege«, unbehelligt. Das Gedicht Celans hat einen hymnischen Ton, es zeugt von einem Augenblicksglück. Das so unterschiedliche, aber doch auch gemeinsame Schicksal hatte zwei Versprengte zusammengeführt.

Angerufen werden dann, in einer einzelnen Zeile als Strophe abgesetzt, »Ihr Dome«. Das Kölner Hotel lag im Schatten des Kölner Doms, aber es ist nicht ohne Belang, dass Celan am Ende seines Gedichts in der Abschrift für Ingeborg Bachmann auch den Ort nannte, an dem er es geschrieben hatte: »Paris, Quai Bourbon«. Auf der Île St.-Louis also, am rechten Seine-Ufer, wo man auf die Île de la Cité, also auch auf Notre-Dame sehen kann, den Pariser Dom. Und hier gibt es eine Verbindung zum innersten Paris, zur Sainte-Chapelle auf der Île de la Cité, zu den alten architektonischen Zeugnissen der christlichen Kultur, die Celan sehr am Herzen liegen und die er immer wieder aufsucht: »Ihr Dome« ist eine Anrufung, die dem Heiligen gilt, etwas jenseits des Menschen, das diesem aber geschenkt wird, eine Verheißung. Und es folgt eine dreifache Bestätigung, die diese »Dome« konturiert. Es ist eine Hoffnung auf die Zukunft. Da ist noch etwas unausgeschöpft, aber es gibt eine Ahnung davon, dass vieles möglich sein kann: »Ihr Dome ungesehn,/ihr Ströme unbelauscht,/ihr Uhren tief in uns.« Dom und Strom, Köln und Paris, der Rhein und die Seine – die Gegensätze können überwunden werden, die »Fremde« kann heimgeholt werden, und die »Uhren tief in uns« nehmen die »Mitternachtsziffer« wieder auf und künden davon, dass es eine Zeit gibt, die nur den Liebenden gehört und nur von ihnen definiert werden kann. »Es ist Zeit«, die letzte Zeile aus »Corona«, ist jetzt in die »Uhren tief in uns« übergegangen. »Köln, Am Hof« ist ein Liebesgedicht, das weitaus mehr ist als ein Liebesgedicht, es ist ein existenzieller und gesellschaftlicher Entwurf. Der »Hof«, als Ort der Begegnung, aber auch als die Rand- und Vorzone eines Gestirns, wie die »Corona«, der Strahlenkranz um die Sonne – das ist etwas, was ein »Licht der Utopie«, wie Celan bald darauf in seiner Rede zum Büchner-Preis sagen wird, auf das Künftige wirft.

Celan war durch die unerwartete Wiederbegegnung mit Bachmann vollkommen elektrisiert, seine Brief- und Gedichtflut in den ersten Tagen danach kündet davon. Es ist ein Tonfall, den man von ihm sonst nicht kennt. Nach dem Treffen in Wuppertal und Köln schien Celan wie verwandelt. Er wurde zu einem rückhaltlos Liebenden, zu jemandem, der eigenes Fehlverhalten und Verkennen eingestand und Ingeborg Bachmann in ihrer Eigenart anerkannte und ansprach. Aber es fällt auf, dass Bachmann zunächst nicht antwortete. Erst am 28. Oktober, nach etlichen Schreiben von Celan, schickte sie ein Telegramm: »Ich werde heute schreiben es ist schwer verzeih.« Sie war überfordert von dem, was sie da ausgelöst hatte, damit war nicht zu rechnen gewesen nach der schroffen Ablehnung, die sie durch Celan erfahren hatte. Sie arbeitete gerade an dem Hörspiel *Der gute Gott von Manhattan*, mit einer radikal weiblichen Sicht auf die Liebe und auf das Verhältnis von Mann und Frau, und sie hatte soeben ihr »dreißigstes Jahr« hinter sich gebracht, mit allen Desillusionierungen, derer sie sich angesichts dieser biographischen Zäsur bewusst wurde.

Aber vielleicht machte gerade das den Unterschied aus zu der Bachmann, die Celan gekannt und der er sich im Pariser Versuch des Zusammenlebens im Herbst 1950 noch überlegen gefühlt hatte. Bachmann war inzwischen zu einer berühmten Dichterin geworden, und ihren allseits gefeierten Gedichtband *Anrufung des Großen Bären* von 1956 kannte auch Celan. Er war

darauf gestoßen worden, wie sehr sie bei aller Bezugnahme auf ihn doch auch etwas Eigenständiges entwickelt hatte, sie trat ihm jetzt als Lyrikerin auf Augenhöhe gegenüber. Und er merkte den Stoff, der sie umtrieb. Was in *Die gestundete Zeit*, ihrem Debüt von 1953, noch ein äußerst deutlicher Einfluss von ihm gewesen war, das hatte sie sich jetzt auf ganz neue Weise anverwandelt, sie war mit Celan in ein Zwiegespräch auf höherer Ebene getreten.

Ihre frühen Gedichte, nach der Zeit mit Celan in Wien, hatten seinen Ton förmlich aufgesogen. Später spielten Celan'sche Bilder für Bachmann aber eine ganz andere Rolle. In seinem Gedicht »Schlaf und Speise« war zum Beispiel von einer »Finsternis« die Rede: »Und was sie als Rose war, Schatten und Wasser, schenkt sie dir ein.« Bachmanns Gedicht »Schatten Rosen Schatten«, das 1956 in der *Anrufung des Großen Bären* stand, lautet dann:

Unter einem fremden Himmel
Schatten Rosen
Schatten
auf einer fremden Erde
zwischen Rosen und Schatten
in einem fremden Wasser
mein Schatten

Das nahm das »Du« im Celan-Gedicht an, identifizierte sich
damit und führte das literarische Zwiegespräch insgeheim auf
die biographische Grundlage zurück. Zug um Zug schrieb Ingeborg Bachmann ihre persönliche Geschichte mit Paul Celan in
Literatur um: Der Dialog mit dem Lyriker, der sich anfangs auf
die persönliche Begegnung bezog, wandelte sich allmählich zu
einer poetologischen Auseinandersetzung. Nach einer affirma-
tiven Aufnahme der fremden, suggestiven Bilderwelt kämpfte
Bachmann immer stärker, mit gewendeten Zitaten, gegen eine
Verklärung der Dichtung und der Liebe durch den Dichter an.
Sie setzte dabei einen neuen, ganz eigenen Akzent und thematisierte offensiv die weibliche Perspektive. Die »Lieder auf der
Flucht«, der abschließende Zyklus im Gedichtband von 1956,
umschrieben offen die Situation, in der sie sich am Ende ihrer
Zeit in Neapel bei Hans Werner Henze befand. Hier ging Bachmann vom erlebten Winter am Mittelmeer aus und führte dies
ins Allgemeine: die Vulkanlandschaft, die die Liebe lehrt, die
Verlorenheit der Liebenden. Die »Lieder auf der Flucht« zeigen
Bewegungen eines schreibenden Ichs, das deutlich von Bachmanns eigener biographischer Situation ausging. Die Schluss-
Sequenz musste Celan stark berühren, hier war eine Poetolo-
gie ins Blickfeld geraten, die seiner begegnete. Und es mutet
seltsam an, dass etwas anklingt, was Celan erst später, in den
sechziger Jahren, in Worte fassen sollte: »es sind / noch Lieder
zu singen jenseits / der Menschen«, heißt es in seinem Gedicht
»Fadensonnen« von Ende 1963. Bei Bachmann scheint dies

vorgeformt: »Die Liebe hat einen Triumph und der Tod hat einen, / die Zeit und die Zeit danach. / Wir haben keinen. / / Nur Sinken um uns von Gestirnen. Abglanz und Schweigen. / Doch das Lied überm Staub danach / wird uns übersteigen.«

Das war für Bachmann ein neuer poetischer Ton, und er zeugte von einem neuen Selbstbewusstsein. Es hatte sich Anfang 1957 auch in jenem, in vieler Hinsicht aussagekräftigen, nicht abgeschickten Abschiedsbrief an Hans Werner Henze ausgedrückt, der vor allem eine Selbstvergewisserung gewesen war: »Da gibt es etwas anderes, das zerstört und zerstörerisch ist, alles oder nichts in sich dazu angetan, mich einmal wissen zu lassen, was ich wert bin und was ich nicht wert bin, und ich bin es, Hans, ich allein, die die Dinge so auf die Spitze treibt, denn die Männer sind Feiglinge. Es ist merkwürdig, dass ich vor kurzem etwas über diesen dunklen Erdteil geschrieben habe, und nun gehe ich wirklich dorthin, und ich fühle diesen alten starken Mut.« Hatte sie etwas Konkretes im Auge, war der »dunkle Erdteil«, den sie jetzt »wirklich« betreten wollte, in diesem Moment eindeutig definiert? An Celan konnte sie bei diesen Sätzen nicht gedacht haben, aber wohin sie realgeographisch ging, war erst einmal klar umrissen: Es war München, es war die Stelle beim Bayerischen Rundfunk. Was sie aber auszeichnete und was Celan in Wuppertal bei ihr zwangsläufig registrieren musste, war »dieser alte starke Mut«.

Dass sie mit dieser Haltung Celan gegenübertrat, muss ihn überwältigt haben. In einem seiner ersten, ungestümen Liebesbriefe aus Paris gibt es einen Hinweis darauf, was ihn konkret umtrieb: »Du warst, als ich Dir begegnete, beides für mich: das Sinnliche UND das Geistige. Das kann nie auseinandertreten, Ingeborg.« Es ist bemerkenswert, wie emphatisch er das festhält: dass das »Sinnliche« und das »Geistige« für ihn bei ihr gleichzeitig erfahrbar waren. Diese Erkenntnis muss etwas in ihm erschüttert haben. In den Jahren zuvor waren diese Dimensionen in dem Verhältnis zu seiner Ehefrau und der parallel dazu geführten Beziehung zu Brigitta Eisenreich auffällig voneinander getrennt, er hatte das ja selbst registriert. Wie er jetzt Ingeborg Bachmann wahrnahm, setzte bestimmte Mechanismen außer Kraft.

Das Erste, was er ihr aus Paris gleich nach seiner Rückkehr schon am 16. Oktober schrieb, war: »Ich habe Gisèle alles gesagt, alles. Sie weint, sie kann es nicht fassen. Ich habe ihr gesagt, dass auch Du hast weinen müssen, all diese Jahre, durch mich.« Es war bei der Wiederbegegnung also zur Sprache gekommen, wie sehr er sie, Bachmann, verletzt hatte, und das hatte etwas in ihm getroffen. Er nahm sie plötzlich ganz anders wahr. Aber es gibt Anhaltspunkte dafür, dass Bachmann schon in Wuppertal und Köln etwas ansprach, wofür er in der konkreten Situation wohl keinen Kopf hatte: seine Ehe mit Gisèle. Ingeborg Bachmann konnte sich, und dafür gab es wahrlich Gründe, in Gisèle hineinversetzen, und sie tat dies automatisch. In ihrer ersten Reaktion auf die wieder aufgeloderte Liebesbeziehung zu Celan, zwei Wochen nach der Nacht in Köln, spielt Celans Ehefrau die Hauptrolle. Und Bachmann spricht den entscheidenden Punkt, auch für sich selbst schonungslos, gleich aus: »Wenn ich an sie und an das Kind denken muss – und ich werde immer daran denken müssen – werde ich Dich nicht umarmen können.«

Sie beschwört Celan: »Du darfst sie und Euer Kind nicht verlassen.« Anscheinend hatte Celan ihr signalisiert, dass er zu allem fähig sei, und sie scheute instinktiv vor den Konsequenzen zurück. In Celan arbeitet es, er würde sofort zu Bachmann kommen, doch dann fügt er hinzu, am 17. Oktober, in einem zweiten atemlos hingeschriebenen Brief: »Gisèle ist jetzt ruhig und gefasst, sie hat es nicht nur hingenommen, sie hat es auch verstanden. ›Elle aussi est mariée avec toi‹: Nur ein Mensch wie Gisèle kann so sprechen.«

»Auch sie ist mit dir verheiratet«: Es gab von Anfang an eine Solidarität zwischen Gisèle Celan-Lestrange und Ingeborg Bachmann, das ist eine der auffälligen Volten der Geschichte.

Die beiden Frauen traten bald auch direkt in Kontakt. Ingeborg Bachmann brauchte, nach den überwältigenden Reaktionen von Celan, seinen stürmischen Briefen, einige Zeit, um mit dieser Überrumpelung fertigzuwerden. Sie bremste Celan, sie wies ihn auf seine Liebe zu Gisèle hin, sie war überfordert von der Vorstellung, Celan könne alle Brücken hinter sich abbrechen und sie als seine Frau ansehen. Ausgerechnet sie stand jetzt für das Realitätsprinzip, während er vollkommen hingerissen war und mit ihrer Beziehung Dichtung und Leben miteinander verschmelzen wollte. »Der letzte Kuss vorgestern nacht: vergiss nicht, wohin er weist«, schrieb er am Ende seines ersten Liebesbriefs aus Paris, und einige Tage später setzte er nach: »Jenes ›Du weißt, wohin er wies‹ muss so ergänzt werden: Ins Leben, Ingeborg, ins Leben.«

Das, was Bachmann in verschiedenen Varianten seit 1948 umgetrieben und woran sie jahrelang festgehalten hatte, die Vision eines Lebens mit Celan, eines anders Gezeichneten als sie, in dem sie aber in unvergleichlicher Weise das Wesen des Dichterischen erkannt hatte – diese Vision schien nun greifbar nahe. Aber es war in der Zwischenzeit einiges geschehen, sie hatte andere Erfahrungen gemacht, und nur von daher konnte sie die Kraft haben, plötzlich den Part der Nüchternen und Abwägenden einzunehmen. Ihr gemeinsames »Märchen«, wie sie es früh einmal bezeichnete, hatte für sie jetzt andere Formen angenommen als für ihn. Dem Unbedingten ihrer Liebes- und Märchendichtung standen konkrete Ereignisse gegenüber, und sie versuchte immer ausgreifender – und verzweifelter –, das miteinander in Einklang zu bringen. Die Rollen hatten sich umgekehrt, ohne dass sie es wollte. Sie schrieb: »Du hast mir gesagt, Du seist auf immer versöhnt mit mir, das vergesse ich Dir nie.« Das »Fremde«, das zwischen ihnen stand, Celans Schicksal als verfolgter Jude und die Entwicklung seiner Lyrik als Konsequenz daraus, schien in den Hintergrund getreten zu sein. Aber sie konnte jetzt auch schreiben: »Die Ergänzung, sagst Du, muss heißen ›Ins Leben‹. Das gilt für die Geträumten. Aber sind wir nur die Geträumten? Und hat eine Ergänzung nicht immer stattgefunden, und sind wir nicht schon verzweifelt im Leben, auch jetzt, wo wir meinen, es käme auf einen Schritt an, hinaus, hinüber, miteinander?«

Sie konnte nicht mehr daran glauben, dass der Traum Wirklichkeit werden könnte, sie hatte einige Ernüchterungen hinter sich. Das Wort von den »Geträumten«, das Celan in seinem Gedicht »Köln, Am Hof« hymnisch auf sie beide gemünzt hatte, stammte ursprünglich von Bachmann, das erfährt man ebenfalls aus ihrem Briefwechsel, sie hatte die Verschmelzung von Leben und Dichtung in dieses Bild gefasst – um nun, einige Tage danach, die Perspektive zu verändern: »Aber sind wir nur die Geträumten?« Sie wollte sich, und gleichzeitig auch Gisèle, eine Wiederholung dessen ersparen, was sie mit Celan schon einmal erlebt hatte. Im Gegensatz zu Celan kam sie eher selten auf ihre eigenen Gedichte zu sprechen, da fiel es umso mehr ins Gewicht, was sie am Ende ihres hin-und-hergerissenen ersten Briefes nach der erneuten Begegnung, der so lange auf sich hatte warten lassen, schrieb: »Ich wollte Dir noch sagen in Köln, Dich bitten, die ›Lieder auf der Flucht‹ noch einmal zu lesen, in jenem Winter vor zwei Jahren bin ich am Ende gewesen und habe die Verwerfung angenommen. Ich habe nicht mehr gehofft, freigesprochen zu werden. Zu welchem Ende?«

»Freigesprochen«: Es gab einen Bann, unter dem Bachmann bei Celan stand, es gab das Schuldgefühl, ihm nicht genügen zu können. Sie bezog die »Lieder auf der Flucht«, die letzten Texte überhaupt, die sie in einem eigenen Gedichtband veröffentlichte, in diesem Brief deutlich auf Celan, als Verarbeitung ihres Verhältnisses. Und das war auch eine Antwort auf einen Passus in Celans zweitem Brief nach seiner Wiederankunft in Paris, in dem er, ihre wiedergefundene Liebe beschwörend, das Petrarca-Motto ihrer »Lieder auf der Flucht« als eigenen Absatz zitiert hatte: »Dura legge d'Amor!« – »Das Gesetz der

Liebe ist hart!« Celan hatte diese »Härte« als Herausforderung gesehen, als poetischen Ansporn, Bachmann gab dieser »Härte« mit ihrem Hinweis aber eine andere Note, eine existenziell abgründige, etwas Endgültiges.

Celan fand in den folgenden Wochen immer neue Liebesworte, und er kam dabei auch wieder auf die »Fremde« aus dem Gedicht »In Ägypten« zu sprechen, also auf die Rolle, die er Bachmann zuwies und was diese für ihn bedeutete: »Denk an ›In Ägypten‹. Sooft ichs lese, seh ich Dich in dieses Gedicht treten: Du bist der Lebensgrund, auch deshalb, weil Du die Rechtfertigung meines Sprechens bist und bleibst. (Darauf habe ich wohl auch damals in Hamburg angespielt, ohne recht zu ahnen, wie wahr ich sprach.)« Es war aber natürlich auch eine ungeheure Last, die er ihr damit aufbürdete, eine Last, die nur sie spürte.

Celans überwältigendes Liebesgefühl hielt länger an. Es ist merkwürdig, dass sie gerade in dieser Zeit beide in ihrem unmittelbaren Lebensumfeld umzogen: Celan siedelte am 19. November mit seiner Familie in eine etwas größere Wohnung in der Rue de Longchamp über, Bachmann wartete darauf, dass sie von einer Pension endlich in ihre Wohnung im Hinterhaus der Schwabinger Franz-Joseph-Straße wechseln konnte, im Dezember war es so weit. Obwohl Celan am liebsten Hals über Kopf nach München gefahren wäre, kam es erst vom 7. bis 9. Dezember dort zu einer Wiederbegegnung. Sie muss in größter Übereinstimmung erfolgt sein, die Briefe von ihm und auch von ihr sind danach offen und leicht, voll ungewohnter Vertrautheit und voller Glück, dass sich diese Vertrautheit eingestellt hatte. Celan befand sich mittlerweile häufiger auf Lesereisen in der Bundesrepublik, und er wollte das jetzt immer mit Abstechern nach München zu Ingeborg Bachmann verbinden, das war ihre Absprache, abseits seines Alltags in Paris, von dem sie ihn trotz widersprüchlicher Gefühle überzeugt hatte. Celans Besuche bei Bachmann fanden in einem Freiraum statt, und davon kündet auch das Widmungsexemplar von *Mohn und Gedächtnis*, das er ihr bei seinem Dezemberbesuch in München schenkte: Dreiundzwanzig Gedichte aus diesem Band versah er nun nachträglich mit dem Kürzel »f. D.«, »für Dich«, und bezog so die bezeichneten Gedichte ausdrücklich auf sie. Ein weiteres Gedicht ist durch ein überschwängliches »u. f. D.«, »und für Dich« hervorgehoben: »Sie kämmt ihr Haar«. So wie Celan kurz vorher das Bild einer »Verlornen« eindeutig mit Ingeborg Bachmann in Verbindung gebracht hatte, wird jetzt ein imaginäres weibliches Gegenüber in den frühen Gedichten konkret auf sie bezogen, die »Fremde« bekam klare Konturen, und die Zeit der Gemeinsamkeit in Wien wurde auf eine Gemeinsamkeit in der Dichtung generell übertragen.

Celan erhob Bachmann im Nachhinein nicht nur zu einer Muse, sondern sah in ihr viel mehr. Er erlebte sie jetzt in allem, was sein Innerstes anbelangte, als ebenbürtige Gesprächspartnerin. Als sie kurz nach seinem Besuch in München eine Lesung in Wien hatte, am 11. Januar 1958 im Kleinen Theater in der Josephstadt, schrieb ihr Celan aus Paris einen Brief, in dem es nur hieß: »Samstag / Du liest jetzt / Ich denk an Deine Stimme.«

Celan war am 28. und 29. Januar wieder in München, im zeitlichen Umfeld seiner Entgegennahme des Bremer Literaturpreises. In diese Phase des Glücks mit Ingeborg Bachmann fiel auch seine Übersetzung eines Gedichts von Paul Eluard, »Nous avons fait la nuit«. Eine datierte Reinschrift schenkte er ihr im Februar, die Übersetzung stammte vom 24. Dezember 1957:

> Die Nacht ist begangen, ich halt deine Hand,
> ich wache, ich stütz dich
> mit all meinen Kräften.
> Ich grabe, tiefes Gefurch, deiner Kräfte
> Stern in den Stein: deines Körpers
> Gütigsein – hier

soll es keimen und aufgehn.
Ich sage mir deine
Stimmen vor, beide, die heimliche und
die von allen gehörte.

Später übertrugen beide, unabhängig voneinander, Gedichte
des Italieners Giuseppe Ungaretti ins Deutsche – auch dies eine
Übereinstimmung in Leben und Dichtung, die noch dadurch
bekräftigt wurde, dass dabei kein Gedicht Ungarettis doppelt
übersetzt wurde.

Um den Jahreswechsel 1957/58 kam es mit Celans Ehefrau
zu einer neuen Krise. Gisèle hatte, direkt nach der Oktober-
nacht in Köln und nach seinen Erklärungen, Ingeborg Bachmann als eine Art Leidensgenossin akzeptiert, mit dem großen Satz, dass sie genauso mit Celan verheiratet sei wie sie
selbst. Doch Celans Zustand konnte ihr nicht verborgen bleiben, seine Unsicherheit, ja Haltlosigkeit, obwohl er sich mit

Bachmann darauf geeinigt hatte, dass er Gisèle nicht verlassen würde. Celans und Bachmanns Briefe, ihr Tonfall kündeten
zwar von einem »Carpe diem« außerhalb der Zeit, der alltäglichen Zuordnungen, aber Gisèle konnte davon nicht unbetrof-
fen bleiben. Bevor Celan Ende Januar wieder nach Deutschland aufbrach, verrät ein Tagebucheintrag Gisèles etwas von
der Krise. Ihr Eintrag vom 11. Januar 1958 lautet: »Du warst
schrecklich heute Nacht. Welchen Anteil hat der Wein, welchen
Deine tatsächlichen Gedanken? Du warst kein ›Notbehelf‹ für
mich. Das kann ich nicht akzeptieren. Muss ich nun neben all
dem Düsteren um mich auch noch glauben, dass Du an meiner
Liebe von Anfang an gezweifelt hast? Ich habe all die Tage so
wenig klar gesehen. Heute Nacht hast Du mir allzu schreckli-
che und falsche Dinge gesagt – Glaubst Du mit der gleichen
Überzeugung heute nach dem Aufwachen noch daran?«

Es ging dabei nicht nur um Ingeborg Bachmann. In diesen Tagen brach etwas Grundsätzlicheres auf. Celan musste, in

einem Zustand, der bereits vorausahnen ließ, was da noch kommen könnte, Gisèle gegenüber etwas zum Ausdruck gebracht haben, dem er immer weniger standhielt. Wenn er Gisèle vorwarf, er sei nur ein »Notbehelf« für sie gewesen, muss ihn das Grundgefühl der tiefen Einsamkeit wieder eingeholt haben, von dem er vor seiner Heirat öfter gesprochen hatte. Als Celan nach Deutschland aufgebrochen war, wo er auch Ingeborg Bachmann wieder besuchte, finden sich in Gisèles Tagebuch allerdings bewegende Sätze: »Gestern habe ich bis spät in die Nacht Ingeborgs Gedichte gelesen. Sie haben mich erschüttert. Ich musste weinen. Welch schreckliches Schicksal. Sie hat Dich so geliebt, sie hat so sehr gelitten. Wie konntest Du so grausam zu ihr sein. Jetzt bin ich ihr näher, ich akzeptiere, dass Du sie wiedersiehst, ich bleibe ruhig, Du bist ihr das schuldig, armes Mädchen, würdig und mutig ist ihr sechsjähriges Schweigen.«

In der Krise vom Januar 1958 begann Gisèle sogar, Bachmanns Gedicht »Curriculum vitae« ins Französische zu übersetzen. Sie identifizierte sich mit ihr, und sie erkannte in ihren Gedichten etwas von den Erfahrungen, die sie selbst mit Celan gemacht hatte. Ingeborg Bachmann indes wusste von vornherein um die Vergeblichkeit ihrer Beziehung zu Celan, und gerade diese Vergeblichkeit brachte wohl die Intensität mit sich, mit der diese Liebe im Herbst und Winter 1957/58 noch einmal aufflammte. Im März 1958 widmete Bachmann Gisèle ihren Gedichtband *Anrufung des Großen Bären* mit den Worten »Pour Gisèle – sous les ombres: les roses. Ingeborg« (Für Gisèle – unter den Schatten: die Rosen), eine Anspielung auf ihr Gedicht »Schatten Rosen Schatten«.

Nach dem Besuch Celans Ende Januar sahen sie sich erst einmal nicht mehr, erst am 7. Mai war er wieder dort. In der Zwischenzeit änderte sich auch ein bisschen die Tonlage zwischen ihnen, auch die Pausen zwischen ihren Nachrichten und ihren Briefen wurden länger. Anfang Februar kam Ingeborg Bachmann noch einmal auf Gisèle zu sprechen: »Meine letzte

Angst betrifft nicht uns, sondern Gisèle und Dich und dass Du ihr schönes schweres Herz verfehlen könntest. Aber Du wirst jetzt wieder sehen und die Verdunklung auch für sie aufheben können. Ich sprech nur noch ein letztes Mal davon (…).«

Ingeborg Bachmann war zu Beginn des Jahres 1958 öfter krank, und sie fühlte sich in München von Anfang an fehl am Platz. Auch die Beschäftigung beim Bayerischen Rundfunk entsprach überhaupt nicht ihren Vorstellungen, sie geriet in bürokratische und institutionelle Mühlen, vorübergehend hatte sie auch Angst, ihre Aufenthaltsbewilligung würde nicht verlängert. Zwischen ihrer Zeit beim Sender Rot-Weiß-Rot in Wien und der aktuellen Tätigkeit in München lagen Welten – die Jahre in Italien, der Entschluss, als freie Schriftstellerin zu leben, und nicht zuletzt auch ihr Durchbruch als Lyrikerin. Celans Besuch am 7. Mai stand dann offenkundig unter einem anderen Stern, es gab keine Augenblickseuphorie mehr, nicht mehr das Gefühl, außerhalb der Zeit zu stehen. Bachmann zeigte sich von der politischen Entwicklung in der Bundesrepublik entsetzt, sie engagierte sich gegen die Wiederbewaffnung und unterzeichnete im April einen Aufruf gegen die atomare Aufrüstung der Bundeswehr. Nach einer Kundgebung dagegen im selben Monat wurde, unter fadenscheinigen Begründungen, unter anderem eine unangekündigte kriminalpolizeiliche Hausdurchsuchung bei Hans Werner Richter durchgeführt. Ingeborg Bachmann bezog eindeutig Position, solidarisierte sich mit den Wortführern der Gruppe 47 und provozierte einen hämischen Kommentar ihres früheren Geliebten Hans Weigel, der sie im Juni öffentlich angriff.

Ende Juni und Anfang Juli 1958 war Ingeborg Bachmann in Paris. Sie schrieb von ihrem Hotel aus einen Brief an Celan, der äußerst gehetzt anmutete: »Paul, ich bin in Paris (niemand weiß es) – aber bist auch Du hier – oder noch in Deutschland? Ich muss Dich sprechen.« Es kam zu einem ersten Treffen zwischen beiden am 25. Juni, und später besuchte sie ihn in seiner Wohnung in der Rue de Longchamp, wo sie mit Gisèle zusammentraf. Der Furor der Wiederbegegnung von Bachmann und Celan vom vorangegangenen Oktober schien vorbei zu sein, der jeweilige Alltag drängte sich in den Vordergrund, und Anfang Juli wurde ihr Liebesverhältnis in einigen abschließenden Gesprächen – das letzte auf der Île St.-Louis! – beendet und sollte in etwas anderes überführt werden.

Dieses andere kam konkreter und schneller als gedacht. Der Schweizer Erfolgsautor Max Frisch hielt sich ebenfalls in Paris auf, das Züricher Schauspielhaus gastierte dort mit seinen Stücken *Biedermann und die Brandstifter* und *Die große Wut des Philipp Hotz*. Er hatte unbekannterweise vorher an Ingeborg Bachmann geschrieben, weil er auf ihr Hörspiel *Der gute Gott von Manhattan* gestoßen war, er zeigte sich davon sehr beeindruckt. Sie trieb in diesem Hörspiel ihre Erfahrungen mit der Liebe, dem »dunklen Erdteil«, auf die Spitze, und wenn ihre weibliche Hauptfigur Jennifer gegen Ende »im Zimmer des 57. Stockwerks« in New York ihrem Geliebten Jan die letzten Grenzüberschreitungen ankündigt, hinterlässt das Schwingungen, deren Konsequenzen sie nicht ahnen konnte: »Ich will, was noch niemals war: kein Ende. Und zurückbleiben wird ein Bett, an dessen einem Ende die Eisberge sich stoßen und an dessen unterem Rand jemand Feuer legt.« Frisch, der gerade dabei war, seine letzten Schweizer Fesselungen abzustreifen, wollte sich mit Bachmann treffen, er selbst erinnert sich in *Montauk*, was er ihr über das Hörspiel sagte: »wie gut es sei, wie wichtig, dass die andere Seite, die Frau, sich ausdrückt«. Als sie in Paris von seinem Gastspiel hörte, mitten in den klärenden und quälenden Gesprächen mit Paul und Gisèle Celan, meldete sich Bachmann in seinem Hotel. Sie war »gekleidet für eine Loge«, erinnerte sich Frisch, und noch viele Jahre später registrierte er mit Verblüffung, wie er, als sie vor dem Théâtre des Nations einen Pernod tranken, gesagt hatte, das bräuchte sie sich wirklich nicht anzuschauen, und lieber mit ihr in ein Restaurant ging. Der Rest: »die ersten Küsse auf einer öffentlichen Bank, dann in die Hallen, wo es den ersten Kaffee gibt: am Nebentisch die Metzger mit den blutigen Schürzen, diese zu plumpe Warnung.«

Am Tag zuvor, am 2. Juli, hatten Celan und sie endgültig ihre Liebesbeziehung ad acta gelegt. Am 3. Juli bereits begann ihre Liaison mit Max Frisch. Dieser Sprung vom 2. zum 3. Juli 1958, von den zermürbenden letzten Gesprächen mit ihrer unmöglichen Liebe Paul Celan zu dem halb berechneten, halb überstürzten Hals-über-Kopf mit Max Frisch: Dies gehört zu den Rätseln um Ingeborg Bachmann, zu ihrem Spiel. Aber zu ihrer Art von Spiel gehörte auch, dass sie keine Regeln zu kennen brauchte und sie im Zweifelsfall auch mal änderte. »Sie hat eine große Scheu davor, dass Menschen, denen sie nahesteht, einander begegnen«, schreibt Max Frisch. Es gibt kein einziges Foto, auf dem Bachmann und Frisch, obwohl sie fast vier Jahre lang ein Paar waren, gemeinsam zu sehen sind. Im Rückblick fragte sich Frisch immer wieder, mit wem er es da zu tun gehabt hatte und was da genau stattfand: »Eine Woche in Zürich als Liebespaar und aus klarer Erkenntnis der erste Abschied. Das gibt es tatsächlich: dass Haare zu Berge stehen. Ich habe es bei ihr gesehen. Die klare Erkenntnis, lebbar nicht länger als vier Wochen.«

So wie es in Ingeborg Bachmanns umfangreichem Briefwechsel mit Hans Werner Henze keinen offenen Hinweis auf die Existenz Paul Celans gibt, so versuchte sie auch bei Frisch, verschiedene Seiten ihres Lebens geheim zu halten. Einmal ging er zum Züricher Bahnhof, als sie von einer ihrer »Frankfurter Vorlesungen« zurückkam: »Als ich sie abhole, bleibt sie stehen, sowie sie mich sieht, ganz und gar verwirrt.« Fast schien es so, als habe sie vergessen, mit wem sie da gerade in Zürich zusammenlebte. Und an Celan schrieb sie erst am 5. Oktober in sich langsam windenden, schwierigen Sätzen zum ersten Mal von Frisch, drei Monate nach dem Beginn dieser Beziehung – lange nachdem sie mit ihrem neuen Geliebten eine unstete Reise nach Ligurien gemacht hatte und nachdem es klar war, dass sie von München nach Zürich übersiedeln würde. Aber bereits am 26. Oktober schob sie dann, voller Ahnungen, nach: »Du sagst mir aber nicht, wann Du kommst, wann wir uns sehen können. Du hast die Gedichte nicht geschickt! Entzieh mir Deine Hand nicht, Paul, bitte nicht.«

12

»Lass die Geschichten in Dir zugrunde gehen ...«

Die Realität schlägt zu

Ingeborg Bachmann hatte es geahnt, und es kam auch so. Nachdem sie mit monatelanger Verspätung Celan von ihrer neuen Liebschaft mit Max Frisch berichtet hatte, wurden seine Briefe karger und spärlicher. Und es drängte sich bei Celan etwas in den Vordergrund, was ihn schon seit einiger Zeit beschäftigte, jetzt aber immer größere Ausmaße annahm. Einer seiner ersten Briefe an Bachmann nach ihrem Rückzug zu einem anderen betraf einen Vorgang während einer Lesung am 17. November 1958 in Bonn. Ein gutwilliger Student, der bald darauf auch die erste Dissertation über ihn schreiben sollte, berichtete ihm etwas ungelenk über einige Publikumsreaktionen: Celans »Titelansagen« hätten nach Ansicht einiger »viel von der Komik Heinz Erhardts gehabt«, der Student Jean Firges fügte gleich in Klammern hinzu: »Ich bin mit dieser Meinung nicht einverstanden.« Dann aber sei eine Karikatur herumgereicht worden, die einen gefesselten Sklaven in gebückter Haltung zeigte, und darunter stand – »und hier beginnt die Gemeinheit«, schrieb Firges – »Hosiannah dem Sohne Davids!«.

Vor dem Hintergrund der atmosphärisch immer bedrängender werdenden Restauration in der Bundesrepublik, mit zunehmenden antisemitischen Äußerungen, war dies mehr als einer der üblichen Studentenstreiche oder Albernheiten, wie sie alle Tage vorkamen. Für Celan waren es Anzeichen von etwas weitaus Bedrohlicherem. Er schickte Bachmann am 2. Dezember 1958 einen Auszug aus dem Bericht des Studenten, mit einer kurzen Information über den Sachverhalt und einer Aufforderung, die in dieser Zeit oft in Briefen an Freunde und Kollegen aufzutauchen begann: »Sag mir, bitte, was Du denkst.«

Im Briefwechsel zwischen Celan und Bachmann war vorher kaum die Rede von derlei konkreten Angriffen im Literaturbetrieb gewesen. Allerdings gab es auf dem Höhepunkt ihrer Beziehung, in Bachmanns Brief vom 2. Februar 1958, bereits einen Hinweis darauf, was Celan umtrieb, und Bachmanns Haltung dazu barg schon einen Keim dessen, was Celan im Folgenden immer argwöhnischer registrieren würde. Dabei war der Anlass eine große Ehrung Celans. In seiner Laudatio zum Bremer Literaturpreis für Celan hatte Erhart Kästner auch Yvan und Claire Goll als maßgebliche Einflüsse für den Preisträger genannt, und im Teilabdruck der Rede in der *FAZ* vom 31. Januar war diese Stelle nicht weggefallen, wie es Kästner ursprünglich versprochen hatte. Der Name »Goll« stand für einen Vorgang, der für Celan traumatische Züge annahm. Er hatte kurz vor dessen Tod die Bekanntschaft mit dem elsässischen Dichter Yvan Goll gemacht, der als deutsch- und französischsprachiger Jude zwischen Expressionismus und Symbolismus wechselte und als Grenzgänger ein hohes Ansehen genoss. Die Witwe Claire Goll setzte dann einige Zeit später eine dieser tückischen Intrigen und Rufmord-Kampagnen in Gang, die so verwickelt sind, dass der Betroffene schnell in Erklärungsnot gerät: Um die Dinge richtigzustellen, mussten komplizierte Erklärungen abgegeben werden, oft zu kompliziert für die tagesaktuellen Spekulationen des Literaturbetriebs. Celan hatte Yvan Goll seinen frühen, wegen Druckfehlern und sonstigen Versehen eingestampften und mittlerweile völlig unbekannten Gedichtband *Der Sand aus den Urnen* geschenkt. Claire Goll bearbeitete nach dem Tod ihres Mannes dessen Gedichte, von denen einige nicht fertiggestellt worden waren, und sie verwendete dabei Wörter, Bilder und den Ton Celans. Als Celan durch seinen Band *Mohn und Gedächtnis* bekannt geworden war, bezichtigte Claire Goll ihn dann auf perfide Weise, das Spätwerk Yvan Golls plagiiert zu haben – die Ähnlichkeiten waren ja unverkennbar.

Celan, der sich durch seine Dichtung seiner spezifischen, schwierigen und gefährdeten Identität versicherte, musste diese Kampagne als eine existenzielle Bedrohung empfinden. Claire Goll begann ihre Attacken bereits 1953, und vereinzelt zeigten ihre Plagiatsvorwürfe Wirkung. Celan registrierte genau, in welchen Publikationen darauf Bezug genommen wurde. Einflüsse von Claire Golls Verleumdungen und negative Kritiken gingen für ihn ineinander über. Neben zum Teil hymnischen Rezensionen und großer Anerkennung, die sich in Einladungen zu Lesungen, Übersetzungen, Rundfunkbeiträgen und ersten Preisen niederschlug, gab es auch zum Teil ahnungslose, unwissende oder dem Zeitgeist geschuldete Reaktionen. Direkt von Claire Goll geprägt zeigte sich ein Aufsatz von Curt Hohoff, der neben anderen Gedichtbänden auch den von Paul Celan unter dem Titel »Flötentöne hinter dem Nichts« behandelte: »Das äußere Gewand solcher Poesie, seinen französischen Schnitt, die bedruckten Stoffe, die expressionistischen Nähte und surrealistischen Gags, darf man nicht mit Gehalt verwechseln, im Gegenteil.« Hohoff stellte in seiner hämischen Rezension auch eine direkte Verbindung dazu her, dass Celan Jude war. Trotz aller Erfolge Celans, trotz aller Beschwichtigungsversuche seiner Freunde, einen Text wie den von Hohoff nicht allzu ernst zu nehmen: Etwas blieb haften. Auch einige

Germanisten, wie Richard Exner in den USA, sprangen auf den Zug auf, den Claire Goll mit dem Wort »Meisterplagiator« im Frühjahr 1956 erneut in Gang setzte.

Celan stieß immer wieder auf Hinweise, dass Claire Golls Denunziationen Erfolg gehabt hatten. Die Laudatio Erhart Kästners zum Bremer Literaturpreis war ein Beispiel dafür. Ingeborg Bachmann schrieb an Celan, nachdem sie Kästners Text in der *FAZ* gelesen hatte: »Zu dem neuen Goll-Unfall: ich bitte Dich, lass die Geschichten in Dir zugrunde gehen, dann, meine ich, gehen sie auch außen zugrund. Mir ist oft, als können die Verfolgungen uns nur etwas anhaben, solang wir bereit sind, uns verfolgen zu lassen. Die Wahrheit macht doch, dass Du darüber stehst, und so kannst Du's auch wegwischen von oben.«

Bachmann wusste, was solche Erlebnisse in Celan auslösten. Man merkt ihrem Ton an, dass sie Celan versichern wollte, sie stünde selbstverständlich an seiner Seite, ihm könne das alles nichts anhaben. Sie wollte ihn von derlei Niederungen fernhalten, ihn schonen, ihm vorleben, wie man mit so etwas umgehen sollte. Sie versuchte, ihn mit der »Wahrheit« zu beruhigen, sie beschwor ihn, »darüber« zu stehen – doch es war schon eine Ahnung erkennbar, wie schwierig das sein würde. Ihr Satz, nach dem »die Verfolgungen uns nur etwas anhaben« können, »solang wir bereit sind, uns verfolgen zu lassen«, weist auf etwas Tieferes. Dieser Satz weiß um die Gefährdungen Celans.

Wonach er sich sehnte, war zugleich mit tiefen Verletzungen verbunden. Er kaufte sich in Paris wie manisch deutsche Zeitungen, er wollte wissen, was dort geschrieben wurde, vor allem über ihn – und wenn er auf etwas für ihn Unangenehmes stieß, war dies ein Anlass, noch mehr darüber in Erfahrung zu bringen. Günter Grass lebte von 1956 bis 1959 in Paris und lernte Celan dadurch näher kennen. »Von jeder Reise in die Bundesrepublik kehrte Celan beschädigt zurück«, erinnerte sich Grass. Und er schilderte, wie Celans Frau Gisèle einmal zu ihm kam und ihn bat, er möge mit in Celans Wohnung kommen – »Paul geht es sehr schlecht« –, und dann sah Grass Celan auf dem Sofa sitzen, mit einer Kompresse auf dem Kopf, die *Zeit* in der Hand, die am Sofarand herunterhing, und Celan sagte nur: »Lies das!«

»Da hatte wohl der Hühnerfeld wieder was geschrieben«, kommentierte Grass. Der damalige Feuilletonchef der *Zeit* gehörte zu denen, die Celans Ästhetik hilflos gegenüberstanden, die politische Dimension ignorierten und sich in eine diffuse Ablehnung flüchteten. Grass stellt die Empfindlichkeit Celans bei allem, was seine Gedichte anbelangte, besonders heraus – seine Inszenierungen, wenn er Gedichte vortrug, bei Kerzenlicht und in einer »weihevollen Stimmung«. Celan habe den Dichter als einen Seher verstanden und das auch so vermittelt. Nur seine Übertragungen von Mandelstam-Gedichten habe Celan anders vorgelesen: »Da bekam man das Gefühl, dass er sich von seiner Existenz erholt hat«, erklärte Grass.

206 Aus der Phase, als Claire Goll ihre Kampagne wieder intensiviert hatte, berichtet Brigitta Eisenreich: »In dieser Zeit kam er häufig mit vielen deutschen Zeitungen beladen zu mir, auf der Suche nach neuen Stellungnahmen oder nach neuem Verrat.« Ingeborg Bachmann kannte das auch, sie kannte die Empfindlichkeiten und wunden Punkte Celans und wusste um den fließenden Übergang zwischen literaturkritischen und antisemitischen Äußerungen. Wenn sie das Problem darin sah, dass »wir bereit sind, uns verfolgen zu lassen«, sprach sie mit der ersten Person Plural auch sich selbst an. Es war eine Mahnung, in der die Gemeinsamkeiten zwischen Celan und Bachmann in einer ganz neuen Form zum Ausdruck kamen, und vielleicht lag es daran, dass diese Mahnung untergründig auch etwas Defensives, Zaghaftes hatte. So, wie wenn man gegen etwas ankämpfen musste, das nicht recht greifbar war, aber deshalb immer vorhanden sein würde.

Im Lauf des Jahres 1959 wurde Celan immer verzweifelter.

Im selben Atemzug, in dem Celan Bachmann zum »Hörspielpreis der Kriegsblinden« gratulierte, schrieb er: »Ich erlebe täglich ein paar Gemeinheiten, überreichlich serviert, an jeder Straßenecke. Der letzte ›Freund‹, der mich (und Gisèle) mit seiner Verlogenheit zu bedenken wusste, heißt René Char. Warum auch nicht? Ich habe ihn ja übersetzt (leider!), und da konnte sein Dank, den ich schon vorher, allerdings in geringeren Dosen erleben durfte, nicht ausbleiben. Lüge und Niedertracht, fast überall.« Was da genau geschehen war, ist nicht mehr zu rekonstruieren. Die Herausgeber des Briefwechsels vermerken, dass Celan Char am 27. Januar getroffen hatte, der Brief an Bachmann wurde am 12. März geschrieben. Char, ein ursprünglich vom Surrealismus beeinflusster Dichter, wovon er sich aber bald entfernt hatte und zu eigenständigen, verdichteten, kargen und schillernden Wortbildern vorgedrungen war, hatte sich der Résistance angeschlossen und von 1940 an im Untergrund gekämpft. Char war ein linker Aktivist, der gleichzeitig als Schriftsteller ästhetisch völliges Neuland betrat. Seine Erfahrungen im Widerstand gegen die deutsche Besatzung gingen in die *Feuillets d'Hypnos* ein, Prosagedichte mit dem Untertitel »Aufzeichnungen aus dem Maquis (1943–1944)«. Celan hatte dieses Buch kurz vorher übersetzt. Eine Erklärung dafür, wie Celan »Verlogenheit« bei Char konstatieren konnte, »Lüge und Niedertracht«, ist wohl kaum in politischen oder ästhetischen Auseinandersetzungen zu finden. Es muss zu Missverständnissen gekommen sein, die etwas mit Celans Dichtung und seinen Erfahrungen mit dem deutschen Literaturbetrieb zu tun hatten, und vermutlich empfand Celan Chars Reaktion als abweisend oder desinteressiert.

Celans Ton wurde immer bitterer, und er fühlte sich zusehends verfolgt. Und genau zu diesem Zeitpunkt erschien sein Gedichtband *Sprachgitter*, in dem er sich nicht nur sprachlich konsequent weiterentwickelt hatte, sondern auch vorgeprägten Rezeptionsmustern wie »Schönheit« oder »Musikalität«, die er bei seinen ersten beiden Gedichtbänden als problematisch wahrgenommen hatte, entgegenarbeitete. Man kann in *Sprachgitter* auch ein verschwiegenes, geheimes Zwiegespräch mit Ingeborg Bachmann erkennen – es gibt Passagen, die sich als Antwort auf Stellen in Bachmanns *Anrufung des Großen Bären* lesen lassen, und Bachmann ihrerseits wird in ihren »Frankfurter Vorlesungen« 1959/60 darauf eingehen und das Zwiegespräch ebenso indirekt fortsetzen. Am 11. Oktober erschien dann die Kritik, die für Celan die schlimmste von allen war: Günter Blöcker schrieb im Westberliner *Tagesspiegel* davon, dass Celan »der Kommunikationscharakter der Sprache« weniger hemme und belaste »als andere«: »Das mag an seiner Herkunft liegen.« Angesichts von Gedichten wie »Engführung« oder »Stimmen«, die die deutsche Schuld in der jüngsten Zeitgeschichte in ästhetisch hochreflektierter Weise thematisieren, mutete diese Kritikerprosa wie Hohn an: »Celans Metaphernfülle ist durchweg weder der Wirklichkeit abgewonnen, noch dient sie ihr.«

Celan schickte an Bachmann sofort eine Kopie des Blöcker-Artikels und schrieb dazu nur kurz, fast wortgleich wie zuvor anlässlich der Begleitumstände der Lesung in Bonn: »Die beiliegende Besprechung kam heute früh – bitte lies sie und sag mir, was Du denkst.«

Man merkt den angehaltenen Atem, das mühsam Zurückgehaltene, das in den Worten »sag mir, was Du denkst« steckt. Es ist ein Hilferuf, aber Ingeborg Bachmann musste bei diesem Hilferuf auch etwas empfinden, was sie unter Druck setzte und womit sie nicht umgehen konnte – im Gefühl, dass in jedem Wort von ihr immer auch etwas Falsches mitschwingen könnte. Es dauerte fast einen Monat, bis sie antwortete. Und auch das konnte nur falsch sein. Sie erklärte es mit einer »schlimmen Kopfgrippe«, aber auch damit, »kurz in Deutschland« gewesen zu sein – Celan reagierte prompt: »Du warst – ich erfuhr es aus den Zeitungen – zur Tagung der Gruppe 47 gefahren und hattest mit einer Erzählung, die ›Alles‹ heißt, großen Beifall geern-tet.« Im Hintergrund schwang hier wieder etwas mit, was ihm schon bei ihrer gemeinsamen Teilnahme im Mai 1952 bei der Gruppe 47 zugesetzt hatte: ihr Erfolg als Schriftstellerin, während er sich mit Ressentiments auseinandersetzen musste.

Was Bachmann bei ihrem Antwortbrief aber am meisten überforderte, war die Tatsache, dass Max Frisch, an den sich Celan ebenfalls gewandt hatte, bereits einen Brief an diesen abgeschickt hatte. Sie geriet dadurch in einen tiefen Loyali-tätskonflikt und schrieb Celan »von meinen Ängsten und mei-ner Ratlosigkeit deswegen«. Sie hätte verhindern können, dass Frischs Brief wirklich in die Post ging, aber sie glaubte, nicht das Recht dazu zu haben. Max Frisch hatte Celan mittlerweile ein paarmal kurz getroffen, im Schweizer Sils waren sie sogar für eine Stunde recht einhellig spazieren gegangen – er hatte von daher das Gefühl, Celan einige kollegiale Ratschläge geben zu können. Frisch sah die Blöcker-Kritik als eine der mehr oder weniger normalen Begleiterscheinungen des Literaturbetriebs, mit denen man als Schriftsteller eben leben müsse, und ging auf die spezifische Konstellation bei Celan, dessen sich immer bewusster werdendes Selbstgefühl als Dichter und Jude glei-chermaßen, mit keinem Wort ein. Ingeborg Bachmann konnte, als sie das las, nur zerrissen sein zwischen dem Gefühl, dass Frisch gleichzeitig recht und unrecht hatte. Was er sagte, stimmte. Aber auf Celan traf es so nicht zu. Mit diesem unauf-löslichen Paradoxon waren alle konfrontiert, die in dieser Zeit mit Celan zu tun hatten, und nur die wenigsten nahmen den Zwiespalt dabei wahr.

Frisch wollte aufrichtig schreiben, als Freund, als einer, der sich nicht verstellt. Er sprach unmittelbar aus, was in ihm vor-ging: »Ihr Brief gibt mir die Chance, mich zu bewähren, wenn ich auf die Kritik von Blöcker so reagiere wie Sie.« Frisch setzte seinen Brief verschiedene Male auf, er schickte auch die fünfte Version noch nicht weg, erst die sechste, die nur noch die Formulierungen, zu denen er inzwischen vorgedrungen war und die er nicht verworfen hatte, zuließ: »Ich wollte, nach so vielen gescheiterten Briefen, nur noch schreiben: Sie haben recht, Sie haben recht. Ich wollte resignieren. Wie schwer es mir fällt, lieber Paul Celan, zu resignieren.« Und an die Begegnung in Sils zurückdenkend, schrieb er sogar: »Ich hatte Angst vor Ihnen, jetzt habe ich sie wieder.« Der Wille zur Freundschaft, das war für Frisch gerade auch in diesem Moment der Wille zur Offenheit, auch zum Unbequemen, und der schwierigste Part folgte erst noch: Es ging um den Ehrgeiz und die Eitelkeit des Schriftstellers. Nachdenklich, aber doch auch mit einer etwas forcierten Souveränität sprach er die »deutlicher werdenden Grenzen unsrer Möglichkeiten überhaupt« an, also das, was den Schriftsteller bei Kritiken am meisten schmerze: wenn nämlich dieser wunde Punkt berührt wurde. Frisch sprach allgemein, er wollte damit keineswegs den Kritiker Günter Blöcker in Schutz nehmen, er dachte über die Schwierigkeiten der Selbsteinschätzung nach und darüber, was Kritiken auslösen können – »wie kränkend das öffentliche Missverständnis ist«. Und dann folgt die Passage, die Ingeborg Bachmann als Erstes im Auge gehabt haben musste, wenn sie Celan gegenüber von ihren Ängsten und von ihrer Ratlosigkeit sprach. Celan hatte Frisch auch seinen Leserbrief an den *Tagesspiegel* geschickt, seinen wütenden Protest gegen die Blöcker-Kritik, und Frisch vermerkte: Celans Entgegnung zwinge ihn dazu, »ohne Frage zu glauben, dass Sie, lieber Paul Celan, vollkommen frei sind von Regungen, die mich und andere heimsuchen, Regungen der Eitelkeit und des gekränkten Ehrgeizes. Denn sollte auch nur ein Funke davon in Ihrem Zorn sein, so wäre die Anrufung der Todeslager, scheint mir, unerlaubt und ungeheuer.«

Als Schweizer war Max Frisch in jeder Beziehung unbeteiligt, und so glaubte er, in objektiver Manier die »Todeslager« auch Celan gegenüber anführen zu können. Dieser schrieb über Frischs Brief in sein Tagebuch: »Feigheit, Verlogenheit, Infamie.« Und an Ingeborg Bachmann schrieb er: »Ich muss Dich jetzt BITTEN, mir nicht zu schreiben, mich nicht anzurufen, mir keine Bücher zu schicken; nicht jetzt, nicht in den nächsten Monaten – lange nicht.«

Er nahm das zwar bald halbwegs zurück und suchte wieder das Gespräch, aber es gab in der nächsten Zeit noch einige abrupte Wendungen in ihrem Verhältnis. Dass dabei Ingeborg Bachmanns schwierige Lebensgemeinschaft mit Max Frisch eine große Rolle spielte, wusste Celan nicht. Ganz unbelastet war die Beziehung zwischen Bachmann und Frisch nie, sie hatte bereits einige kritische Momente durchlaufen. Bachmann erlebte eine völlig andere Art der Krise als Celan. Aber auch er sah sich immer mehr hineingeschleudert in eine Öffentlichkeit, die er nicht ertrug. Als Celan 1960 den Büchner-Preis erhielt, der bereits damals als eine der höchsten literarischen Auszeichnungen der Bundesrepublik angesehen wurde, eine hochoffizielle Ehrung mit enormem Prestige, schickte sich Claire Goll an, ihre Denunziationen und Plagiatsvorwürfe mit großem medialen Aufwand erneut anzukurbeln. Für Celan war der Büchner-Preis also von Anfang an auch verbunden mit Angriffen gegen ihn. Es gab immer wieder Unterstützung, seine Freunde und auch viele namhafte Kollegen setzten sich für ihn ein, doch er hatte dabei immer auch eine hohe Sensibilität für Zwischentöne und vermeintliche Missverständnisse, auch Bachmanns Fürsprache stieß bei ihm hin und wieder auf Widerspruch.

Genauso verzweifelt wie Celans Hilferufe muten Bachmanns Worte an, mit denen sie Max Frischs Relativierung der Blöcker-Kritik begleitete: »Paul, ich fürchte oft, dass Du überhaupt nicht wahrnimmst, wie sehr Deine Gedichte bewundert werden, wie groß ihre Wirkung ist, ja, dass nur Deines Ruhmes wegen (lass mich das Wort dies eine Mal verwenden und weis es nicht ab) immer wieder der Versuch gemacht werden wird, ihn zu schmälern, auf jede Weise, und es gibt zuletzt noch den motivlosen Angriff – als wäre das Ungewöhnliche nicht zu ertragen, nicht duldbar.« Sie durchschaute die Vorgänge und fühlte sich dabei wehr- und hilflos, ihre Worte sollten sich noch als sehr hellsichtig erweisen. Am 18. November 1959, nach einem nächsten Brief Celans, mit dem er trotz seiner vorläufigen Abfuhr den Kontakt als einen »Notschrei« wieder aufnahm, schrieb sie, und erst durch das spätere Wissen um ihre private Situation, ihre Probleme mit Max Frisch und ihrem Image in der Öffentlichkeit wird klar, wie ernst es ihr wirklich damit war: »Das darf nicht sein, dass Du und ich einander noch einmal verfehlen, – es würde mich vernichten.«

13

Riesenrad und Ringelspiel.

In der Literatur lebt die Sehnsucht weiter

Nach dem Sommer 1958 setzte sich das Gespräch zwischen Bachmann und Celan auf einer anderen Ebene fort. Sie spielten dabei auch über Bande, mit geheimen Zitaten und Selbstzitaten, und vergewisserten sich ihrer Nähe. Einen Höhepunkt bildeten dabei die »Frankfurter Vorlesungen«, die Ingeborg Bachmann 1959/60 als Poetikdozentin hielt. Am Ende ihrer zweiten Vorlesung sagte sie, dass sie den neuesten Gedichtband Paul Celans mitgebracht habe: »Die Metaphern sind völlig verschwunden, die Worte haben jede Verkleidung, Verhüllung abgelegt, kein Wort fliegt mehr dem anderen zu, berauscht ein anderes. Nach einer schmerzlichen Wendung, einer äußerst harten Überprüfung der Bezüge von Wort und Welt, kommt es zu neuen Definitionen. Die Gedichte heißen ›Matière de Bretagne‹ oder ›Bahndämme, Wegränder, Ödplätze, Schutt‹ oder ›Entwurf einer Landschaft‹ oder ›Schuttkahn‹. Sie sind unbequem, abtastend, verlässlich, so verlässlich im Benennen, dass es heißen muss, bis hierher und nicht weiter.«

Mehr sagte Ingeborg Bachmann nicht. Und dennoch hatte sie etwas sehr Intimes angedeutet. Im Gedicht »Bahndämme, Wegränder, Ödplätze, Schutt« hatte sich nämlich Celan auf ein Gedicht von Ingeborg Bachmann bezogen und sich mit der lyrischen Krise Bachmanns identifiziert. Damit war in ihrem innerlyrischen Dialog zum ersten Mal ein Rollentausch vorgenommen worden. Es ging augenscheinlich um ein zentrales Motiv ihrer gemeinsamen Wiener Zeit.

Mit großem Atem hatte es Ingeborg Bachmann in ihrem Gedicht »Große Landschaft bei Wien« eingeführt. Als sie 1953 den Preis der Gruppe 47 bekam und plötzlich im Rampenlicht stand, war es einer der vier vorgetragenen Texte. Das Gedicht ist eine Anrufung mit langen Perioden, ein Panorama, in dem Geschichte, Geographie und lyrische Sprache zusammenfließen. Zeitkritik und poetische Beschwörung stehen unmittelbar nebeneinander. Die »Große Landschaft« bildet die Utopie ab, die Zeit festhalten zu können. Dem Verfall, der Vergänglichkeit, für die im Fortgang des Gedichts immer neue, ausholende Worte gefunden werden, steht die Dichtung gegenüber, die den einzelnen Augenblick bewahrt. »(...) öffnet die Steppen!« lautet der Imperativ zu Beginn des Gedichts, der die »Geister der Ebene, Geister des wachsenden Stroms« in den Wiener Donau-Auen anruft. Kurz danach folgen die Zeilen:

> Still stehn die Räder. Durch Staub und Wolkenspreu
> schleift den Mantel, der unsre Liebe deckte, das
> Riesenrad.

In Celans Gedicht »Bahndämme, Wegränder, Ödplätze, Schutt« aus dem Band *Sprachgitter* von 1959 klingt diese Vision nach, in einer Versgruppe, die als zweite Strophe, in der Mitte des dreistrophigen Gedichts, in Klammern steht:

(Die
Augärten, damals, das
gelächelte Wort
vom Marchfeld, vom
Steppengras dort.
Das tote Ringelspiel, kling.
Wir
drehten uns weiter.)

Schon der Titel, mit den Ablagerungen von Landschaft, einzelnen stehen gebliebenen Rudimenten, nimmt die Bachmann'sche
Weite zurück: Von der »Großen Landschaft« bleiben »Bahndämme, Wegränder, Ödplätze, Schutt«. »Marchfeld«, so heißt
die große Ebene östlich von Wien, zwischen Donau und March,
von Bachmann wird sie später direkt mit diesem Namen aufgerufen werden. Die Aufforderung »Öffnet die Steppen!«, die
bei Bachmann einen Aufbruch verheißt, ist bei Celan zurückgenommen auf das bloße Konstatieren, auf die Benennung des
Steppengrases im Marchfeld. Das »Riesenrad« mit dem »Mantel« und der »Liebe«, eine zentrale Verbindung in Bachmanns
nachträglichem Dialog mit Celan, hallt in den Celan-Zeilen nur
nach: »Das tote Ringelspiel, kling.«
  Celan wiederholt hier die Zurücknahme, mit der Bachmann
ihrerseits Celans Gedichte zu lesen schien. Die »Augärten«, sie
liegen in Wien und korrespondieren mit dem »Stadtpark«, den
beide als magischen Ort ihrer Liebe beschworen haben. Die
Reflexion der beiden über Dichtung verschränkt sich und geht
von konkreten Orten ihrer gemeinsamen Erlebnisse aus. Parallel, unabhängig voneinander und doch auf geheimnisvolle
Weise aufeinander bezogen, setzt bei beiden eine Desillusionierung ein. Bei Bachmann ist das Motiv der gescheiterten
Liebe mit dem Motiv des Endes der utopischen Hoffnung in
der Lyrik verknüpft. Celans Verkarstung der Worte, das Sprö-
dewerden der Bilder, die zunehmende Atonalität seiner musi-

kalischen Formen rekurrieren vor allem darauf, dass er sich als Jude gegen vereinnahmende Lesarten seiner Gedichte in Deutschland absichern möchte. Die »Todesfuge« wollte er aus ebendiesen Gründen nicht mehr vortragen. Er merkte, dass sie in Gefahr geriet, zu einer Art Markenartikel der Wiedergutmachung zu werden: Sie sei »lesebuchreif gedroschen« worden, sagte er später.

In seinen Gedichtbänden nach *Der Sand aus den Urnen* und *Mohn und Gedächtnis* wird die Sprache immer verknappter, treten die Rilke-Anklänge, die romantischen und surrealen Bilderwelten immer mehr zurück. Adorno hat in seiner *Ästhetischen Theorie* festgestellt, dass keiner Kunst »die Spur von Affirmation« fehle – Celans Lyrik wirkt wie eine immer intensivere Auseinandersetzung mit dieser Erkenntnis. In einem Gedicht aus dem Band *Von Schwelle zu Schwelle* von 1955 heißt es:

Welches der Worte du sprichst –
du dankst
dem Verderben.

Man kann das als Folie, als poetologischen Hintergrund sehen für die Erinnerung an die Augärten, an die Bachmann-Reprise im »Bahndämme«-Gedicht. Celan holt die Desillusionierung der Liebe auf andere Weise ein, seine »Augärten«-Reminiszenz ist vor allem eine Reflexion über Dichtung, über die Utopie der Worte. Aber er trifft sich mit Ingeborg Bachmann in einer gemeinsamen Unmöglichkeit. Erstaunlich parallel, aber unabhängig voneinander entdecken sie die Geologie und geologische Begriffe, um sich auszudrücken. Bei Celan fällt auf, wie sehr seine Gedichte mit der Zeit von konkreten wissenschaftlichen Termini aufgeladen werden. Das Gedicht »Weggebeizt« von Ende 1963 etwa lebt von Wörtern wie »Büßerschnee«, »Gletscherstuben und -tische« oder »Wabeneis«, die Celan in der *Physischen Geographie* von Siegmund Günther entdeckt hat. Auch Roland Brinkmanns *Abriss der Geologie* lieferte Vorlagen wie »Kluftrose«, »Faltenachsen« oder »Harnischstriemen«. Solche Worte sind noch frei, noch nicht von Literaturgeschichte und ideologischem Gebrauch verschlissen. Celans Beschäftigung mit solchen Begriffen entspricht in vielem dem, was Ingeborg Bachmann in frühen Skizzen zum *Buch Franza* aus ihrem Prosavorhaben *Todesarten* festgehalten hat: »Aber ich bin wie alle Gesteine oft im Zustand des Magma, ich bin dann nichts, aber diese gefährliche Lotion, die wieder auskristallisieren kann zum Granit, die umkristallisieren kann in Kalk, die die Erdgeschichte wiederholt. Über die das letzte Wort noch nicht gesprochen ist. Ich suche die Geologie, ich suche die brüderliche Geschichte der Erde in der Menschengeschichte, die Theorie der Alpen in der Theorie der Gesellschaft. (…) Ich suche mit Leidenschaft, weil ich nur noch die Leidenschaft habe, diese ganze Literatur abzutragen, die unsere Geschichte verdeckt, und ich werde über ihre Gesteine und ihre Gefühle, über den Erdrutsch und den Selbstmord sprechen wie ein Wahnsinniger, der die Fakultäten vermischt, aber zu wach ist, um noch an Kompetenzen glauben zu können.«

Ungefähr in die Zeit der »Frankfurter Vorlesungen« Bachmanns fiel auch ein brieflicher Austausch zwischen ihr und Celan über den Philosophen Martin Heidegger. Auch hier wurde etwas Innerstes, Intimes berührt, denn bei beiden hatte das Verhältnis zu diesem umstrittenen Denker etwas Prekäres. Wie genau dieser sich mit den Nationalsozialisten gemein gemacht hatte, war allgemein lange nicht so klar, es war schwer, seine Freiburger Rektoratsrede von 1933 aufzufinden. Doch dass er eine Nazivergangenheit hatte, wurde durch das Lehrverbot, das die französische Militärregierung aussprach, formal bestätigt. Dennoch waren Bachmann wie Celan, aus vergleichbaren Gründen und wider besseres Wissen – was hier konkret hieß: wider ihre konkrete Lebenserfahrung –, fasziniert von diesem im Schwarzwald wurzelnden Exegeten des Seins. Es hatte mit einer Sprache zu tun, die die Zeiten überdauern sollte, mit dem hohen Rang, den sie der Dichtung zumaßen.

Ingeborg Bachmann hatte ihre Dissertation über Heidegger geschrieben, und es ist bei ihr eine interessante Verschiebung zu beobachten: von einer zunächst unkritischen Beschäftigung hin zu einer Distanzierung, die vor allem durch Ludwig Wittgenstein ausgelöst wurde. Bachmanns Dissertation hat ein Doppelgesicht. Ihre Lektüre von *Sein und Zeit*, aber auch von Heideggers Antrittsvorlesung *Was ist Metaphysik?* von 1929, war nicht nur von intellektuell-philosophischem Interesse geprägt. Immer wieder blitzte ihr eigenes Selbstverständnis als Dichterin auf. Vor allem Heideggers »Geworfenheit in den Tod« beschäftigte sie früh. Nach dem Zweiten Weltkrieg, nach ihren Erfahrungen, aus den vertrauten Zusammenhängen herausgefallen zu sein, elektrisierten sie seine Umkreisungen des Grundgefühls der »Angst«, von dem das Dasein geprägt sei. Es war diese zugespitzte Definition der eigenen Existenz, die als unmittelbar zeitgenössisch erfahren wurde. Heidegger beschrieb als Konsequenz der radikalen Vereinzelung, der »Verlorenheit« des Menschen die Erkenntnis, dass der Tod »die eigenste Möglichkeit« für den Menschen sei. Hier komme das Dasein zu sich selbst: »in der leidenschaftlichen, von den Illusionen des Man gelösten, faktischen, ihrer selbst gewissen und sich ängstigenden F r e i h e i t z u m T o d e.« Heidegger hebt in *Sein und Zeit* zentrale Aussagen wie diese gern im Sperrdruck hervor, eine formale Praxis, die sich in den fünfziger Jahren in der Bundesrepublik im Übrigen akademisch schnell verbreitete. Und obwohl Heidegger diese existenzialistischen Grundthesen in den zwanziger Jahren entworfen hatte, vor einem in Deutschland politisch bedenklichen Hintergrund, trafen sie gerade nach dem Zweiten Weltkrieg eine allgemeine Befindlichkeit. Das frühe Gedicht »Hinter der Wand«, das Ingeborg Bachmann im zeitlichen Umfeld ihrer Dissertation schrieb, endet mit der abgesetzten Zeile: »Ich bin das Immerzuans-Sterben-Denken« – hier wird versucht, die Heidegger'sche Grunddisposition poetisch umzusetzen. Die Bindestriche zwischen den Worten unterstreichen den Zitatcharakter auch formal – es ist ein Spezifikum Heideggers, durch derlei Begriffsbildungen einen inneren Zusammenhang zu akkumulieren (»In-der-Welt-sein«).

In ihrer Dissertation folgte Ingeborg Bachmann über weite Strecken den Vorgaben ihres Doktorvaters Victor Kraft und zeigte »Die kritische Aufnahme der Existentialphilosophie Martin Heideggers« anhand der Kategorien des logischen Positivismus des »Wiener Kreises« auf, dem sich Kraft verpflichtet fühlte. Bachmann referiert diese Positionen im langen Hauptteil ihrer Arbeit und zeigt, dass Heideggers Sprache mit jenen strengen Kriterien von Wissenschaftlichkeit nicht vereinbar ist. Das wirkt aber in erster Linie wie eine bloße Pflichtübung, offenkundig trieb sie eher etwas anderes um. Sie hatte ein großes Interesse daran, nachzuweisen, dass Heideggers Philosophie eine ästhetische Herangehensweise zugrunde liege, und zitiert an einer zentraler Stelle Arnold Gehlen: »Wenn Heidegger vom ›Umhaften der Umwelt‹, vom ›Zeugcharakter des Zuhandenen‹, vom ›gelichteten Dasein‹ spreche, ›so sind das Beschreibungen sehr feinfühlig bemerkter Unmittelbarkeiten, und die Beschreibung von Unmittelbarkeiten wird in aller Welt Kunst genannt.‹«

Ihre »Zusammenfassung« am Ende der Dissertation mündet in ein emphatisches Bekenntnis zur Kunst. Für eine philosophische Arbeit ist dies sehr ungewöhnlich, zumal wenn sie Baudelaires Gedicht »Le gouffre« vollständig zitiert. Diese Kunst-Apotheose wird aber erst dadurch möglich, dass sie die Sphäre der Wissenschaft eindeutig davon trennt, und bei Heidegger sieht sie die große Gefahr darin, dass er diese Trennung nicht einhält. Auf seine »gefährliche Halbrationalisierung« möchte sie sich philosophisch keineswegs einlassen, und deshalb bleibt auch Heideggers suggestives Aufrufen der »Dichtung« als einer seinsstiftenden Macht für sie zwiespältig. Das ist die vorläufige Lösung, mit der sie ihrer widersprüchlichen Faszination für Heidegger begegnet. Bachmann konstatiert: »Besteht aber heute die Berechtigung einer ›zweiten Wissenschaft‹, die die unaussprechbaren, unfixierbaren Unmittelbarkeiten des emotional-aktualen Bereichs des Menschen rational zu erfassen suchen darf, wie Heidegger dies tut? Das Ergebnis wird immer die gefährliche Halbrationalisierung einer Sphäre sein, die mit einem Wort Wittgensteins berührt werden kann. ›Wovon man nicht sprechen kann, davon muss man schweigen.‹«

Es kommt bei Bachmann zu einer überraschenden dialektischen Volte, mit der sie sich über ihre ureigensten Antriebe klar zu werden versucht. Sie ruft es als Schluss ihrer Arbeit förmlich aus: das auszudrücken, »wovon man nicht sprechen kann«, vermag nicht die Philosophie, sondern die Kunst. Diese ist für das Unaussprechliche zuständig. Eine begrifflich geschärfte Metaphysik dagegen erschien Bachmann sogar bedrohlich. Im Lauf der fünfziger Jahre akzentuierte sie das immer deutlicher, so in ihrer Arbeit über Ludwig Wittgenstein. Dabei spielten auch politische Motive eine Rolle – eine Entwicklung, die sicher auch etwas mit der Entfernung von den deutschen Gefilden und dem Zusammenleben mit dem sich radikalisierenden Hans Werner Henze zu tun hatte. Heideggers in der Zeitlosigkeit des Seins verankerter Existenzialismus hatte für Bachmann inzwischen deutlich erkennbare Berührungspunkte mit seiner Hinwendung zum deutschen Nationalsozialismus. 1953 legte sie einem der beiden Sprecher ihres Rundfunkessays folgende Sätze über Wittgenstein in den Mund: »Sein Schweigen ist durchaus als Protest aufzufassen gegen den spezifischen Antirationalismus der Zeit, gegen das metaphysisch verseuchte westliche Denken, vor allem das deutsche, das sich in Sinnverlustsklagen und Besinnungsaufrufen, in Untergangs-, Übergangs- und Aufgangsprognosen des Abendlandes gefällt, Ströme eines vernunftfeindlichen Denkens gegen die ›gefährlichen‹ positiven

Wissenschaften und die ›entfesselte‹ Technik mobilisiert, um die Menschen in einem primitiven Denkzustand verharren zu lassen.«

Im August 1959 wandte sich Bachmann an Celan mit einem Problem. Der in dieser Zeit literarisch sehr ambitionierte Neske-Verlag in Pfullingen gab zum siebzigsten Geburtstag Heideggers eine Festschrift heraus, und Heidegger hatte sich einen lyrischen Beitrag Bachmanns ausdrücklich gewünscht. Der »höhere Modus der Welterfahrung«, den Hans Egon Holthusen Bachmann zu attestieren versucht hatte, das »Urbildlich-Wahre«, war auch ihm nicht entgangen. Es ist sehr aufschlussreich, wie Bachmann ihre Haltung Celan gegenüber beschreibt: »Seine politische Verfehlung bleibt für mich indiskutabel, ich sehe auch, nach wie vor, die Einbruchstelle dafür in seinem Denken, in seinem Werk, und zugleich weiß ich auch, weil ich sein Werk wirklich kenne, um die Bedeutung und den Rang dieses Werks, dem ich nie anders als kritisch gegenüberstehen werde.«

Diese Zerrissenheit ist symptomatisch. Es gibt einen Kern in Heideggers Denken, der für Bachmann ungemein anziehend ist, und dieser Kern hat etwas mit dem Rang der »Dichtung« zu tun, den er ihr zuspricht und der etwas Höheres meint als bloße Begrifflichkeit. Sie sieht den »Rang dieses Werks« und sagt im selben Atemzug, dass sie ihm »nie anders als kritisch« gegenüberstehen werde – das ist nicht unbedingt widersprüchlich, weist aber auf eine bestimmte Problematik des Dichterischen hin, die sie zunehmend beschäftigt. Und sie weiß, dass es sich bei Celans Verhältnis zu Heidegger um etwas noch Vertrackteres handelt.

Bachmann geht in ihrem Brief von einer »Zusage« Celans an der Heidegger-Festschrift aus und will ihn »nicht irre machen«, aber sie möchte sich »vor mir selber richtig verhalten und Dich fragen«. Ihr seit Monaten »uneingestandenes Zögern« sei nun »ein eingestandenes«. Celan antwortet, dass

221

Neske sich nicht an die Absprache gehalten hätte, Celans Name habe auf der Liste der Beteiligten gestanden, obwohl er vorher gern die anderen Namen gewusst hätte: »Ich werde also nichts schicken.«

Für Celan ging es also vor allem darum, in welch fragwürdiger Gesellschaft er sich in der Heidegger-Festschrift wohl befände, und seine Ahnungen hatten natürlich ihre Berechtigung. Celan wusste von Friedrich Georg Jünger, der sich nach 1945 genauso trotzig wie sein Bruder Ernst zur deutschen Nazi-Vergangenheit verhielt, und das reichte ihm schon. Von Heideggers Philosophie selbst grenzte sich Celan in diesem Zusammenhang aber nicht so eindeutig ab wie Bachmann, und das wirft ein Licht auf etwas Uneingelöstes, auf etwas, was immer in ihm arbeiten würde. Die nachgelassene Bibliothek Celans ist von der Wissenschaft in weiten Teilen akribisch nach Lesespuren durchforscht worden, und vor allem die zahlreichen Heidegger-Bände weisen etliche davon auf. Es gibt dabei viele Parallelen in dem, was Celan und Bachmann gleichermaßen interessierte. Auch ihn beschäftigten die Zusammenhänge zwischen Dichten und Denken, die bei Heidegger wesentlich sind. Im Aufsatzband *Was heißt Denken?* von Heidegger hat Celan einen Satz angestrichen, der von »Gedächtnis«, einem zentralen und titelgebenden Wort auch bei Celan, ausgeht: »Gedächtnis, das gesammelte Andenken an das zu-Denkende, ist der Quellgrund des Dichtens.«

Das »Andenken«, das »Gedächtnis« sind Worte, die bei Heidegger immer wieder geradezu als Beschwörungsformeln auftauchen, und bei Celan sind sie unabhängig davon in ähnlicher Weise vorhanden (etwa in der Widmung »Dem Andenken Ossip Mandelstamms«). Vom Aufsatz »Wozu Dichter?« im Band *Holzwege* aus dem Jahr 1950 fühlte sich Celan dann zwangsläufig direkt angesprochen. Einen Passus darin hat er in besonderer Weise hervorgehoben und mit einer Randklammer markiert: »Die Sprache ist der Bezirk (templum), d. h. das Haus des Seins.« Die metaphysische Dimension im Wort »templum« fällt dabei auf. Für Celan war dieser Begriff von Sprache existenziell wichtig, allerdings gab es einen entscheidenden Unterschied: Die Sprache als »Haus des Seins« war für Celan keinesfalls ein sicherer Urgrund. Seine Muttersprache Deutsch war für ihn etwas anderes geworden als für Heidegger, für den das Deutsche einen sicheren und unantastbaren Hort, eine Heimat darstellte. Was bei Heidegger trotz aller Schwankungen und Umkreisungen, trotz aller Wetterlagen und atmosphärischer Verschiebungen ein stabiler Ausgangspunkt war, war für Celan durch konkrete geschichtliche Erfahrungen in etwas vollkommen Instabiles, Unsicheres und Offenes übergegangen. Man kann Celans Heidegger-Lektüre durchaus als einen Versuch sehen, zwischen diesen beiden Ausgangspunkten zu vermitteln und eine Brücke zu schaffen.

Eine naheliegende Brücke konnte der Dichter Hölderlin sein. Im Werk Celans würde Hölderlin bis zum Schluss einen Orientierungspunkt bilden und im Laufe wechselnder Zugänge immer wichtiger werden. Für Heideggers Auffassung von Sprache, von Dichtung als verdichteter Sprache und Seinsgrund indes ist Hölderlin von Anfang an der nahezu ins Mythische erhobene Bezugspunkt. »… und wozu Dichter in dürftiger Zeit?«: Heidegger bezieht diese große poetisch-politische Schlüsselfrage in Hölderlins Elegie »Brod und Wein« auf seine unmittelbare Gegenwart, will sie aber gerade dadurch in eine überzeitliche Wahrheit überführen und über konkrete geschichtliche Erfahrungen hinausweisen lassen. Es gibt zwischen Heidegger und Celan eine gewisse Übereinstimmung darin, im Hölderlin'schen Zugriff auf die Gegenwart vor allem Rilke aufscheinen zu lassen. Heidegger findet in seinem Aufsatz zuvörderst mit Rilke eine Antwort auf Hölderlins Frage, im Hölderlin'schen Sinn, und schließt gegen Ende den Kreis: »Hölderlin ist der Vor-gänger der Dichter in dürftiger Zeit.« Hölderlin ist für ihn der Erste, der die Sprache »wagt«.

Heideggers Wort vom »Andenken« als dem »Quellgrund des Dichtens«, das sich Celan als so bedeutsam anstrich, bezieht sich natürlich auch auf das Gedicht Hölderlins, das den Titel »Andenken« trägt und einen berühmten Schlussvers hat: »Was bleibet aber, stiften die Dichter.« Dieser Vers markiert den letzten Horizont der Erkenntnis in Heideggers Philosophie, und es ist dieses Movens bei Heidegger, der auch Ingeborg Bachmann trotz aller Absetzbewegungen nie losgelassen hat. Auch bei Celan wird dieser Satz zu einer unauflösbaren Weltformel. Für ihn ist die eigene Existenz mit der Dichtung identisch geworden. Und wenn man eine imaginäre Schnittmenge zwischen Celan und Heidegger andeuten möchte, wird sie auf jeden Fall Hölderlin als Zentrum haben, und zwar in erster Linie mit diesem zunächst eindeutig wirkenden, dann aber immer rätselhafteren und in seiner konkreten Konsequenz schwer erklärbaren Satz.

Es gibt auch ein Gedicht Celans, das »Andenken« heißt. Es steht im Band *Von Schwelle zu Schwelle* und ist in der Zeit geschrieben, als er sich intensiv mit Heidegger beschäftigte. Und mittels Hölderlin, dessen »Andenken« Celan aufnimmt, ist dieses Gedicht auch eine Auseinandersetzung mit Heidegger.

Das erste Wort des Celan-Gedichts lautet »Feigengenährt«. Das zitiert den »Feigenbaum« aus Hölderlins »Andenken« und weist darauf hin, dass sich hier Dichtung auf Dichtung bezieht, dass sich Celans Gedicht von Hölderlins Gedicht »nährt«. Hölderlin beschreibt in seinem weit ausschweifenden Gedicht seinen kurz zurückliegenden Aufenthalt in Bordeaux, als »Hofmeister« im Haus eines deutschen Kaufmanns zur Zeit der Französischen Revolution, und im ersten Teil wird ein vorläufiger Ruhepol benannt: »Im Hofe aber wächset ein Feigenbaum.«

Auf diesen Feigenbaum bezieht sich Celans Gedicht. Der Feigenbaum steht im Alten Testament, meist zusammen mit dem Weinstock, als Symbol für ein erfülltes Leben. Celan verbindet diese Vorstellung aber von Beginn an untrennbar mit dem »Mandelauge des Toten«, Feige und Mandel beziehen sich auf spezifisch jüdische Traditionen und rituelle Überlieferungen und fügen Hölderlins geschichtlichen Erfahrungen die neuen und eigenen hinzu. Celans Gedicht lautet:

ANDENKEN
Feigengenährt sei das Herz,
darin sich die Stunde besinnt
auf das Mandelauge des Toten.
Feigengenährt.

Schroff, im Anhauch des Meers,
die gescheiterte
Stirne,
die Klippenschwester.

Und um dein Weißhaar vermehrt
das Vlies
der sömmernden Wolke.

Die geschichtliche Erfahrung des Juden tritt neben Hölderlin. Und offenkundig wird dabei die Opposition zu Heideggers Aneignung von Hölderlins Gedicht. Für den deutschen Denker ist die sprichwörtlich gewordene Schlusszeile der Dreh- und Angelpunkt: »Was bleibet aber, stiften die Dichter.« Celan lässt diesen irisierenden Sinnspruch in seinem Gedicht links liegen. Stattdessen bezieht er sich auf die direkt davorstehenden Verse Hölderlins, und diese signalisieren durchaus etwas anderes: Sie bereiten den Schluss zwar vor, aber nur indem sie dem in sich ruhenden Orakel etwas Fließendes, Bewegtes, Widersprüchliches entgegensetzen. Das gesamte Gedicht Hölderlins ist gezeichnet von gegenläufigen Bewegungen, einer Phase des sich selbst besinnenden Ich tritt eine unruhige Phase äußerer Ereignisse gegenüber, der »Feigenbaum« wird mit dem »entlaubten Mast« der Kriegsschiffe konfrontiert, und auch das »scharfe Ufer« mit den Felsklippen tritt ins Bild. Erst der Schlussvers versucht, eine Einheit im Gegensätzlichen zu schaffen. Das Ende des Hölderlin-Gedichts lautet so:

> (…) Es nehmet aber
> Und gibt Gedächtnis die See,
> Und die Lieb auch heftet fleißig die Augen,
> Was bleibet aber, stiften die Dichter.

»Gedächtnis« ist ein entscheidendes Wort, in Celans Debüt *Mohn und Gedächtnis* stehen die beiden titelgebenden Substantive und der Raum, den sie jeweils eröffnen, in einem poetischen Zusammenhang. Mit dem Gegensatzpaar »Erinnerung« und »Vergessen« ist er nicht genau zu fassen, es kommt auf das Zusammenspiel an. Der »Mohn« wird durch den dichterischen Prozess im »Gedächtnis« aufgehoben und bleibt dadurch erhalten. Aber es handelt sich dabei keineswegs um etwas Statisches, Begriffliches. »Es nehmet aber / Und gibt Gedächtnis die See«: Das ist die zentrale Vorstellung von *Mohn und Gedächtnis*.

Das »Andenken« ist bei Celan ein verwickelter Prozess. Die Dichtung ist sich ihrer selbst nicht gewiss, sie muss das »Gedächtnis« immer wieder neu fassen. Auch Erinnerung ist etwas, das eine Veränderung bezeichnet. Geben und Nehmen sind bei Hölderlin derselbe Vorgang, durch ihn zeichnet sich das »Gedächtnis« aus. Das »Andenken« im Gedicht, so folgert Celan, hat dieselben zwei Seiten. Das, was die Dichter »stiften«, »das Bleibende«, wird von Celan dadurch schärfer und mehrdeutig definiert. Das »Mandelauge des Toten« bleibt geschlossen, der Tote wird nur lebendig im Gedicht. Das Wort »Schroff«, mit dem die zweite Versgruppe Celans einsetzt, ist in diesem Sinn auch als eine Absage an Heidegger zu lesen. Die »Klippe« ist der Ort, an dem sich das Gedicht befindet, eine ausgesetzte Stelle, ein Grenzbereich, scharfkantige Steine, ein Widerstand, auf den die Erinnerung stößt und an dem sie sich bricht. Während das Gedicht bei Heidegger versucht, dem »Haus des Seins« ein stabiles Fundament zu geben, »im Unheilen das Heile« zu erinnern, wie er es formuliert, macht Celan »Klippen« aus. Für ihn gibt es keine Ganzheit, wie sie Heidegger im Schilde führt. Celans Gedichte wiederholen, in einem neuen zeitgeschichtlichen und persönlichen Erfahrungszusammenhang, die Suchbewegungen Hölderlins: Sie arbeiten allem entgegen, was sich als starr und fix ausgibt, sie machen die Suchbewegungen als solche zum Gedicht und reflektieren sie.

Celan hielt immer daran fest, in ein Gespräch mit Heidegger über ihre unterschiedlichen Perspektiven auf die Dichtung einzutreten. Auch Celan begriff sie als sein »Haus des Seins«, und er hoffte darauf, dass es eine Verbindung zu Heideggers »Haus des Seins« geben könnte. Am 25. Juli 1967 betrat er sogar den konkreten Ort, den Heidegger sich dafür geschaffen hatte: die Denkklause bei Todtnauberg im Schwarzwald, oberhalb von zwei weltabgewandten Bauernhöfen gelegen. Er traf sich dort mit Heidegger und schrieb in dessen Hüttenbuch: »Ins Hüttenbuch, mit dem Blick auf den Brunnenstern, mit einer Hoffnung auf ein kommendes Wort im Herzen«. Kurz danach schrieb Celan auch ein Gedicht mit dem Titel »Todtnauberg«, in dem es heißt: »die in das Buch /– wessen Namen nahms auf /vor dem meinen?–, / die in dies Buch / geschriebene Zeile von / einer Hoffnung, heute / auf eines Denkenden / kommendes / Wort / im Herzen«.

Heidegger musste die Frage wahrgenommen haben: »Wessen Namen nahms auf / vor dem meinen?«. Er wusste, was sich Celan unter seinem »kommenden Wort« konkret vorstellte – Celan schrieb direkt nach der Begegnung an seine Frau, dass er auf der Rückreise im Auto »klare Worte gebraucht habe«, und er drückte wieder eine Hoffnung aus: dass nämlich »Heidegger zur Feder greifen« und »angesichts des wieder aufkommenden Nazismus« mit Bezug auf das Gespräch mit Celan eine

»Warnung« aussprechen würde. Am 30. Januar 1968 dankte Heidegger dann für die Zusendung des Gedichts. In seinem Brief wird deutlich, dass er durchaus verstanden hatte, was Celan von ihm erwartete, aber auch, dass er gewillt war, mit dieser Erwartung in seinem eigenen Sinn umzugehen: »Das Wort des Dichters, das ›Todtnauberg‹ sagt, Ort und Landschaft nennt, wo ein Denken den Schritt zurück ins Geringe versuchte – das Wort des Dichters, das Ermunterung und Mahnung zugleich ist und das Andenken an einen vielfältig gestimmten Tag im Schwarzwald aufbewahrt. Aber es geschah schon am Abend Ihrer unvergesslichen Lesung beim ersten Grüßen im Hotel. Seitdem haben wir Vieles einander zugeschwiegen. Ich denke, dass einiges noch eines Tages im Gespräch aus dem Ungesprochenen gelöst wird.«

»Beim ersten Grüßen im Hotel« hatte sich Celan allerdings instinktiv geweigert, mit Heidegger zusammen fotografiert zu werden. Und auch sonst arbeitete Heidegger daran, die konkrete Bedeutung der Zusammenkunft mit Celan weg- und auf andere Gleise zu schieben, von denen unklar bleibt, wohin sie über das Einander-Zuschweigen und das Ungesprochene führen könnten. Seine Auffassungen von der Sprache, von der Dichtung blieben von dem Gespräch mit Celan und den Versuchen des Dichters, eine Brücke zu schlagen, unberührt. Das Wort »Mahnung«, das Heidegger in Celans Gedicht zusammen mit dem Wort »Ermunterung« nennt, war das Einzige, was auf einen Nachhall schließen ließ. Einige Zeit später hatte sich diese »Mahnung« allerdings restlos verflüchtigt, seine an Celan gerichteten Sätze ließen sich dann eher umgekehrt als Mahnung an den Dichter lesen, zum von Heidegger definierten Hort der Sprache zurückzufinden: »Und meine Wünsche? Dass Sie zur gegebenen Stunde die Sprache hören, in der sich Ihnen das zu Dichtende zusagt.«

Es war ein kurvenreicher, schwieriger Weg, den Celans Auseinandersetzung mit Heidegger nahm. Als er begann, sich mit ihm zu beschäftigen, vor allem mit dem auch von Ingeborg Bachmann in ihrer Dissertation ausgiebig diskutierten Vortrag »Was ist Metaphysik?«, entwarf er sogar einen Brief an Heidegger – in La Ciotat am Mittelmeer, wo er im Herbst 1954 ein Stipendium hatte. Er schrieb versuchsweise »Herrn Martin Heidegger / dem Denk-Herrn« und notierte weiter: »vom Meer her / dieses Zeichen der Verehrung / aus einer kleinen fernen / wunschdurchklungenen / Nachbarschaft«.

Nach der Begegnung mit Heidegger in Todtnauberg – es kam noch zu zwei weiteren in Freiburg – entwarf Celan andere Zeilen, da hatte sich etwas in der Zwischenzeit ereignet: »Seit ein Gespräch wir sind, / an dem / wir würgen, / an dem ich würge«. Und dennoch ist es mehr als eine bloße Anekdote, wenn Monika Reichert in einem Erinnerungsbericht erzählt, wie Celan sie direkt nach seiner Begegnung mit Heidegger in Frankfurt besuchte – Klaus Reichert war sein neuer Lektor, und die beiden führten ein offenes Haus: »Celan kam in Haferlschuhen und Lodenmantel. Klaus fragte ihn, wieso gerade er sich habe mit Heidegger treffen können, und Celan antwortete: ›Ja, ich habe ihn gefragt, was er mir zu seiner Vergangenheit zu sagen hätte. Er sagte, er werde sich eine Antwort überlegen. Die hat er mir aber dann nicht gegeben.‹ Damit war dieses Thema erledigt. Bei Tisch steigerte Celan sich geradezu in einen Hymnus auf Heidegger hinein, mit manchmal einem Prophetengestus in den erhobenen Händen. Niemand konnte oder wagte den Monolog zu unterbrechen. Als er dann sogar zu schwärmen begann: ›Und auch seine Frau ist so reizend‹, warf Marie Luise Kaschnitz, die bisher unentwegt in ihrem Essen herumstocherte, trocken ein: ›Wir haben sie damals schon (in den 30er Jahren in Freiburg) die Martinsgans genannt.‹ Erschrockenes Schweigen. Celan erstarrte. Genau in diesem Moment begann Alice, vier Monate alt, im Nebenzimmer zu schreien. (…) Celan legte mit Heftigkeit Messer und Gabel auf den Tisch, richtete die zornigen Augen auf die Tür, über den

Kopf von Frau Kaschnitz hinweg, und hatte einen Blitzablei-
ter gefunden.«

Es war dieselbe Ambivalenz im Verhältnis zu Heidegger,
die Celan und Ingeborg Bachmann miteinander teilten. Sie
waren angezogen von seiner Grundierung der Dichtung, von
der existenziellen Bedeutung, die Sprache bei ihm einnahm –
und rieben sich daran, dass ihre persönlichen Erfahrungen und
Erkenntnisse sich davon zwangsläufig entfernen mussten. Ihr
»Haus des Seins« stand auf weitaus weniger sicherem Grund.

Das gemeinsame Einverständnis, mit dem Celan und Bachmann aus unterschiedlichen Gründen die Teilnahme an einer
Festschrift für Heidegger ablehnten, hatte also eine komplizierte und schwierige Geschichte. Und Celan verwies noch
in seinem Antwortbrief an Bachmann darauf, mit dem er auf
ihre Frage nach Heidegger reagierte. Sie hatte sich von Heidegger aus explizit politischen Gründen entfernt, die die konkrete bundesdeutsche Gesellschaft der Adenauer-Ära betrafen,
230 sie hatte sich nicht zuletzt durch die Gruppe 47 und durch die
Diskussionen mit Hans Werner Henze politisch eindeutig links
positioniert. Sie sah sich im Zweifelsfall immer an der Seite
von Heinrich Böll oder Günter Grass. Celans Brief an Bachmann vom 10. August 1959, in dem er erklärte, warum er an
den Verleger Neske keinen Beitrag für die geplante Heidegger-
Festschrift schicken würde, nahm eine unerwartete Wendung:
»Ich bin, Du weißts, sicherlich der letzte, der über die Freiburger Rektoratsrede und einiges andere hinwegsehen kann; aber
ich sage mir auch, zumal jetzt, da ich meine höchst konkreten Erfahrungen« mit so patentierten Antinazis wie Böll oder
Andersch gemacht habe, dass derjenige, der an seinen Verfeh-
lungen würgt, der nicht so tut, als habe er nie gefehlt, der den
Makel, der an ihm haftet, nicht kaschiert, besser ist als derjenige, der sich in seiner seinerzeitigen Unbescholtenheit (war
es, so muss ich, und ich habe Grund dazu, zu fragen wirklich
und in allen Teilen Unbescholtenheit?) auf das bequemste und

einträglichste eingerichtet hat, so bequem, dass er sich jetzt und hier – freilich nur ›privat‹ und nicht in der Öffentlichkeit, denn das schadet ja bekanntlich dem Prestige – die eklatantesten Gemeinheiten leisten kann. Mit anderen Worten: ich kann mir sagen, dass Heidegger vielleicht einiges eingesehen hat, ich SEHE, wieviel Niedertracht in einem Andersch oder Böll steckt (…).«

Es ist sicher so, dass in dieser Darstellung Heideggers bei Celan der Wunsch der Vater des Gedankens war. Denn dass Heidegger nach außen hin bis zum Schluss durchaus so tat, »als habe er nie gefehlt«, musste Celan später selbst erleben. Interessanterweise reagiert er auf »patentierte Antinazis« weitaus aggressiver. Dass er ausgerechnet Heinrich Böll in Zweifel zog, hatte mit jener Bonner Lesung Celans zu tun, auf die er auch von Ingeborg Bachmann und anderen eine Reaktion erbeten hatte – es ging um die antisemitische Karikatur, die im Publikum herumgereicht worden war. Celan hatte auch an Böll geschrieben, mit der beigelegten Information des Studenten, der ihn informiert hatte, und »mit der Bitte, mir zu sagen, was Sie davon halten«. Böll antwortete erst vier Monate später, am 3. April 1959, mit einer knappen Karte: »Lieber Paul, Sie werden – so hoffe ich – nicht böse oder ungeduldig sein, dass ich noch nicht antwortete. Ich bin tief begraben unter einer Lawine der Resignation, aus der ich langsam mich frei wühle. Bald wird der Roman fertig sein, wird auch eine Antwort auf Ihren Brief enthalten.«

Celan reagierte umgehend, rückte Böll in die Nähe von Antisemiten und beklagte, dass er, Celan, »vorsintflutlicherweise« davon ausgegangen sei, dass ein »engagierter« Schriftsteller seine Meinung teile, »der Nazismus gehe nicht nur die Juden an«. Celan schloss: »Ein bitterer Brief – Sie verdienen ihn.« Böll antwortete: »Ich kann Ihren Brief für nichts anderes halten als eine Frechheit, angesichts der Tatsache, dass Sie sich selbst zu betulichem Literaturgespräch mit Mohler bekennen,

Freundschaft pflegen mit Leuten, über deren Vergangenheit Sie n i c h t s wissen -- Fachgespräch unter Nicht-Engagierten, nehm ich an.«

»Engagement« – dieses Wort hatte für Celan offenbar einen etwas anderen Zungenschlag als für Heinrich Böll. Hier zeigen sich Differenzen, die etwas mit ihrer unterschiedlichen Sozialisation zu tun haben. Celan fühlte sich selbst als Linker, seine Bezugsgrößen waren Anarchisten wie der Russe Pjotr Kropotkin oder der in der Münchner Räterepublik an führender Stelle aktive Gustav Landauer, und noch bei den Pariser Mai-Demonstrationen 1968 fand er Daniel Cohn-Bendits Satz »Wir sind die Juden« gut. Doch sein Selbstgefühl als Linker, sein Singen russischer Revolutionslieder und seine osteuropäische Prägung unterschieden sich grundlegend von dem Prozess, den eine sich erst zögernd findende und sich engagierende »Linke« in der Bundesrepublik durchlief – eine von vielen Unwägbarkeiten und Rückschlägen vollzogene Diskussion über Demokratisierung, die parallel, teils aber auch in Gegnerschaft zur Sozialdemokratie verlief. Celan interessierte sich abseits konkreter politischer Zuordnungen auffällig für Protagonisten eines deutschen »Geistes«, die gegenüber eher pragmatischen politischen Positionierungen eine betont elitäre Haltung einnahmen. Armin Mohler, der Freund und Sekretär Ernst Jüngers und erklärter »Rechter«, wohnte eine Zeit lang bei Paris und war tatsächlich, wie Böll konstatierte, ein gelegentlicher Gesprächspartner Celans. Und eine konkrete »Freundschaft«, die Celan »pflegte«, war Böll, der entschieden gegen die Aktivitäten alter Nazis in der Bundesrepublik auftrat, tatsächlich ein Dorn im Auge: Es ging um Rolf Schroers.

Schroers war, als Sohn eines SS-Brigadeführers, zuletzt Oberleutnant der Wehrmacht und Leiter eines Trupps der »Frontaufklärung«, der sogenannten »Abwehr«, in Italien gewesen. Das heißt: Er war an führender Stelle im militärischen Geheimdienst eingesetzt und unterschied sich in seiner Tätigkeit eklatant von einem gewöhnlichen Wehrmachtsangehörigen. Schroers war speziell in der Bekämpfung von Partisanen tätig, und für derlei Funktionen musste er für das NS-Regime bereits entsprechende Eignungen und politische Zuverlässigkeit bewiesen haben. Und man kann ihn als ein Beispiel dafür nehmen, dass in Deutschland auch nach dem Ende des Naziregimes bestimmte Experten weiterbeschäftigt wurden: Offiziell dokumentiert ist eine Tätigkeit von Schroers beim Nachrichtendienst Nordrhein-Westfalen, beim Verfassungsschutz. An seinem Habitus, das berichten einige Zeitzeugen, war seine Vergangenheit durchaus erkennbar. Als er als Schriftsteller bei Tagungen der Gruppe 47 auftrat, fiel das auf. Hans Werner Richter erkannte ihn früh als einen Gegner, der andere Interessen verfolgte als er selbst. Nach einem Eklat mit Richter im Rahmen der Anti-Atom-Bewegung amtierte Schroers zunächst als Chefredakteur der FDP-Zeitschrift *Liberal*, bis er später Direktor der Theodor-Heuss-Akademie der FDP wurde.

Celan lernte Schroers bei der Tagung der Gruppe 47 in Niendorf kennen, als externer Mitarbeiter der DVA spielte Schroers eine gewisse Rolle bei der Veröffentlichung von Celans Gedichtband *Mohn und Gedächtnis*. Kurz nach der Tagung besuchte Celan Schroers in Bergen bei Frankfurt, und er schrieb darüber an seine Frau: »Er bewohnt ein kleines Bauernhaus, es ist zugleich nett und unerquicklich, sehr deutsch, deutsch in einem Sinne, der einen zuerst abstößt und einen dann zum Nachdenken veranlasst. Obgleich Schroers sehr liebenswürdig, sehr zuvorkommend gewesen ist – er hatte mich schon in Hamburg eingeladen, bei ihm zu wohnen –, habe ich es doch abgelehnt, bei ihm zu bleiben, unter dem Vorwand, dass es zu weit sei, in Wirklichkeit aber, weil ich hier allzuviele Spuren einer Vergangenheit voller schrecklicher Dinge bemerkt hatte.«

Celan scheint hier unbestechlich und klarsichtig, aber er fasste im Folgenden dennoch Vertrauen zu Schroers. Das lag in erster Linie daran, dass dieser ihm große Bewunderung entgegenbrachte. Schroers Worte entsprachen dabei fast karikaturhaft dem hohlen Pathos, mit dem in den fünfziger Jahren ein unzerstörbarer deutscher Geist gegen die niederen Instinkte der Geschichte hochgehalten wurde. Celan schien für Schroers genau den hohen Ton zu haben, den auch er für sich beanspruchte. Schroers' lange und zahlreiche Briefe an Celan zeigen, wie sehr er mit allen Fasern an seinem deutschen Selbstgefühl laborierte, verquält und selbstherrlich zugleich. Dass Celan seine Gedichte immer dezidierter als Jude schrieb, interessierte Schroers nicht. Das »Wort« bei Celan sei, so schrieb er ihm, »fast ganz hinübergenommen« in eine »traumhafte Gegenwärtigkeit innerer Welt. Es sammelt Kräfte, die sich sonst im Alltag an der unsäglich vergeblichen Mühe dinglicher Ordnungen verbrauchen.« Obwohl Schroers, der heute als Dichter zu Recht vergessen ist, bei seinen Lobpreisungen oft sehr schwülstig wurde, zeigte sich Celan lange Zeit dafür zugänglich. Schroers suchte in etlichen Anläufen eine elitäre, poetische Gemeinsamkeit. Er stellte sich, ohne dies zu reflektieren, mit Celan und dessen Erfahrungen auf eine Stufe: »Als Menschen, Paul, kommen doch immer nur wenige in Betracht, die, Jude oder nicht, von der Meute gehöhnt werden.«

Es ist erstaunlich, gerade angesichts von Celans Sensibilität für Sprechweisen, dass er den Kontakt mit Schroers über Jahre hinweg aufrechterhielt, ihm sogar das Du anbot und ihn nach Paris einlud. Dass ihn Schroers öfter emphatisch mit Ernst Jünger verglich und auch heftige Hymnen auf Carl Schmitt intonierte, ließ Celan lange unkommentiert. Als ihm Schroers allerdings einen Versuch über das Thema »Juden« schickte, war die Grenze erstmals überschritten. Nach langem Schweigen schrieb Celan bloß eine Passage aus Schroers' Brief ab und schickte sie entsetzt zurück: Schroers hatte von einer »duldsamen Weise der Abwehr des Jüdischen« gesprochen, die »vielleicht kein Antisemitismus mehr« sei, und evozierte die »erbarmungswürdige Tatsächlichkeit eines schwieligen, polni-

schen Dorfschmiedes«. Schroers' Texte sind oft gekennzeich-
net von einer solch verschwurbelten Mixtur aus Schuldgefühl
und Selbstrechtfertigung. Die Frage des ehemaligen Oberst-
leutnants der »Abwehr« nach einer neuen »Abwehr des Jüdischen« erschreckte Celan in dem Moment, als er sich direkt
als Jude und nicht mehr als Dichter angesprochen fühlte. Als
Schroers Celan dann Ende 1961 sein Buch *Der Partisan. Ein Beitrag zur politischen Anthropologie* schickte, beendete Celan sofort
und abrupt jeglichen Umgang mit ihm. In Celans Exemplar
finden sich Unterstreichungen bei Wörtern wie »artfremd«,
»Mischpoke« oder »volksunmittelbar«.

Schroers, Ernst Jünger, Heidegger – für Celan waren diese
Zeitgenossen und Intellektuellen offenkundig anders besetzt
als für die Oppositionellen in der frühen Bundesrepublik.
Celans Zerwürfnis mit Heinrich Böll, obwohl es Jahre später zu
einem beiderseitigen Versuch der Wiederannäherung kam, ist
vor diesem Hintergrund fast tragisch zu nennen. Celan nahm
den »deutschen Geist« anders wahr als seine ihm politisch
eigentlich entsprechenden bundesdeutschen Generationskol-
legen, er wollte sich in der hohen Sprachtradition Hofmannsthals oder Rilkes verankert wissen. Wenn er Heidegger »kritischen« Schriftstellerkollegen wie Böll oder Andersch vorziehen
möchte, zeigt sich eine atmosphärische Kluft zwischen ihm und
dem bundesdeutschen Literaturbetrieb, über die damals wohl
keine Verständigung möglich war.

Äußerst komplex war auch Celans Freundschaft mit Günter
Grass. Hier gab es sogar einen Heidegger-Reflex. Grass entwarf die ersten Strecken seines großen Romans *Hundejahre*, der
1963 erschien, in Paris, und er setzte sich in einem Erzählstrang
mit Heidegger auseinander. Das Weiterwirken der Nazi-Ideo-
logie zeigt sich hier in einer komischen Vogelscheuchen-Meta-
phorik. Nach dem Krieg landet die Hauptfigur in einem Berg-
werk, in dem unterirdisch Vogelscheuchen hergestellt werden,
und sie beginnt dort, im Stil Heideggers zu philosophieren.

Dieser satirische Zugriff enthüllt die Verdrängungsmechanismen im Wirtschaftswunderdeutschland: »Der Satz vom Gescheuch. ›Denn das Wesen der Scheuchen ist die transzendental entspringende dreifache Streuung des Gescheuchs im Weltentwurf.‹ Hundert angeglichene Philosophen wandeln auf liegendem Salz, grüßen einander wesentlich: ›Das Gescheuch existiert umwillen seiner.‹«

Grass berichtete später in seinen »Frankfurter Vorlesungen«, wie sehr Celans Begleitung sich auf Teile der *Hundejahre* ausgewirkt hätte, »etwa zu Beginn des Schlussmärchens vor Ende des zweiten Teils, sobald sich neben der Flakbatterie Kaiserhafen ein Knochenberg türmt, den das bei Danzig gelegene Konzentrationslager Stutthof speist«. Celan habe Grass auch schon bei der *Blechtrommel* Mut gemacht, »fiktive Gestalten wie Fajngold, Sigismund Markus und Eddi Amsel, keine edlen, sondern gewöhnliche und exzentrische Juden, in meine kleinbürgerliche Romanwelt zu fügen«. Über die Heidegger-Passagen sagte Celan wohl nichts, zumindest kam Grass nicht darauf zu sprechen. Celan und Grass kannten sich in den Jahren, als Grass in Paris lebte, sehr gut. Trotz der großen Unterschiede in ihren Charakteren entwickelte sich eine Beziehung, die wohl auch auf osteuropäische Affinitäten und ziemlich viel Calvados gegründet war, sie sahen sich ziemlich oft.

»Er hatte anfangs eine Art, die auf einige Autoren vielleicht einschüchternd wirkte, so etwas Stefan-George-haftes«, erinnerte sich Grass später: »Wir hatten, so fremd wir einander sein mussten, so verschieden wir waren, ein Faible füreinander. Und ich verdanke Paul Celan sehr viel an literarischen Hinweisen.« Am 27. April 1959 schrieb Grass an Celan, nach der Lektüre von *Sprachgitter:* »Ohne dass es am Ende dieses Satzes eines gewichtigen Ausrufezeichens bedarf, glaube ich in dem Gedicht ›Engführung‹ ein großes Gedicht unserer Zeit, womöglich Dein großes Gedicht erkannt zu haben. Man muss lange rückwärts schreiten, bis zu den Elegien des späten Rilke oder gar bis *Offenbarung und Untergang*, wenn man sich ähnlichem Atem aussetzen will.« Rilke und Trakl, davon konnte sich Celan schon auch angesprochen fühlen, und als Grass ihm am 8. September 1959 seine *Blechtrommel* widmete, schrieb Celan schon einen Tag später: »zwei Zeilen, um auf diese Weise meinen Hut vor Oskar und seiner, also auch Deiner Blechtrommel zu lüften. Standort des Hutlüftenden: Seite 230.« Und am Schluss des Briefes ehrte Celan Grass sogar mit einem verborgenen Zitat aus dessen Theaterstück *Onkel, Onkel*, in dem die Hauptfigur öfter die Wendung »sagte mein Onkel Max« gebraucht: »Klartext: Es gibt, sagt mein Onkel, nicht viele Trommeln wie diese.« Als der Bremer Senat Grass den ihm von der Jury zugesprochenen Bremer Literaturpreis Ende 1959 aus den spezifisch politisch-moralischen Gründen der Adenauerzeit verweigerte, solidarisierte sich der frühere Preisträger Celan sofort mit ihm, sprach seine »Anerkennung für das Buch von Günter Grass« aus und zeigte sich in einem Zeitungsgespräch »fassungslos« über die Entscheidung der Bremer Verantwortlichen.

Dennoch, scheinbar völlig unvermittelt, schrieb Celan nur wenige Wochen später, am 31. Januar 1960, an Rudolf Hirsch vom Verlag S. Fischer: »vorgestern, eine halbe Stunde nach der Rede de Gaulles, der Besuch von Grass … Die alten, kleinen und großen Verlogenheiten, vermehrt um die mittlerweile noch höher ins Kraut geschossene Selbstgefälligkeit … So dass ich, neben manchem anderen, auch die Frage nach der Haltung bei Ihnen (als Sie ihm das ›Gespräch‹ zeigten) stellen musste; er kam dann mit weiteren kaltblütig geäußerten Lügen und Gemeinheiten. Ich musste ihm die Freundschaft aufkündigen, ihm und seiner Frau die Tür weisen.« Grass hatte sich wohl in der ihm eigenen lockeren und unbedachten Art (»ich war damals viel frecher als heute«, sagte er 1996) über Celans Prosastück *Gespräch im Gebirg* geäußert.

Wie bei Böll versuchte Celan dann aber wieder verzagt, an

die Freundschaft mit Grass anzuknüpfen, es gibt einige herzliche und nachdenkliche Briefentwürfe – er hat aber keinen dieser Briefe mehr abgeschickt. Am 9. März 1962 notierte er, nach bitteren Bemerkungen über den Literaturbetrieb: »Die Dichtung, auch die Deine, Günter, hat mit <u>diesem</u> Gegen und <u>diesem</u> Für – beide leben ja voneinander – nichts zu tun. Sie ist anderswo, kommt von anderswo, und dieses anderswo ist eben, auf das mitmenschlichste, ein Hier und Jetzt – für ein paar Augen, ein paar Hände, ein paar Herzen, d. h. für alle, die das sind. (Ich erzähle Dir nichts Neues, ich weiß.) Was also sonst noch sagen? – Das Papier ist grau, und … das Wort ›herzgrau‹ ist ein Wort Deines aus Czernowitz stammenden Pariser Freundes Paul.«

Dass seine Freunde ihn nach Kritiken wie denen von Günter Blöcker nicht so unterstützten, wie er es erwartete, setzte Celan ungemein zu. Verzweifelt und erregt warf er Rezensionen wie die von Günter Blöcker mit geschäftig-eiligen oder beiläufig-nachlässigen Freundesreaktionen wie von Heinrich Böll oder Günter Grass in einen Topf. Celan konnte und wollte nicht mehr differenzieren. Es gab verschiedenste Angriffe, unter denen er litt: üble Nachrede, Neid von Kollegen oder die Profilierungsversuche von jungen Lyrikern wie Peter Rühmkorf, der seine eigene ästhetische Position Celan gegenüber schärfen wollte. Die üblichen Mechanismen des Literaturbetriebs sind dann am schwersten zu ertragen, wenn ehrgeizige und intelligente Konkurrenten erkennen, dass ihnen jemand überlegen sein könnte, und sie deshalb besonders perfide agieren, hämisch und höhnisch werden. Celan begriff bald alles, was sich in irgendeiner Form gegen ihn äußerte, als antisemitisch. Die Karikatur während der Lesung in Bonn war dabei einer der Katalysatoren, der Kritiker Günter Blöcker (der einen Monat nach seiner *Sprachgitter*-Besprechung übrigens gleich Grass' *Blechtrommel* auf borniert-selbstgefällige Weise verriss) hantierte Celan gegenüber erkennbar mit antisemitischen Klischees, und die Verleumdungen der medienerfahrenen Claire Goll bildeten für Celan die Grundlage von allem und wirkten umso traumatischer. Celans Vorstellung von Dichtung war mit dem sich entwickelnden kritischen Betrieb ohnehin kaum vereinbar, die Verschmelzung seiner Selbstdefinitionen als Dichter und Jude wurde immer stärker befeuert. Mit der Zeit erlebte Celan sogar ausgesprochen als »Philosemiten« auftretende Kollegen als Feinde, tendenziell noch gefährlicher als gewöhnliche Antisemiten. Celan konnte selbst gutwillige Stimmen, die für ihn eintraten, nicht mehr als solche wahrnehmen und brach den Kontakt ab. Auch Rudolf Hirsch, der jüdische S.-Fischer-Lektor, dem Celan viel zu verdanken hatte und dem er wegen Grass noch sein Herz ausgeschüttet hatte, wurde einige Zeit später Ziel heftigster Verdächtigungen Celans, und es kam zum Zerwürfnis.

Man kann es nicht ohne Erschütterung lesen, wenn Klaus Demus, der jüngere, langjährige treue und bewundernde Freund, nach einem Besuch in Paris im März 1962 und einer Abweisung im April einen bewegenden Brief an Celan schrieb: »Mein lieber, mein geliebter Paul! Wenn Du mich lieb gehabt hast in so vielen Jahren, wie ichs ja weiß, wenn Du meine Liebe gespürt hast: dann gib diesem Brief, dem schwersten meines Lebens, soviel Gehör als Du kannst. Ich habe Dir das Äußerste, das Allerletzte zu sagen. Ich schwöre es Dir, dass es allein aus mir kommt, dass niemand mich beeinflusst hat, dass ich allein von mir zu Dir spreche. Alles hängt davon ab, dass Du mir das glaubst. *Was* ich zu sagen habe, kannst Du mir wohl nicht glauben – es geschähe denn ein Wunder: weil diese winzigste Chance besteht, die letzte und äußerste, die meiner Freundschaft zu Dir aufgegeben ist, habe ich es zu sagen. Paul, ich habe den entsetzlichen ganz gewissen Verdacht, dass Du an Paranoia erkrankt bist.«

14

Der vergangene Herbst.

Rückblick auf das Unmögliche

240 Der Schatten Paul Celans legte sich von Anfang an über die Beziehung von Ingeborg Bachmann zu Max Frisch. Sie hatte sich mit Frisch längst liiert, sie entschied sich schnell, seinetwegen nach Zürich zu ziehen, sie traf sich mit ihm in Ligurien und ließ ihn eines Morgens ratlos und überfordert durch La Spezia irren (wie er in *Montauk* schreibt), doch sie wagte es nicht, Celan davon etwas zu sagen. Sie war geübt darin, ihre verschiedenen Leben zu trennen, und so schrieb sie Celan Mitte Juli – zwei Wochen nach ihrer Trennung in Paris, mitten in den verwirrenden Anfangswirbeln mit Max Frisch – aus Neapel: »Ich bin traurig und fern von allem, wo ich auch bin.« Die politischen Zustände spitzten sich zu, in Frankreich begann der Algerien-Konflikt auf seinen Höhepunkt zuzusteuern, der Kalte Krieg brachte forcierte Debatten um die atomare Aufrüstung mit sich, all das beschäftigte auch Bachmann und Celan – und es war auch mit in dem enthalten, was sie an Celan schrieb: »Und wir – ach Paul, Du weißt ja, und ich weiß nur jetzt kein

Wort dafür, in dem es ganz stünde, was uns hält.« Gisèle und das Kind waren einer der Hauptgründe dafür gewesen, dass sie Celan nach dem Wiederaufflammen ihrer Liebe nicht bedingungslos folgte, und sie betonte auch jetzt, sie sei »froh« darum, dass »Gisèle und das Kind um Dich sind«. Aber in jenem »ach Paul, Du weißt ja«, im Anklingen jenes »Es ist Zeit, dass man weiß« aus Celans »Corona«, jenes »Wissens«, das nur für sie beide bestimmt war, schwang noch mehr mit. Bei ihrem Abschied auf der Île St.-Louis, schrieb sie zwei Wochen später aus Neapel, sei es so gewesen, »als wären wir im Gleichgewicht, im Regen, und es hätte uns kein Taxi mehr fortbringen müssen.« Und Celan antwortete kurz danach: »Il y aura toujours L'Escale« – »Es wird immer das ›Escale‹ geben«, das Lokal auf der Île St.-Louis, in dem sie sich zuletzt getroffen hatten, wörtlich: »die Anlegestelle«.

Ingeborg Bachmann war nach der Begegnung mit Max Frisch nach Zürich gereist, um die neue Beziehung zu vertiefen, doch Max Frisch erinnerte sich später in *Montauk* daran, dass er schon damals wie einen kurzen Blitzeinschlag die »klare Erkenntnis« hatte, dass das Ganze »nicht länger als vier Wochen lebbar« sei. Und am gewohnten Rückzugsort bei Hans Werner Henze in Neapel schrieb sie im August an Celan: »Die ›Lösung‹ gibt es wohl nicht, die ich gesucht habe und vielleicht wieder einmal versucht sein werde, zu suchen. Man hütet sich, Fragen zu stellen, bei soviel offenbarer Sinnlosigkeit. Welche Instanz wüsstest Du? Dass ich darum auch niemand drum bitten kann, Dich zu beschützen – das fällt mir auch ein. Dass ich nur meine Arme habe, um sie um Dich zu legen, wenn Du da bist.«

Hier deutete sie sich schon an, die »Lösung«, die sie wieder »suchen« würde, obwohl sie wusste, dass es sie »wohl nicht« gäbe. Diese »Lösung« hieß Max Frisch. Als sie es Celan endlich mitteilte, am 5. Oktober, bereitete sie es recht flirrend vor: Es sei auf eine »so merkwürdige Weise geschehen«, dass sie sich »verliebt hätte«, »nur so nennen darf ich es nicht«. Sie sei »sehr froh, sehr aufgehoben in Güte und Liebe und Verständnis«. Aber dann folgt eine etwas diffusere, allgemeinere Überlegung, die vor allem Celan gilt und ihrer Dichterexistenz überhaupt: »ich bin nur manchmal traurig über mich selbst, weil eine Angst und ein Zweifel nicht ganz weggehen, der mich selbst betrifft, nicht ihn. Ich glaube, ich darf Dir das sagen, wir wissen es doch, – dass es für uns fast unmöglich ist, mit einem anderen Menschen zu leben. Aber da wir es wissen, uns nicht täuschen und nicht zu täuschen versuchen, kann doch etwas Gutes entstehen, aus der Bemühung jeden Tag, das glaube ich jetzt doch.«

Es hat etwas von Sisyphos. Von einer Wunschvorstellung, die erreichbar scheint und die man nie aus den Augen verlieren darf. Aber dass »es für uns fast unmöglich ist, mit einem anderen Menschen zu leben«, das verweist auf das Bündnis mit Celan auf einer anderen Ebene, abgehoben vom Alltag. Der Schmerz, mit Celan kein Paar sein zu können, grundierte ihr Lebensgefühl schon früh. Sie hatte für sie sehr ungewöhnliche, energische

Versuche unternommen, ein gemeinsames Leben mit Celan führen zu können, sie hatte lange an dieser Vision festgehalten, und auch nach seiner harschen Zurückweisung blieb sie noch bestehen, in der unklaren Latenzzeit mit Hans Werner Henze in Neapel und Rom. Und nach den stürmischen Liebesmonaten zwischen Oktober 1957 und Mai 1958 ging die Sehnsucht langsam über in die Möglichkeit einer poetischen Geschwisterliebe, in das gemeinsame Selbstverständnis als Dichter. Im Alltag standen sie sich in ihrer allzu ausschließlichen, allzu verwandten Dichterexistenz im Weg. Jenseits des Alltags aber gab es eine Nähe, die für andere nicht erreichbar war.

Dass an die tiefere Schicht, die Bachmann mit Celan verband, Max Frisch letztlich nicht rühren konnte, wird in dem lyrischen Brief am deutlichsten, den sie Celan zu seinem Geburtstag im November 1958 schrieb. Sie war erst vor Kurzem nach Zürich gezogen, hatte den Versuch eines Alltags mit Max Frisch aufgenommen, es gab die Anfangsgefühle eines Neubeginns, und doch schrieb sie: »Paul, Dein Geburtstag ist nah. Ich kann die Post nicht bewegen, auf Tag und Stunde genau zu sein, aber Dich und mich wieder. Es ist so still hier. Eine halbe Stunde ist seit dem ersten Satz vergangen, und der vergangene Herbst drängt sich in diesen Herbst. Ingeborg«.

»Der vergangene Herbst«, das war der rauschhafte Herbst des Jahres 1957 zwischen Ingeborg Bachmann und Paul Celan. Es ist der »Corona«-Herbst, der den konkreten Augenblick mit der Ewigkeit zusammendenken kann.

Bachmanns Lektor Reinhard Baumgart hat den Alltag zwischen Ingeborg Bachmann und Max Frisch erlebt und beschrieb ihn später in einem Dokumentarfilm so: »Sie hatte einfach keine Robustheit, die man für ein langes Autorenleben braucht. Und dann lebte sie ja jahrelang mit einem Dichter-profi wie Max Frisch zusammen. Und sie hat mir oft erzählt: was mich wahnsinnig macht, ist – er geht nach dem Frühstück rauf, und schon hör ich nach einer kurzen Zeit die Schreibma-schine klappern, und es läuft und läuft. Und ich sitze da und brüte, und es kommt und kommt nichts.«

Für Max Frisch stellte sich das Ganze etwas anders dar. Er sprach fast nie über sein vierjähriges Zusammenleben mit Ingeborg Bachmann, aber einmal, sehr spät, versetzte er eher unwirsch: »Jedenfalls kann ich einmal die Tatsache feststellen, dass wir als Paar – Mann, Frau – gelebt haben. Jeder arbeitend. Jeder Kenntnis nehmend von der Arbeit des anderen. Aber eine Zusammenarbeit, oder eine Beeinflussung, oder auch nur eine Stimulation hat nicht stattgefunden.«

Am 24. September 1959, sie hatte ein Jahr mit Max Frisch zusammengelebt, schrieb Ingeborg Bachmann einen Brief an ihre alte Freundin Ilse Aichinger. Hier kam bereits etwas zum Vorschein, was in den nächsten Jahren immer stärker werden und ihr Grundgefühl dominieren würde, nachdem Max Frisch sie verlassen hatte. Sie schildert in ihrem Brief, dass sie in der bisherigen Situation nicht zum Schreiben gekommen sei, und kündigt an, am nächsten Tag eine kleine Arbeitswohnung in Zürich zu beziehen: »Ob ich anders unter anderen Umständen hätte arbeiten können, weiß ich nicht. Ich habe gedacht und gedacht in der letzten Zeit und ich komme zu keinem Ende vor Bestürzung, stelle mir alle Fragen neu, überhaupt Fragen, die ich mir nie oder nur undeutlich gestellt habe. Eine Vorarbeit, die mich nicht zur Arbeit kommen lässt, und dazu die Flucht in den Schlaf, ich könnte immerzu schlafen vierzehn und sechzehn Stunden. Ich möchte nie mehr aufstehen. Weil ich nicht weiß, wie man mit den anderen weiterreden und weiterdenken kann, wenn man in andre Gedanken, in eine andere Sprache übersiedeln möchte, graut mir, und mir graut, weil ich vielleicht unfähig sein werde auszutreten, nicht vielleicht, sondern sicher, es gibt nämlich nur die eine, und man kann nicht fortgehn, ›nach jener Seite‹; für die weiß ich keine Sprache, man ist ja hier und hat nur diese. Verzeih die Nacht und den Gin, ich kann mich nicht ausdrücken, aber Dir sagen möchte ich, dass Gin, Nacht und Brief eine Notwehr sind, und wogegen weiß ich nicht, aber lass es nicht immer zu.«

Auch mit Max Frisch stellten sich Alltagsprobleme ein – die Schwierigkeiten des Zusammenlebens, wenn beide Protagonisten Schriftsteller sind. Max Frisch war durchaus ein Repräsentant, einer, der im bürgerlichen Leben reüssierte und mitten im Leben stand. Er verkörperte einige Möglichkeiten, die das Spiel mit dem Divenhaften bei Ingeborg Bachmann ansprachen. Sie boten eine Fortsetzung der glanzvollen Auftritte bei Opern- und Konzertpremieren mit Hans Werner Henze und konnten durchaus auch Glamour und Weltläufigkeit in sich bergen. Es gibt ein Foto von Max Frisch, nachdem es Ingeborg Bachmann gelungen war, ihn zu dem Wohnsitz Rom zu überreden: Da hatten sie einen großen Palazzo mit Bediensteten, Räume, die eine aristokratische Aura garantierten, und Max Frisch posiert mit einem mediterran legeren, etwas dandyhaften und doch auch eleganten weißen Anzug im Treppenhaus. Nur ganz versteckt

lugt noch etwas verschämt zurückhaltend Schweizerisches durch. Später legte er nahe, er habe mit dieser
prunkvollen Umgebung und dem
mondänen Lebensstil vor allem ihr
einen Wunsch erfüllt. Der Alltag
mit Max Frisch zitierte langsam
und auf andere Weise jene Erfahrung, die sie mit Celan gemacht
hatte: Sie begannen, sich gegenseitig die Luft wegzunehmen.

Als Max Frisch seinen subjektiv aufrichtigen, redlich gemein-
ten Antwortbrief auf Paul Celans
Hilferuf nach dem Blöcker-Artikel
schrieb, ahnte Ingeborg Bachmann
eine Katastrophe. Da prallten zwei

Max Frisch als »Dichterprofi«:
1960 in Rom, in der gemeinsamen
Wohnung mit Ingeborg Bachmann
in der Via de Notaris

245

Welten aufeinander, die nicht einmal sie selbst so recht in
sich zusammenbringen konnte. Sie musste Widersprüche aus-
halten, von denen sie fühlte, dass sie ihnen nicht gewachsen
war. Schon im ersten Winter ihres Zusammenlebens mit Max
Frisch, im Februar 1959, antwortete sie Celan, als er sich mit
ihr in Straßburg oder Basel treffen wollte – also nicht auf
deutschem Boden! –, dass ihr Zürich lieber sei. Der Grund
war Max Frisch: »Er hat mich gebeten, ihn nicht auszuschließen.« Im Laufe des Jahres 1959 wurden zwischen Bachmann
und Celan »Geschwisterbücher« ausgetauscht, und die beiden
versuchten immer wieder, an ihre gemeinsame Verschworen-
heit anzuknüpfen – »Du weißt ja, Du weißt«. Als Frisch aber
seinen Brief an Celan abschickte, begann ein neuer Konflikt, in
dessen Verlauf die Beziehung zwischen Bachmann und Celan
endgültig scheiterte.

Celan schrieb an Bachmann, in Reaktion auf die Blöcker-
Rezension und deren Einschätzung durch Max Frisch: »Ich

Gisèle de Lestrange mit ihrem
Ehemann, bei der Eröffnung
einer Ausstellung ihrer
Grafiken (Kestner-Gesellschaft
Hannover, Mai 1964)

muss an meine Mutter denken./Ich muss an Gisèle und das
Kind denken.«

Hier war die Verbindung von negativen, mit antisemitischen
Untertönen versehenen Kritiken mit seiner eigenen Biographie,
seiner jüdischen Geschichte manifest geworden – genau die
Verbindung, die Max Frisch angesichts des in für ihn üblicher
Kritikermanier auftrumpfenden Blöcker-Textes nicht akzeptieren wollte. Ingeborg Bachmann wusste, was Frischs kollegiale
Beschwichtigung in Celan auslösen musste. Als Celan den Kontakt nach Bachmanns für ihn unzureichendem Versuch einer
Erklärung abgebrochen hatte, begann sie, einen Brief an Gisèle
zu schreiben: »Ich wusste nicht mehr, wie ich mich verhalten
soll, ohne Max zu verraten und ohne Pauls Vertrauen zu verlieren.« Celan meldete sich unverhofft ein paar Tage später wieder – Bachmann schrieb: »Atmen ist wieder möglich« –, und sie
schickte ihm zu seinem Geburtstag am 23. November ein Telegramm und eine Schallplatte. Dann aber folgte, am 21. Dezember 1959, einen Monat später, ein Brief, der von ihrer ganzen
inneren Qual kündete. Es ging darum, dass Celan auf den Brief
von Max Frisch, der auch als Freundschaftsangebot gemeint
gewesen war, nicht geantwortet hatte. Und sie versuchte jetzt,
Celan zu erklären, »dass die Beleidigung, durch die verletzende
Absage in dem Brief an mich, für ihn weiter besteht, auch nach-

dem Du und ich ein erlösendes Wort gefunden haben füreinander. Dies kann für ihn nicht gelten, denn sein Brief war vor allem die Ursache, ja es verschlimmert nur die Gedanken, auch mir gegenüber, weil es aussieht, als läge mir nur an Dir, an Deiner Not, an unserer Beziehung.« Später fügt sie hinzu, dass es zwischen ihr und Max Frisch jetzt »ein lastendes Schweigen« gebe.

Ein Telefongespräch an Weihnachten schien dann alles in ruhigere Bahnen zu lenken. Obwohl auch diese Bahnen zwangsläufig vom Literaturbetrieb geprägt waren: Ingeborg Bachmann hielt ihre »Frankfurter Poetik-Vorlesungen«, beide protestierten gegen das Veto des Bremer Senats, mit dem die Jury-Entscheidung für Günter Grass zurückgenommen werden sollte. Und am 1. Februar 1960 schickte Ingeborg Bachmann Celan noch ihre neue Erzählung »Alles«. Aber am 19. Februar, nicht einmal drei Wochen später, folgte dann unvermittelt – zumindest in der schriftlich nachvollziehbaren Überlieferung – ein kurzer Brief: »Lieber Paul, nach allem, was geschehen ist, glaube ich, dass es für uns kein Weiter mehr gibt. Es ist mir nicht mehr möglich./Es fällt mir sehr schwer, das zu sagen./Ich wünsche Dir alles Gute./Ingeborg«

Vermutlich waren Telefonate vorausgegangen, und es gab auch Irritationen wegen der »Frankfurter Vorlesungen« Bachmanns – eine Begegnung der beiden in Frankfurt kam nicht zustande, als Celan dort zu tun hatte, weil Bachmann vorher abgereist war. Aber der Auslöser für diesen Brief war sicher, dass Bachmann nur darin die Möglichkeit sah, ihre Beziehung mit Max Frisch aufrechtzuerhalten. Die Herausgeber des Briefwechsels teilen in den Anmerkungen mit, dass Celan auf den Umschlag ihres Briefes oben links geschrieben hat: »Bravo Blöcker! Bravo Bachmann!«

Es war zwar immer noch nicht das letzte Wort, aber es sollte auch künftig kein Zurück mehr zu einer früheren Vertrautheit geben. Bachmann und Celan begegneten sich noch einmal, sogar zu viert mit Gisèle und Max Frisch, als Nelly Sachs am

29. Mai 1960 in Meersburg den Droste-Preis entgegennahm, es gab in diesen Tagen mehrere Gespräche. Und sie begegneten sich zum letzten Mal vom 25. bis 27. November 1960 mehrfach in Zürich, als Celan Rückendeckung in der Goll-Kampagne suchte. Auch Bachmann setzte sich natürlich für Celan ein, als parallel zum Büchner-Preis Claire Golls Verleumdungen wieder zunahmen. Bachmann beteiligte sich an einer »Entgegnung«, die Klaus Demus ursprünglich zusammen mit Celan verfasst hatte, aber auch dabei kam es zu Verstimmungen. Am 27. September 1961 setzte Ingeborg Bachmann noch einmal zu einem langen Brief an Celan an, den sie nicht abgeschickt hat. Es ist ein bewegender Brief, der ihre ganze Verzweiflung über die Unmöglichkeit einer Beziehung zu ihm ausdrückt, und gleichzeitig spricht er vollkommen klar aus, dass sie mit Celans psychischem Zustand, seiner Erkrankung überfordert war. Von den »vielen Ungerechtigkeiten und Beleidigungen«, denen sie bisher ausgesetzt gewesen sei, seien diejenigen »am schlimmsten« gewesen, die Celan ihr zugefügt habe: »weil ich mich nicht schützen kann dagegen, weil mein Gefühl für Dich immer zu stark bleibt und mich wehrlos macht.« Bitter stellt sie fest, dass auch sie einen bösartigen Verriss von Günter Blöcker ertragen musste und Celan mit keinem Wort darauf einging. Und sie fühlte sich zu schwach dazu, immer ihn in den Mittelpunkt zu stellen. Auch ihre Übersetzungen wurden inkompetent angegriffen, auch sie hatte verletzende Angriffe erlebt – und wurde damit allein gelassen.

Ihr Erzählungsband *Das dreißigste Jahr*, der heute zu den am meisten interpretierten und folgenreichsten deutschsprachigen Prosabüchern überhaupt zählt, wurde von zumeist gönnerhaften älteren männlichen Kritikern wie Blöcker als ziemlich schwach abgetan; das später von Marcel Reich-Ranicki geäußerte Wort von der »gefallenen Lyrikerin« ist lange an ihr haften geblieben. Bachmann befand sich Anfang der sechziger Jahre in einer tiefen Krise, parallel zu Celan. Dennoch hatte sie die Kraft, ihm Folgendes zu schreiben: »Ich glaube Dir, alles, alles. Nur glaube ich nicht, dass sich der Klatsch, die Kritik, auf Dich beschränken, denn ich könnte ebensogut des Glaubens sein, dass sie sich auf mich beschränken. Und ich könnte Dir beweisen, wie Du mir beweisen kannst, dass es so ist. Was ich nicht kann: es Dir ganz beweisen, weil ich die anonymen und anderen Papierfetzen wegwerfe, weil ich glaube, dass ich stärker bin als diese Fetzen, und ich will, dass Du stärker bist als diese Fetzen, die nichts, nichts besagen. Aber das willst Du ja nicht wahrhaben, dass dies nichts besagt, Du willst, dass es stärker ist, du willst Dich begraben lassen darunter. Das ist Dein Unglück, das ich für stärker halte als das Unglück, das Dir widerfährt. Du willst das Opfer sein, aber es liegt an Dir, es nicht zu sein.«

Sie hatte nicht die Kraft, diesen Brief abzuschicken. Sie musste ihn aber wohl auch wegen sich selbst schreiben. Es ist im Folgenden beklemmend, wie ähnlich die Lebenskatastrophen Bachmanns und Celans, jetzt nebeneinanderher, verliefen.

In dem umfangreichen Briefwechsel zwischen Celan und seiner Frau Gisèle ist detailliert nachzulesen, wie Celans Krankheit offen ausbrach. Seine Aufenthalte in psychiatrischen Kliniken werden genau mitgeteilt: Die erste akute Attacke wurde vom 31. Dezember 1962 bis zum 17. Januar 1963 in Épinay-sur-Seine behandelt, nachdem Celan bei der Rückfahrt aus dem Skiurlaub einer zufällig mit im Abteil sitzenden Frau den gelben Schal weggerissen hatte, weil er ihn für einen Judenstern hielt. Es folgten psychiatrische Behandlungen in Le Vésinet vom 8. bis zum 21. Mai 1965, danach mehr als ein halbes Jahr, vom 28. November 1965 bis zum 11. Juni 1966, in Garches, Suresnes und Sainte-Anne nach einer Zwangseinweisung, weil Celan in einem Wahnzustand Gisèle mit einem Messer töten wollte. Vom 13. Februar bis zum 17. Oktober 1967 war er wieder in Sainte-Anne, nach einem fast erfolgreichen Selbstmordversuch am 30. Januar, fünf Tage nachdem er im Pariser Goethe-

Paul Celan in Paris, 1963

Institut zufällig Claire Goll begegnet war. Zuletzt wurde er vom 15. November 1968 bis zum 3. Februar 1969 in Épinay-sur-Orge behandelt. Im April 1970 suchte er den Freitod in der Seine, wohl am Pont Mirabeau Apollinaires.

Fast zur selben Zeit, als sich bei Celan zum ersten Mal die Paranoia offen zeigte, also im Dezember 1962, unternahm Ingeborg Bachmann einen Selbstmordversuch. Akuter Auslöser war die Trennung von Max Frisch, die sich allerdings schon länger abgezeichnet hatte. Schon als sie ihren nicht abgeschickten, schonungslosen, ehrlichen Brief an Paul Celan geschrieben hatte, im September 1961, war diese Beziehung nach einigen Krisen so gut wie zerstört. Sie lebten bereits öfter getrennt voneinander. Am 1. August 1962 kündigte Max Frisch die Partnerbeziehung förmlich auf und informierte Bachmann von seiner neuen Freundin. In ihr Tagebuch schrieb Bachmann am 6. August: »Seit fünf Tagen bin ich allein in Uetikon, um anzufangen, um eine Ende zu machen mit diesen vier Jahren. Oder soll ich sagen, eineinhalb Jahren, denn seit dieser Zeit war es offensichtlich ganz aus.« Als sie am 4. Februar 1963, fast ein halbes Jahr später, Hans Werner Henze um Hilfe rief – er war der Erste, der dafür infrage kam – hatte sie den Selbstmordversuch und eine schwere Operation hinter sich: »ich hab so tun müssen, als sei nichts, nur ein bisschen Krankheit. Aber das stimmte nicht, es war nicht ein bisschen Krankheit, sondern ich musste vor zwei Monaten in die Klinik, weil ich versucht habe, mich umzubringen, aber das werde ich nie wieder tun, es war eine Verrücktheit, und ich schwöre Dir, dass ich das nie wieder tun werde. (...) Du denkst vielleicht, es sei meine Schuld, dieses Ende, aber das stimmt nicht. Wenn

Ingeborg Bachmann in
Rom, 1969

man überhaupt von Schuld sprechen will, dann ist es die Schuld
von Max, sonst wäre es mit mir nicht so weit gekommen. (...)
Tatsache ist, dass ich tödlich verletzt bin und dass diese Trennung die grösste Niederlage meines Lebens bedeutet. Ich kann
mir nichts Schrecklicheres vorstellen als das, was ich durch-
gemacht habe und was mich bis heute verfolgt, auch wenn ich
heute anfange mir zu sagen, dass ich weitermachen muss, dass
ich an eine Zukunft denken muss, an ein neues Leben.«

Henze kam sofort zu ihr an den Zürichsee und holte sie ab,
fuhr mit ihr durch Italien und gab ihr einen gewissen Halt. Es
war der Keim gelegt zu Bachmanns groß angelegtem *Todesarten*-Projekt, an dem sie von nun an arbeitete. Die letzten zehn
Jahre vor ihrem von etlichen Spekulationen umstellten Tod als
Siebenundvierzigjährige im Jahr 1973 sind in der Biographie
Bachmann die dunkelsten. Nach dem Selbstmordversuch und
dem Krankenhausaufenthalt entwickelte sie, zeitlich genau parallel zu Celans Krankengeschichte und seinen Aufenthalten in

der Psychiatrie, eine gravierende Angstneurose, mit den Körper extrem strapazierenden Panikattacken, sowie eine ausgeprägte Medikamentensucht. »Gnade Morphium«, heißt es einmal in dem von Bachmann nie zur Veröffentlichung gedachten Gedicht »Ich weiß keine bessere Welt« aus der Zeit der tiefen Krise, das im Nachlass gefunden wurden.

Frisch bat sie im März 1972, ihm fünf Gedichte für eine Sondernummer der US-amerikanischen Zeitschrift *Partisan Review* zur deutschen Gegenwartsliteratur zuzuschicken (die Publikation ist nicht zustande gekommen). Sie machte daraus ein persönliches und literaturgeschichtliches Dokument und stellte ihr frühes Gedicht »Alle Tage« von 1953 an den Anfang ihrer Auswahl – »Der Krieg wird nicht mehr erklärt, / sondern fortgesetzt«. Es entstand ein anspielungsreicher biographisch-literarischer Raum, der die gesamte Spannweite dessen ausmaß, was sie als *Todesarten* in einem sich in viele Richtungen verzweigenden Prosazyklus durchdeklinieren wollte. Zwar hatte sie »Alle Tage« schon lange vor ihrer Bekanntschaft mit Frisch geschrieben, aber die Geschichte ihrer Beziehung erhielt dadurch einen charakteristischen Grundakkord. Gesellschaftspolitik und das konkrete Mann-Frau-Verhältnis werden dabei eins.

Diesen Ton schlägt auch ihr erster Prosaband *Das dreißigste Jahr* von 1961 an. Er endet programmatisch mit dem Text »Undine geht«, der die Thematik der *Todesarten* bereits vorwegnimmt: »Ihr Menschen! Ihr Ungeheuer! Ihr Ungeheuer mit Namen Hans! Mit diesem Namen, den ich nie vergessen kann. Immer, wenn ich durch die Lichtung kam und die Zweige sich öffneten, wenn die Ruten mir das Wasser von den Armen schlugen, die Blätter mir die Tropfen von den Haaren leckten, traf ich auf einen, der Hans hieß.«

Undine blickt zurück, es ist eine Abschiedsrede. Dass die Menschen Ungeheuer sind und banal und austauschbar »Hans« heißen, meint die Gesellschaft im Allgemeinen. Die Männer haben die Macht, sie stehen für das verführerische Lügen, für vorgetäuschtes Familienglück, für politische Verhängnisse. Es geht allerdings nicht einfach um eine Abrechnung mit Männern. Undine ist generell eine Erscheinung des Anderen, der Kunst. Wenn Undine aus ihrem Zauberreich unter Wasser an Land geht, wenn die Vegetation ihr das Wasser von den Armen und die Tropfen von den Haaren entfernt, konfrontiert sie die konkrete Gesellschaft mit ihrem utopischen Potenzial.

In Bachmanns Großprojekt *Todesarten* entstand dann ein anspielungsreiches Netz von Personen und Motiven, das in die verschiedensten sprachlichen Formen gefasst ist: Perspektivwechsel, das unmerkliche Hinübergleiten zwischen der ersten und der dritten Person, das Hin- und Herschalten zwischen mehreren Zeitschichten. Die Todesarten, die Bachmann auffächert, gehen über das Mann-Frau-Verhältnis hinaus, sie spricht von Krankheit, von gesellschaftlichen Zurichtungen und Verbrechen, die zeitgenössisch sind und anders wahrzunehmen als die zurückliegenden Verbrechen der Nationalsozialisten, und sie spricht in ihrem *Fanny Goldmann*-Fragment auch vom Literaturbetrieb als einer ganz spezifischen Todesart. Und hier stellt sich ebenfalls eine Parallele zu Paul Celan ein – es nimmt bei Ingeborg Bachmann zwar andere Formen an und hat eine andere Genese, aber es gibt etwas, was beide gemeinsam haben und sie von den Protagonisten ihres Milieus extrem unterscheidet. In einer unveröffentlichten Notiz aus dem Nachlass Bachmanns heißt es: »Die Literatur ist ein schmutziges Geschäft, so dreckig wie der Waffenhandel, und wenn es niemand bemerkt – *tant mieux*. Aber ich habe das unwahrscheinliche Glück gehabt, das bemerken und durchmachen zu dürfen.«

Moshe Kahn, mit dem sie in ihren letzten Jahren in Rom befreundet war, übersetzte unter anderem auch Paul Celan ins Italienische. Und er erzählt, dass sie bei einzelnen Worten, die ihm dabei unklar waren, sofort ins Detail gehen konnte. So habe sie ihm beispielsweise die Bedeutung von »Wächte« erklärt, anhand der »Schneewächte«. Von Kahn erfuhr sie auch von Celans Tod: »Während der zwei Stunden, die ich dann mit ihr verbracht habe, bei ihr zu Hause, hat sie richtig geweint, richtig geheult. Das ging ihr sehr nahe.«

Moshe Kahn erinnert sich, dass sie dreizehn Schlaftabletten einer bestimmten Marke (Mogadon) zum Einschlafen genommen habe, das könne man sich gar nicht vorstellen. Ebenso den Zigarettenkonsum: »an die hundert Gitanes den Tag über, ohne Filter«. Ihr Tod am 17. Oktober 1973 wurde durch eine brennende Zigarette ausgelöst, die ihr Nachthemd aus Synthetik in Brand setzte. Sie hatte es nicht bemerkt.

Von dem geplanten *Todesarten*-Projekt ist nur der Roman *Malina* abgeschlossen worden. Er wurde 1971 publiziert. In der Öffentlichkeit war von einer Beziehung zwischen Ingeborg Bachmann und Paul Celan zu dem Zeitpunkt noch überhaupt nichts bekannt, und nach Celans Tod waren die Umstände seines Lebens umso mehr in Dunkel gehüllt. Doch bei der Lektüre von *Malina* konnten Eingeweihte zum ersten Mal erahnen, wie tief die Beziehung Bachmanns zu Celan gewesen war. Es gibt eine Ebene in diesem Roman, auf der sie den literarischen Dialog mit Celan noch über seinen Tod hinaus fortsetzte.

Es geht in *Malina* um eine weibliche »Ich«-Figur, die augenscheinlich eine Dichterin ist, um ihren Geliebten Ivan und um einen geheimnisvollen Dritten namens Malina, der in diesem komplexen Textgewebe eine schillernde Figur ist, so etwas wie ein männlicher Anteil des weiblichen Ich, der zum Überleben, zum Dichten und Denken notwendig ist und den sie von sich abspaltet – als Korrektiv für ihre Gefühle. Es ist *Malina*, der am Schluss übrig bleibt: Die weibliche Ich-Figur verschwindet in einer magischen Szene in einem Spalt, der sich in der Wand auftut, und der Schlusssatz »Es war Mord« birgt in sich den ganzen Roman. Gegenüber dem männlichen Prinzip, das herrscht, in der »universellen Prostitution«, ist das weibliche Ich nicht überlebensfähig.

Es gibt jedoch einen Gegenentwurf in diesem Roman, von

dem eine eigentümliche Sogwirkung ausgeht. Es ist das Bild, das auch die Liebe zu Ivan nährt: Die Ich-Figur, die Dichterin, will für Ivan »eine Inkunabel« schreiben, in der sie ihm ihre Welt und ihre Liebe erklärt. Schreiben möchte sie »auf ein altes, dauerhaftes Pergament«, und »verstecken« könnte sie sich »in der Legende einer Frau, die es nie gegeben hat«. Diese Legende, »Die Geheimnisse der Prinzessin von Kagran«, ist im Roman kursiv gedruckt. Und hier finden sich zahlreiche wörtliche und indirekte Zitate aus Werken von Paul Celan, so konzentriert, dass es wie eine Hommage an ihn wirkt. Zentral ist dabei die Wiederaufnahme des Geheimcodes ihrer Liebe, der in Celans Gedicht »Corona« hinterlegt worden war: »Ich weiß ja, ich weiß.«

In der »Legende« um die Prinzessin von Kagran finden wir uns in einer mythischen Zeit im frühesten Mittelalter wieder, und die Sprache ist märchenhaft entrückt. Von Klagenfurt, der Geburtsstadt Ingeborg Bachmanns, geht es aus, und die Prinzessin gerät in Gefahr, den anstürmenden Hunnen oder Awaren ausgeliefert zu werden. Ein rätselhafter Fremder aber kommt, um sie zu befreien. Ihr Rappe trabt flussaufwärts, bis ins verzweigte Donaudelta, und der Prinzessin wird bewusst, dass sie sich »in der Region des Flusses« befindet, »wo er ins Totenreich führt«. Als sie sich von dem Fremden trennen muss, hat die Prinzessin »auf der Schwelle des Traumes« eine Vision: Es »wird mehr als zwanzig Jahrhunderte später sein«, und »es wird dann Zeit sein, dass du kommst und mich küsst«. Als die Prinzessin auf ihrem Rappen wieder zurückkreitet, »entwirft« der Fremde »schweigsam seinen und ihren ersten Tod«, und in ihrem Burghof fällt sie blutend von ihrem Pferd, »denn er hatte ihr den ersten Dorn schon ins Herz getrieben«. Die Legende endet mit dem Satz: »Sie lächelte aber und lallte im Fieber: Ich weiß ja, ich weiß!«

Die Celan-Erinnerungen, von denen die gesamte »Legende« durchdrungen ist, werden durch den »Fremden« hervorgerufen.

Er »legte ihr die Blume wie einer Toten auf die Brust« – ein Initiationsritus der Dichtung. In der Gestalt des »Fremden« im »Mantel« scheint unverkennbar Celan selbst auf: An den »langen schwarzen Mantel« erinnerten sich viele Bekannte Celans als an sein auffälligstes äußeres Attribut. Auch dass der Fremde sich als Jude vorstellt, weist auf die konkrete Person Celans hin: »Mein Volk ist älter als alle Völker der Welt, und es ist in alle Winde zerstreut.«

Die Zitate in *Malina* stammen fast alle aus dem Celan-Band *Der Sand aus den Urnen*, der 1948 in Wien erschienen ist, also die glückliche Urszene der Begegnung zwischen Ingeborg Bachmann und Paul Celan umreißt. Der »Rappe« ist ein charakteristisches frühes Celan-Motiv, und der Satz »Sie waren schwärzer als schwarz in der Nacht« entspricht der Celan-Zeile im Gedicht »Lob der Ferne«: »Schwärzer im Schwarz bin ich nackter.« Der Titel »Lob der Ferne« könnte für die »Geheimnisse der Prinzessin von Kagran« fast programmatisch zu verstehen

sein. Im selben Gedicht findet sich auch eine Zeile, die konkret auf die unterschiedlichen Erfahrungen und die gleichen Sehnsüchte bei Bachmann und Celan verweist, auf die Fremde zwischen dem osteuropäischen Juden und der blonden Kärntnerin: »Ich bin du, wenn ich ich bin.« Es ist jene Sprache der »Dunkelheit«, die Celan immer wieder zu fassen versuchte, der er sogar einen ausführlichen poetologischen Text widmen wollte und die in »Corona« mit der Zeile »wir sagen uns Dunkles« leitmotivisch eingeführt wurde. In Bachmanns »Legende«, als die Prinzessin und der Fremde miteinander zu sprechen beginnen, wird ihr Gegensatz in einer höheren Harmonie aufgelöst: »Sie sagten sich Helles und Dunkles.«

Die zentrale Vision, die die Prinzessin dann dem Fremden im Mantel gegenüber entwirft, spielt mit mehreren Gedichtzeilen Celans. »(...) es wird mehr als zwanzig Jahrhunderte später sein, sprechen wirst du wie die Menschen: Geliebte ...«: Im Gedicht »Umsonst malst du Herzen« Celans heißt es: »(...)

ein Gott ist unter den Scharen,/gehüllt in den Mantel, der einst von den Schultern dir sank auf der Treppe, zur Nachtzeit,/einst, als in Flammen das Schloß stand, als du sprachst wie die Menschen: Geliebte ... (...)«

Die Vision der Prinzessin konkretisiert sich im Folgenden weiter: »Es wird in einer Stadt sein, und in dieser Stadt wird es in einer Straße sein, fuhr die Prinzessin fort, wir werden Karten spielen, ich werde meine Augen verlieren, im Spiegel wird Sonntag sein.« Und wenig später: »(...) wir werden es sehen, wenn du mir die Dornen ins Herz treibst, vor einem Fenster werden wir stehen (...)«. Es sind Zeilen aus drei Gedichten Celans, die hier anklingen. Im Gedicht »Erinnerung an Frankreich« heißt es: »Wir spielten Karten, ich verlor die Augensterne.« »Im Spiegel ist Sonntag« und »Wir stehen umschlungen im Fenster, sie sehen uns zu von der Straße« sind Zeilen in »Corona«. Aus dieser Situation in einer Straße, im Fenster, bezieht im direkten Anschluss der erste der »Es ist Zeit«-Imperative in »Corona« seine Kraft: »Es ist Zeit, dass man weiß!« Es ist ebendieser Imperativ, der auch die Ahnung in der Legende vorantreibt. Der Fremde sagt zur Prinzessin, als sie sich trennen müssen: »Hab Geduld, Geduld, denn du weißt ja, du weißt«, und der Schlusssatz nimmt dieses »Wissen« noch einmal auf, gezeichnet bereits von der Tiefe dieses Wissens: »Ich weiß ja, ich weiß!« Und das Bild von den Dornen, die am Schluss der Legende »in einer fürchterlichen Stille« ins Herz getrieben werden, sodass die Prinzessin »blutend von ihrem Rappen« fällt, zitiert das Celan-Gedicht »Stille!«. Dieses Gedicht beginnt mit den Zeilen: »Stille! Ich treibe den Dorn in dein Herz,/denn die Rose, die Rose/steht mit den Schatten im Spiegel, sie blutet!«

Auch außerhalb der kursiv wiedergegebenen Legende um die Prinzessin von Kagran finden sich in *Malina* Hinweise auf Paul Celan. Im zweiten Teil des Romans gibt es mitten in den dominierenden Albtraumsequenzen mit dem Vater einen

Traum, der die Figur des Fremden aus der Kagran-Legende wieder aufnimmt, als eine schwarze Vision, die in Zusammenhang mit dem zerstörerischen Vater tritt. Sie nimmt deutlich Bezug auf das persönliche Schicksal Celans. Es geht um »Baracken«, es geht um einen »Abtransport«, und: »In den vielen Baracken, im hintersten Zimmer, finde ich ihn, er wartet dort müde auf mich, es steht ein Strauß Türkenbund in dem leeren Zimmer, neben ihm, der auf dem Boden liegt, in seinem schwärzer als schwarzen siderischen Mantel, in dem ich ihn vor einigen tausend Jahren gesehen habe.« Der Traum endet so: »Mein Leben ist zu Ende, denn er ist auf dem Transport im Fluss ertrunken, er war mein Leben. Ich habe ihn mehr geliebt als mein Leben.«

Sie hat ihn mehr geliebt als ihr Leben. Es gibt einen Zusammenhang zwischen der Anrufung von Celans Schicksal, der Identifikation mit ihm und der Unmöglichkeit der Liebe. Der Fremde tritt in der Legende als möglicher Retter auf, in den Albtraumsequenzen der Ich-Figur des Romans aber als gleichfalls Geschlagener. Auf der Gegenwartsebene des *Malina*-Romans, wenn die weibliche Ich-Figur mit Ivan in der Wiener Ungargasse lebt, wird der Geliebte dann mit diesem »Fremden« assoziativ verknüpft. Der »Fremde« ist das mythische Vorbild, das ungefähr zweitausend Jahre später in Ivan aufersteht, aber auch der Traum, dem Ivan in Wirklichkeit nicht standhält. Die Ich-Figur lernt Ivan kennen und lieben, als er gerade in einem Blumengeschäft einen Strauß Türkenbund kauft. In der Baracke, in der der Fremde im Albtraum-Kapitel liegt, steht dann ein vertrocknender Türkenbund.

Die Ich-Figur in *Malina* begründet ihren Wunsch, auf »ein altes, dauerhaftes Pergament« die »Geheimnisse der Prinzessin von Kagran« zu schreiben, auf merkwürdige Weise: »Denn es sind heute zwanzig Jahre her, dass ich Ivan liebe, und es ist ein Jahr und drei Monate und einunddreißig Tage an diesem 31. des Monats, dass ich ihn kenne.« Die zwanzig Jahre, die hier zwischen Lieben und Kennen liegen, entsprechen genau den zwanzig Jahren, die zwischen der Niederschrift von *Malina* und der Begegnung der zweiundzwanzigjährigen Ingeborg Bachmann und des siebenundzwanzigjährigen Paul Celan verstrichen sind.

Die Liebe, aber gleichzeitig auch ihre Unmöglichkeit durch die Bedingtheiten der Geschichte sind in *Malina* zusammengebracht. Im Albtraum, der in den Baracken spielt, sagt die Ich-Figur: »Nur ich habe immer noch Todesangst, weil es wieder anfängt, weil ich wahnsinnig werde, er sagt: Sei ganz ruhig, denk an den Stadtpark, denk an das Blatt, denk an den Garten in Wien, an unseren Baum, die Paulownia blüht. Sofort bin ich ruhig, denn uns beiden ist es gleich ergangen, ich sehe, wie er auf seinen Kopf deutet, ich weiß, was sie mit seinem Kopf gemacht haben.«

Die Paulownia, Celans Lebensbaum, verbindet seinen Vornamen mit einer slawischen Endung. Dass die Paulownia im Wiener Stadtpark blüht, ist Ausdruck eines gemeinsamen Bundes und ein Zeichen dafür, dass sich die Ich-Figur in *Malina* in ihrem Albtraum mit dem Celan'schen Wahnsinn identifiziert.

»Ich habe ihn mehr geliebt als mein Leben«: Zu dem geplanten *Todesarten*-Komplex gehörte auch der ein Jahr vor Bachmanns Tod veröffentlichte Erzählungsband *Simultan*. Er endet mit dem letzten vollendeten Text Ingeborg Bachmanns vor ihrem Tod, der großen Erzählung »Drei Wege zum See«. Und hier scheint etwas auf, was auch im »Ungargassenland« in *Malina* eine Rolle spielte und was für Bachmann eine historisch-mythische Verbindung zu Paul Celan war: die Beschwörung des alten Habsburgerreichs als eine nie eingelöste, aber immer noch existierende Utopie, eine gemeinsame Identität zwischen Czernowitz in der Bukowina und Klagenfurt in Kärnten. Diese Utopie hatte Bachmann schon früh beschäftigt. Bereits Anfang der fünfziger Jahre sagte sie in einer ihrer seltenen autobiographischen Auskünfte: »Im Grunde aber beherrscht mich noch immer die mythenreiche Vorstellungswelt meiner Heimat, die ein Stück wenig realisiertes Österreich ist, eine Welt, in der viele Sprachen gesprochen werden und viele Grenzen verlaufen.«

»Ein Stück wenig realisiertes Österreich«: In ihrer letzten Erzählung »Drei Wege zum See« griff Ingeborg Bachmann diese Vision auf. Viele Sprachen, viele Grenzen: So, wie es im Habsburgerreich einmal war, ohne diese Möglichkeiten als Chance zu empfinden – vor allem der Massenmord an den Juden sprach im Gegensatz dazu eben eine einzige Sprache, eine mörderische. Bachmanns Utopie durchdringt die reale Geschichte und hält der Gegenwart einen Spiegel vor. Die Autorin greift das Potenzial ihrer Heimatregion um Klagenfurt, das Aneinandergrenzen der deutschen, der slowenischen und der italienischen Sprache auf, etwas, das wie in Ernst Blochs *Prinzip Hoffnung* in ihre Kindheit scheint, worin sie aber niemals war. Hauptfigur ist die weltläufige Fotografin Elisabeth Matrei, die bei einem Aufenthalt in ihrer Heimatstadt Klagenfurt an ihre inneren Grenzen gerät. Sie liest einen Essay mit dem Titel »Über die Tortur«, und es wird deutlich, dass es sich um einen Text von Jean Améry handelt, der darin sein Trauma, als Jude Folter und NS-Zeit überlebt zu haben, beschreibt. Und vor diesem Hintergrund wird auch die Geschichte des Mannes erhellt, den Elisabeth Matrei liebt. Sein Name ist Franz Joseph Trotta, und er lebt durch literarische Bezüge: Er ist der Sohn der Hauptfigur aus Joseph Roths Roman *Die Kapuzinergruft*, der im Jahr 1938 vom Vater zu einem Freund nach Paris ins Exil geschickt wird.

Ingeborg Bachmann lässt diesen Trotta in ihrer Erzählung in den fünfziger Jahren wiederauferstehen. Dort nimmt er, und das ist das Intimste und zugleich Verborgenste an diesem Text, das Gesicht Paul Celans an, in eindeutig autobiographischen Erinnerungen: »Die ersten Tage, in denen sie Trotta suchte und floh und er sie suchte und floh, waren das Ende der Mäd-

chenzeit, der Anfang ihrer großen Liebe, und wenn sie später auch, wie sie es aus dem jeweiligen Blickwinkel eben sah,
meinte, eine andere große Liebe sei ihre große Liebe gewesen, dann war doch Trotta, nach mehr als zwei Jahrzehnten,
auf dem Höhenweg Nummer 1 noch einmal die große Liebe,
die unfasslichste, schwierigste zugleich, von Missverständnissen, Streiten, Aneinandervorbeisprechen, Misstrauen belastet,
aber zumindest hatte er sie gezeichnet, nicht in dem üblichen
Sinn, nicht weil er sie zur Frau gemacht hatte – denn zu der
Zeit hätte das auch schon ein anderer tun können –, sondern
weil er sie zum Bewusstsein vieler Dinge brachte, seiner Herkunft wegen, und er, ein wirklich Exilierter und Verlorener, sie,
eine Abenteurerin, die sich weiß Gott was für ihr Leben von
der Welt erhoffte, in eine Exilierte verwandelte, weil er sie, erst
nach seinem Tod, langsam mit sich zog in den Untergang, sie
den Wundern entfremdete und ihr die Fremde als Bestimmung
erkennen ließ.«

»Die Fremde als Bestimmung«: Das hatte Celan in seinem
Gedicht »In Ägypten« Ingeborg Bachmann zugeschrieben,
direkt nach ihrer ersten Begegnung. Als der Erzählungsband
Simultan erschien, ahnte man nichts davon, dass die hier auf Elisabeth Matrei bezogenen Daten und Überlegungen als zentrale
Momente der Liebe zwischen Bachmann und Celan erkennbar
sein könnten. Die Autorin ließ Trotta aus Slowenien stammen,
ihrem Kindheits-Grenzland. Er ist Teil eines untergegangenen
Reiches, das zwischen den Romanen Joseph Roths und Ingeborg Bachmanns eigenem Habsburg-Mythos angesiedelt ist.
Vor allem aber ist Trotta der unerreichbare, ferne Geliebte –
»die einzige und große Liebe«. Sie war nur in der Literatur zu
verorten. In der Literatur, in der Legende und im Märchen, wo
auch die berühmten zwei Königskinder aufzufinden sind, die
nicht zueinanderkommen konnten.

Dank

Viele Hinweise erhielt ich, über die Jahre hinweg, von Maike Albath, Reinhard Baumgart, Milo Dor, Mirjam Eich, Günter Grass, Moshe Kahn, Joachim Kaiser, Klaus Reichert, Klaus Voswinckel, Klaus Wagenbach und Ernest Wichner. Es waren schöne Gespräche.

Für das Zustandekommen dieses Buches danke ich den Mitarbeitern des Deutschen Literaturarchivs Marbach und des Literaturarchivs Sulzbach-Rosenberg. Ich danke auch Lutz Dittrich, der mich bei den beiden Ausstellungen über Walter Höllerer und über die deutsche Nachkriegszeit unterstützt hat, sowie den Erben Ingeborg Bachmanns für die Erlaubnis, aus den bisher unveröffentlichten Briefen an Ilse Aichinger zu zitieren.

Ausgewähltes Literaturverzeichnis

1) Briefwechsel Ingeborg Bachmann – Paul Celan

Bachmann, Ingeborg / Celan, Paul: Herzzeit. Der Briefwechsel, hg. von
B. Badiou, H. Höller, A. Stoll und B. Wiedemann. Frankfurt am Main
2008
Radisch, Iris: »Der letzte Kuß, vorgestern nacht«. Sie hat sie gut versteckt, jetzt wurden sie zufällig gefunden: Zwei intime Briefe des Dichters Paul Celan an seine Geliebte Ingeborg Bachmann. In: Die Zeit,
28.4.2016

2) Werke Ingeborg Bachmanns

Briefe an Felician. München 1991
Briefwechsel mit Walter Höllerer: »Elefant und Bär. Die Beziehung zu
Ingeborg Bachmann«. In: Helmut Böttiger: Elefantenrunden. Wal-
ter Höllerer und die Erfindung des Literaturbetriebs. Berlin 2005,
S. 57–66
Die kritische Aufnahme der Existentialphilosophie Martin Heideggers.
München 1985
Die Radiofamilie. Berlin 2011
Giuseppe Ungaretti: Gedichte. Italienisch und deutsch. Übertragung und
Nachwort von Ingeborg Bachmann. Frankfurt am Main 1961
Ich weiß keine bessere Welt. Unveröffentlichte Gedichte. München 2000
Ingeborg Bachmann / Hans Werner Henze: Briefe einer Freundschaft,
hg. von H. Höller. München 2004
Kriegstagebuch. Mit Briefen von Jack Hamesh an Ingeborg Bachmann.
Berlin 2010
Kritische Schriften. München 2005
Letzte, unveröffentlichte Gedichte, Entwürfe und Fassungen. Frankfurt
am Main 1998
Male oscuro. Aufzeichnungen aus der Zeit der Krankheit. Traumnotate,
Briefe, Brief- und Redeentwürfe (Salzburger Edition der Werke Inge-
borg Bachmanns). Berlin 2017
Römische Reportagen. München 1998

Todesarten-Projekt (fünf Bände), hg. von R. Pichl, M. Albrecht und
D. Göttsche. München 1995
Werke (vier Bände), hg. von C. Koschel, I. v. Weidenbaum, C. Münster.
München 1978
Wir müssen wahre Sätze finden. Gespräche und Interviews. München
1983

3) Werke Paul Celans

Angefügt, nahtlos, ans Heute. Agglutinati all'oggi. Paul Celan übersetzt
Giuseppe Ungaretti. Handschriften. Erstdruck. Dokumente, hg. von
P. Goßens. Frankfurt am Main 2006
Brief an Ernst Jünger: Wimbauer, Tobias: In Dankbarkeit und Verehrung.
Hilfe kommt aus Wilflingen: Ein Brief von Paul Celan an Ernst Jünger
wurde im Marbacher Literaturarchiv entdeckt. In: Frankfurter Allge-
meine Zeitung, 8.1.2005
Briefwechsel mit Diet Kloos-Barendregt: Sars, Paul (Hg.): Paul Celan –
»Du musst versuchen, auch den Schweigenden zu hören«. Briefe an
Diet Kloos-Barendregt. Frankfurt am Main 2002
Briefwechsel mit Gerhart Baumann. In: A. Barnert, C. Caradonna und
A. Stello (Hg.): »Im Reich der mittleren Dämonen«. Paul Celan in Frei-
burg und sein Briefwechsel mit Gerhart Baumann. In: Text. Kritische
Beiträge, Heft 15. Frankfurt am Main 2016, S. 15–115
Briefwechsel mit Gisèle Celan-Lestrange (zwei Bände), hg. von B. Badiou.
Frankfurt am Main 2001
Briefwechsel mit Günter Grass. In: A. Barnert: Eine »herzgraue« Freund-
schaft. Der Briefwechsel zwischen Paul Celan und Günter Grass. In:
Text. Kritische Beiträge, Heft 9, Frankfurt am Main 2004, S. 65–127
Briefwechsel mit Heinrich Böll, Paul Schallück, Rolf Schroers. In: P. Celan:
Briefwechsel mit den rheinischen Freunden, hg. von B. Wiedemann.
Frankfurt am Main 2011
Briefwechsel mit Klaus und Nani Demus, hg. von J. Seng. Frankfurt am
Main 2009
Briefwechsel mit Nelly Sachs, hg. von B. Wiedemann. Frankfurt am Main
1993
Briefwechsel mit Petre Solomon. In: Neue Literatur (Bukarest) 1981/11,
S. 60–80
Briefwechsel mit Rudolf Hirsch, hg. von J. Seng. Frankfurt am Main 2004
Briefwechsel mit Theodor W. Adorno, hg. von J. Seng. In: Frankfurter
Adorno Blätter VIII, Göttingen 2003, S. 177–202
Briefwechsel mit Walter Höllerer: »Mich freuen solche Bitterkeiten und
Härten.« Die Beziehung zu Paul Celan. In: H. Böttiger: Elefanten-
runden. Walter Höllerer und die Erfindung des Literaturbetriebs. Ber-
lin 2005, S. 43–56

Die Goll-Affäre. Dokumente zu einer »Infamie«, hg. von B. Wiedemann. Frankfurt am Main 2000

Georges Simenon: Hier irrt Maigret. Kriminalroman. Deutsche Übersetzung von Paul Celan. Köln/Berlin 1954

Georges Simenon: Maigret und die schrecklichen Kinder. Kriminalroman. Deutsch von Paul Celan. Köln/Berlin 1955

Gesammelte Werke in sieben Bänden (hg. von B. Allemann und S. Reichert unter Mitwirkung von R. Bücher). Frankfurt am Main 2000

Interview mit Karl Schwedhelm: Süddeutscher Rundfunk Stuttgart, 15. Juni 1954, SWR-Archiv

Mikrolithen sinds, Steinchen. Die Prosa aus dem Nachlass, hg. von B. Wiedemann und B. Badiou. Frankfurt am Main 2005

4) Sonstige Texte und Quellen

Adorno, Theodor W.: Ästhetische Theorie. Frankfurt am Main 1970

Adorno, Theodor W.: Kulturkritik und Gesellschaft. In: Gesammelte Schriften, Band 10.1: Kulturkritik und Gesellschaft I: Prismen. Ohne Leitbild. Frankfurt am Main 1977 (Erstveröffentlichung 1951)

Adorno, Theodor W.: Negative Dialektik. Frankfurt am Main 1966

André, Robert: Gespräche von Text zu Text. Celan – Heidegger – Hölderlin. Hamburg 2001

Arnold, Heinz Ludwig: Meine Gespräche mit Schriftstellern 1970–1999 (Hörbuch), München 2011

Baumann, Gerhart: Erinnerungen an Paul Celan. Frankfurt am Main 1986

Beckmann, Heinz: Literarisches Scheibenschießen. Vom Händewaschen und der Wahrheitsfrage bei der Gruppe 47. In: Rheinischer Merkur, 13.6.1952

Blöcker, Günter: Die Gruppe 47 und ich. In: Die Zeit, 26.10.1962

Blöcker, Günter: Gedichte als graphische Gebilde. In: Der Tagesspiegel, 11.10.1959

Blöcker, Günter: Nur die Bilder bleiben. In: Der Tagesspiegel, 8.10.1961

Blöcker, Günter: Rückkehr zur Nabelschnur. In: Frankfurter Allgemeine Zeitung, 28.11.1959

Bollack, Jean: Herzstein. Über ein unveröffentlichtes Gedicht von Paul Celan. Aus dem Französischen von W. Wögerbauer. München 1993

Bormuth, Matthias: Mit einer Handvoll Sand. Ingeborg Bachmann als Philosophin. Warmbronn 2010

Böschenstein, Bernhard/Weigel, Sigrid (Hg.): Paul Celan, Ingeborg Bachmann. Poetische Korrespondenzen. Frankfurt am Main 2000

Böttiger, Helmut: »Einmal muss das Fest ja kommen!« Ingeborg Bach-
mann und Hans Werner Henze. Deutschlandradio Kultur, Berlin
(Feature »Werkstatt«), 25.6.2006
Böttiger, Helmut: Celan am Meer. Göttingen 2017
Böttiger, Helmut: Die Gruppe 47. Als die deutsche Literatur Geschichte
schrieb. München 2012
Böttiger, Helmut: Doppelleben. Literarische Szenen aus Nachkriegs-
deutschland. Begleitbuch zur Ausstellung (unter Mitarbeit von Lutz
Dittrich). Göttingen und Darmstadt 2009
Böttiger, Helmut: Ingeborg Bachmann. Berlin / München 2013
Böttiger, Helmut: Orte Paul Celans. Wien 1996
Briegleb, Klaus: Missachtung und Tabu. Eine Streitschrift zur Frage:
»Wie antisemitisch war die Gruppe 47?« Berlin / Wien 2003
Buhr, Gerhard: Celans Poetik. Göttingen 1976
Buhr, Gerhard / Reuß, Roland (Hg.): Paul Celan: »Atemwende«. Materia-
lien. Würzburg 1991
Chalfen, Israel: Paul Celan. Eine Biographie seiner Jugend. Frankfurt am
Main 1979
Colin, Amy-Diana / Silbermann, Edith (Hg.): Paul Celan – Edith Silber-
mann. Zeugnisse einer Freundschaft. München 2010
Corbea-Hoişie, Andrei: Paul Celans »unbequemes Zuhause«. Sein erstes
Jahrzehnt in Paris. Aachen 2017
Daive, Jean: Unter der Kuppel. Erinnerungen an Paul Celan. Basel 2009
Dor, Milo / Federmann, Reinhard: Internationale Zone. Gütersloh, o. J.
Eisenreich, Brigitta: Celans Kreidestern. Ein Bericht. Berlin 2010
Engel, Peter: Die Sekunde des Umschlags. Die Niendorfer Tagung der
»Gruppe 47«. In: Neue Zürcher Zeitung, 6.9.1997
Fantappiè, Irene: Nelly Sachs, Paul Celan, Inge Waern. Aktualisierung
und Gedächtnis. In: Conterno, Chiara / Busch, Walter (Hg.): Weibliche
jüdische Stimmen deutscher Lyrik aus der Zeit von Verfolgung und
Exil, Würzburg 2012, S. 113–123
Felstiner, John: Paul Celan. Eine Biographie. München 1997
Gnielka, Thomas: Deutsche Literaturmesse 1952. »Gruppe 47« tagte im
Ostseebad Niendorf. In: Der Tagesspiegel, 8.6.1952
Gnielka, Thomas: Die Geschichte einer Klasse. Romanfragment. Ham-
burg 2014
Goßens, Peter / Patka, Marcus G. (Hg.): »Displaced«. Paul Celan in Wien
1947–1948. Frankfurt am Main 2001
Hamacher, Werner / Menninghaus, Winfried (Hg.): Paul Celan. Frankfurt
am Main 1988
Hamm, Peter: Der ich unter Menschen nicht leben kann. Auf der Suche
nach Ingeborg Bachmann. (Dokumentarfilm) SWF, Baden-Baden 1980
Heidegger, Martin: Sein und Zeit. Tübingen 1963 (Erstveröffentlichung
1927)

Heidegger, Martin: Was heißt Denken? In: Vorträge und Aufsätze. Pfullingen 1954, S. 129–143

Heidegger, Martin: Was ist Metaphysik? In: Wegmarken. Frankfurt am Main 1976, S. 103–122 (Vortrag von 1929)

Heidegger, Martin: Wozu Dichter? In: Holzwege. Frankfurt am Main 1950, S. 248–295

Hölderlin, Friedrich: Werke, Briefe Dokumente. Nach dem Text der von Friedrich Beißner besorgten Kleinen Stuttgarter Hölderlin-Ausgabe, ausgewählt von Pierre Bertaux. München 1990

Höller, Hans: Ingeborg Bachmann. Reinbek 1999

Höller, Hans / Larcati, Arturo: Ingeborg Bachmanns Winterreise nach Prag. München 2016

Holthusen, Hans Egon: Das verzweifelte Gedicht. »Die Niemandsrose« – nach vier Jahren ein neuer Lyrikband von Paul Celan. In: Frankfurter Allgemeine Zeitung, 2.5.1964

Holthusen, Hans Egon: Der unbehauste Mensch. Motive und Probleme der modernen Literatur. Essays München 1951

Holthusen, Hans Egon: Tradition und Ausdruckskrise. Der Lyriker Rudolf Alexander Schröder. In: Merkur 51/1952

Hotz, Constance: »Die Bachmann«. Das Image der Dichterin: Ingeborg Bachmann im journalistischen Diskurs. Konstanz 1990

Janz, Marlies: Vom Engagement absoluter Poesie. Zur Lyrik und Ästhetik Paul Celans. Königstein 1976

Koelle, Lydia: Paul Celans pneumatisches Judentum. Gott-Rede und menschliche Existenz nach der Shoah. Mainz 1997

Krass, Stephan: »wir haben Vieles einander zugeschwiegen«. Ein unveröffentlichter Brief von Martin Heidegger an Paul Celan. In: Neue Zürcher Zeitung, 3./4.1.1998

Lettau, Reinhard (Hg.): Die Gruppe 47. Bericht, Kritik, Polemik. Ein Handbuch. Neuwied / Berlin 1967

McVeigh, Joseph: Ingeborg Bachmanns Wien 1946–1953. Berlin 2016

Meinecke, Dietlind (Hg.): Über Paul Celan. Frankfurt am Main 1970

Opel, Adolf: Ingeborg Bachmann in Ägypten. »Landschaft, für die Augen gemacht sind«. Wien 1996

Opel, Adolf: »Wo mir das Lachen zurückgekommen ist …« Auf Reisen mit Ingeborg Bachmann. München 2001

Reichert, Monika: Auch Joyce saß mit am Tisch oder das Lämpchen im Eisschrank. Aus den Erinnerungen einer Gastgeberin. Frankfurt am Main 2015

Reuß, Roland: Im Zeithof. Celan-Provokationen. Frankfurt am Main / Basel 2001

Richter, Hans Werner: Im Etablissement der Schmetterlinge. 21 Portraits aus der Gruppe 47. München 1986

Richter, Hans Werner: Mittendrin. Die Tagebücher 1966–1972. München 2012

Sieburg, Friedrich: Kriechende Literatur. In: Die Zeit, 14.8.1952

Sieburg, Friedrich: Literarischer Unfug. In: Die Gegenwart, 13.9.1952

Solomon, Petre: Paul Celan. L'Adolescence d'un Adieu. Castelnau-le-Lez 1990 (rumänisches Original 1987)

Steiner, Bettina: »Die größte Wegruhe, das stärkste Zuhause.« In: Die Presse, 14.8.1998

Stoll, Andrea (Hg.): Ingeborg Bachmanns »Malina«. Frankfurt am Main 1992

Stoll, Andrea: Ingeborg Bachmann. Der dunkle Glanz der Freiheit. Biographie. München 2013

Szondi, Peter: Celan-Studien. Frankfurt am Main 1972

Voswinckel, Klaus: »Die Niemandsrose« – eine Wiederbegegnung. In: Celan wiederlesen. München 1998, S. 17–50

Wagner, Klaus: Das Gedichtemachen aus dem Unbehaustsein und der Distanz. In: Der Spiegel, 18.8.1954

Weigel, Hans: In memoriam. Graz 1979

Weigel, Hans: Unvollendete Symphonie. Roman. Graz 1992 (Erstveröffentlichung 1951)

Weigel, Sigrid: Ingeborg Bachmann. Hinterlassenschaften unter Wahrung des Briefgeheimnisses. Wien 1999

Wichner, Ernest / Wiesner, Herbert: In der Sprache der Mörder. Eine Literatur aus Czernowitz, Bukowina. Ausstellungsbuch. Berlin 1993

Bildnachweis

Verlagsgruppe Random House FSC® N001967

2.Auflage 2018
Copyright © 2017 Deutsche Verlags-Anstalt, München,
in der Verlagsgruppe Random House GmbH,
Neumarkter Str. 28, 81673 München
Umschlaggestaltung: Designbüro Lübbeke Naumann Thoben, Köln
Umschlagmotiv: Foto Ingeborg Bachmann: Privater
Nachlass Ingeborg Bachmann; Foto Paul Celan:
© Suhrkamp Verlag, Berlin
Bildredaktion: Tanja Zielezniak
Satz: DVA / Andrea Mogwitz
Druck und Bindung: GGP Media GmbH, Pößneck
Printed in Germany
ISBN 978-3-421-04631-4

www.dva.de

Dieses Buch ist auch als E-Book erhältlich.